本书是国家社科基金重大项目"紧急状态的类型化和立法研究"（编部级法学研究课题"完善国家物资储备体系法律问题研究"［编号：CLS（2020）ZZ018］、陕西省教育厅课题"陕西省物资储备法律体系构建研究"（编号：22ZY067）的研究成果

Research on the Legal System of
National Material Reserve

国家物资储备法律体系研究

周 敏 著

知识产权出版社
全国百佳图书出版单位
—北京—

图书在版编目（CIP）数据

国家物资储备法律体系研究／周敏著 .—北京：知识产权出版社，2024.9.—ISBN 978-7-5130-9537-2

Ⅰ.D922.294.4

中国国家版本馆 CIP 数据核字第 2024CT9518 号

责任编辑：雷春丽　　　　　　　　责任校对：谷　洋
封面设计：乾达文化　　　　　　　责任印制：孙婷婷

国家物资储备法律体系研究
周　敏　著

出版发行：知识产权出版社有限责任公司	网　　址：http：//www.ipph.cn
社　　址：北京市海淀区气象路 50 号院	邮　　编：100081
责编电话：010-82000860 转 8004	责编邮箱：33908596@qq.com
发行电话：010-82000860 转 8101/8102	发行传真：010-82000893/82005070/82000270
印　　刷：北京九州迅驰传媒文化有限公司	经　　销：新华书店、各大网上书店及相关专业书店
开　　本：720mm×1000mm　1/16	印　　张：14.75
版　　次：2024 年 9 月第 1 版	印　　次：2024 年 9 月第 1 次印刷
字　　数：235 千字	定　　价：88.00 元
ISBN 978-7-5130-9537-2	

出版权专有　侵权必究

如有印装质量问题，本社负责调换。

前言
PREFACE

习近平总书记在中央国家安全委员会第一次会议上首次提出总体国家安全观这一概念，阐述了总体国家安全观的基本内涵、指导思想和基本原则，为开创国家安全工作新局面指明了方向。[1] 总体国家安全观的提出为国家物资储备的发展提供了前所未有的机遇和挑战。作为维护国家安全的一个重要战略问题，国家物资储备历来备受党中央和国务院的高度重视。新中国成立后，为抵御风险、防备灾荒，确保国家经济建设具有可靠的物质保障基础，我国逐渐建立了国家物资储备的相关制度，经过几十年的发展演进，通过机构改革、制度供给、机制建设、人员配备等方式不断建立并形成了以各领域为主的国家物资储备内容，在维护国家长治久安与社会稳定中发挥了重要作用，为我国经济社会的高质量发展保驾护航。

然而，长期以来，由于法律体系和法治思维能力发展不均衡、不充分，我国国家物资储备仍存在诸如治理体系不完善、规范体系不健全、储备体系不科学、储备保障不到位、外部监管不成熟等问题。为更好地提高物资储备效能，有必要通过法治手段构建各项保障体系，即有必要构建一套客观全面的国家物资储备法律体系，以充分发挥其防范化解重大风险的作用。

客观地讲，仅凭借行政手段推动国家物资储备调用、轮换等工作是远不足以达到物资储备应有的法律效果和社会效果的，还需要综合运用法治手段，

---

[1] 新华社.习近平主持召开中央国家安全委员会第一次会议强调：坚持总体国家安全观 走中国特色国家安全道路［EB/OL］.（2014–04–15）［2024–03–20］. https://www.gov.cn/xinwen/2014–04/15/content_2659641.htm.

在法治轨道上全面推进国家物资储备各项工作，才能适应国家治理体系和治理能力现代化的需要。鉴于此，本书以构建国家物资储备法律体系为主要研究内容，通过阐述国家物资储备法律体系的构建价值意义、介绍域外国家物资储备法律体系的有益经验以及揭示其对我国物资储备体系构建的启示，从理论基础和构建逻辑上为国家物资储备法律体系搭建坚实的基石，在此基础上围绕国家物资储备各方面内容提出了法治规制的思路和建议。

国家物资储备法律体系的构建是一项系统性、综合性的复杂工程，只有强化物资储备的法治保障，构建符合新时代发展要求的国家物资储备法律体系，才能真正将物资储备制度建设优势转化为国家治理效能，进而推动国家治理体系和治理能力现代化进程。虽然笔者长期致力于国家物资储备方面的研究，但因能力所限，不免在研究内容上还存在不足，希望各位读者能够批评指正，共同为推动物资储备研究与提高物资储备效能建言献策。

周敏

于西安

目录

CONTENTS

第一章 把握研究国家物资储备的时代脉搏 ………………………… 1
 第一节 多极化世界格局下的国家物资储备 …………………… 1
 第二节 构建完备的国家物资储备法律体系的必要性 ………… 6
 第三节 国家物资储备的多重解读视角 ………………………… 9
 第四节 国家物资储备法律体系的理论研究架构 ……………… 11

第二章 国家安全与国家物资储备 ………………………………… 14
 第一节 国家安全基本理论 ……………………………………… 14
 第二节 国家物资储备基本理论 ………………………………… 48
 第三节 国家安全与国家物资储备：相互依存 ………………… 64

第三章 我国国家物资储备体系的演进与现状 …………………… 78
 第一节 古代储备：源远流长的历史根基 ……………………… 78
 第二节 现代储备：储备体系的演变 …………………………… 81
 第三节 21世纪新篇章：国家物资储备的现代化进程 ………… 86
 第四节 体系现状：国家物资储备体系的全面审视 …………… 99

第四章 国家物资储备法律体系构建的价值意义 ………………… 112
 第一节 政策价值：落实国家大政方针 ………………………… 113

第二节　理论价值：丰富法治内涵 …………………………… 121
　　第三节　实效价值：维护国家安全 …………………………… 130

第五章　他山之石：域外物资储备制度体系对我国的启示 ………… 138
　　第一节　域外物资储备相关经济理论 ………………………… 138
　　第二节　域外物资储备模式概述 ……………………………… 140
　　第三节　域外物资储备立法经验及其对我国的启示 ………… 149

第六章　国家物资储备法律体系的构建思路 …………………………… 158
　　第一节　国家物资储备法律体系的构建理念与原则 ………… 158
　　第二节　国家物资储备法律体系的构建逻辑 ………………… 165
　　第三节　国家物资储备法律体系的基本制度 ………………… 176
　　第四节　国家物资储备法律体系的基本内容 ………………… 183

第七章　对国家物资储备体系的多维规制 ……………………………… 190
　　第一节　立法规制：基于制定基本法的角度 ………………… 190
　　第二节　行政规制：基于国家储备现代化的角度 …………… 199
　　第三节　司法规制：基于检察机关法律监督角度 …………… 209
　　第四节　理论规制：基于信息公开与储备保密的视角 ……… 214

参考文献 ……………………………………………………………………… 224

后　记 ………………………………………………………………………… 230

第一章

把握研究国家物资储备的时代脉搏

第一节　多极化世界格局下的国家物资储备

"国家安全是安邦定国的重要基石，维护国家安全是全国各族人民根本利益所在。"❶ 当前，世界处于百年未有之大变局，全球政治经济格局正在发生显著而深刻的变化，世界正在经历新一轮大发展、大变革、大调整。面对错综复杂的国内外发展环境，党中央高度重视国家安全工作。2017 年，总体国家安全观正式写入党章，并作为新时代坚持和发展中国特色社会主义的基本方略，在党的十九大报告中予以明确。党的二十大报告明确了推进国家安全体系和能力现代化的总体要求。2024 年 1 月 8 日至 9 日，全国粮食和物资储备工作会议在北京召开，明确提出要不断增强国家储备实力、深入推进储备领域改革和法治、坚决守好安全生产底线等。❷ 国家物资储备作为国家安全的压舱石、国民经济的稳定器、社会稳定的定心丸，具有维护国防建设、应对突发事件、参与宏观调控的重要作用。

从国际层面来看，自 20 世纪 90 年代以来，国际社会环境趋向缓和，以

---

❶ 习近平. 决胜全面建成小康社会 夺取新时代中国特色社会主义伟大胜利：在中国共产党第十九次全国代表大会上的报告［EB/OL］.（2017－10－18）［2023－10－27］. https://www.gov.cn/zhuanti/2017－10/27/content_5234876.htm.

❷ 佚名. 深入学习贯彻习近平总书记关于粮食安全和物资储备工作的重要论述 开创粮食和物资储备事业高质量发展新局面：全国粮食和物资储备工作会议在京召开［Z/OL］.（2024－01－09）［2024－02－10］. http://www.lswz.gov.cn/html/xinwen/2024－01/09/content_279209.shtml.

"冷战"结束为标志,世界范围内爆发战争的可能性降低,但这并不意味着安全形势的乐观,取而代之的是安全形势更加多元化、复杂化,呈现传统安全与非常安全威胁相互交织的特征。[1] 在这一时期,世界各国在社会、经济、文化等方面的力量对比发生巨大变化。中国、俄罗斯等金砖国家在新兴经济方面迅速成长,而美国此刻正竭力阻碍国际治理体系的变革,继续以自我为中心维护着所谓的国际秩序。此刻的世界各国呈现出"大国博弈加剧,地缘政治回潮"的格局。阿富汗战争以来,美国相继在乌兹别克斯坦、吉尔吉斯斯坦设立了军事基地,利用地缘便利在"俄罗斯的软腹部"和中国的战略后方投棋布子。21世纪初期,美国又不断鼓动格鲁吉亚、乌克兰、吉尔吉斯斯坦等国家和中东北非地区进行"颜色革命",以削弱俄罗斯的影响力。2014年,乌克兰危机爆发,美俄关系降至"冷战"后的最低点。为了遏制中国发展,奥巴马政府提出"重返亚洲""亚太再平衡"等政策,加强亚太军事同盟体系,构筑新贸易体系(如《跨太平洋伙伴关系协定》)抗衡中国影响。在此背景下,东亚地区存在的历史问题和领土纠葛"老问题"变成了新热点。[2] 如2023年,以色列和加沙冲突不断升级,造成双方数千人死亡和受伤,加沙地带还有数十万人流离失所,随之而来的是加沙地带的饮用水、电力和其他必需品等物资逐渐耗尽,等等。在传统安全问题没有根本解决的情况下,非传统安全问题已进入国家安全的视野,加剧了维护国家安全的复杂性,加之世界范围内生物多样性锐减的生态危机、污染加重的环境危机、化石矿物资源衰竭的资源危机愈演愈烈,重大自然灾害和公共卫生事件易发、群发、并发、连发,突发事件应对形势严峻,对国家安全和国家物资储备提出新的要求和挑战。

从国内层面来看,随着世界百年未有之大变局加速演进,中国日益走近世界舞台中央,国家影响力、感召力、塑造力显著提升,与世界的政治、经济、军事、文化等各方面的联系更为密切。与此同时,国家安全和社会稳定日益受到国际政治事件、经济波动和战争冲突的影响。中国一直秉持人类命

---

[1] 张国廷. 新时代国家安全体系和能力现代化建设的历史演绎 [J]. 现代交际, 2023 (10): 49.
[2] 高飞. 中国的总体国家安全观浅析 [J]. 科学社会主义, 2015 (2): 11-12.

运共同体理念，倡导和平与发展，但国际秩序的不稳定，显著增加了很多不确定因素，例如，在粮食危机、能源危机等方面，一直在影响着国家安全稳定。❶ 在传统安全领域，由于中国尚处于发展阶段，具有一定的脆弱性和敏感性，加之复杂的历史因素和现实的利益驱动，中国和周边国家之间存在一些领土、领海等主权争端。美国和日本等国家介入主权争端，企图从中获得更多与中国博弈的筹码，制约中国的发展、消耗中国的资源、压缩中国的发展空间。诸如钓鱼岛事件、南海问题等，都对中国的主权安全构成了直接现实的挑战。除此之外，国外势力插手台湾、西藏、新疆等中国内部事务，鼓动"台独""藏独""疆独"，企图破坏中国的国家统一和领土完整，制造"颜色革命"。

从整个世界发展趋势来看，类似于第一次世界大战等大规模的战争爆发概率很小，而不稳定性因素主要来源于生态环境、资源能源等领域，这就是我们所说的非传统安全领域。

党的十八大以来，国家发展阶段有了新的历史定位，迎来了新时代。新时代的定位决定了我们的发展需要有新的面貌，形成新的发展格局。新时代所面临的国家安全形势更加复杂和多样化，国家安全的理念亟须结合时代的发展与时俱进。❷ 在中央国家安全委员会第一次会议上，习近平总书记提出要构建集政治安全、国土安全、军事安全、经济安全、文化安全、社会安全、科技安全、信息安全、生态安全、资源安全、核安全等于一体的国家安全体系，并系统阐述了总体国家安全观的重要思想。❸ 2022年，党的二十大报告单独设置了"推进国家安全体系和能力现代化，坚决维护国家安全和社会稳定"一章，❹ 基于这样的设置及其中的内容，我们发现国家安全开始有了系

---

❶ 马振清. 总体国家安全观视域下的国家安全体系和能力现代化 [J]. 贵州省党校学报，2023（2）：8-9.

❷ 张国廷. 新时代国家安全体系和能力现代化建设的历史演绎 [J]. 现代交际，2023（10）：49-50.

❸ 新华社. 习近平主持召开中央国家安全委员会第一次会议强调：坚持总体国家安全观 走中国特色国家安全道路 [EB/OL].（2014-04-15）[2024-03-20]. https://www.gov.cn/xinwen/2014-04/15/content_2659641.htm.

❹ 习近平. 高举中国特色社会主义伟大旗帜 为全面建设社会主义现代化国家而团结奋斗：在中国共产党第二十次全国代表大会上的报告 [R/OL].（2022-10-16）[2023-07-18]. https://www.12371.cn/2022/10/25/ARTI1666705047474465.shtml.

统全面的阐述：在形式上，表现为党的二十大报告中独立的一个章节；在实质上，国家安全形成了独立系统的理念。❶ 国家物资储备作为维护国家安全的重要环节，在调控国民经济和应急救灾等方面发挥着重要作用。完善的物资储备是提高物资储备效能的基础，正如在提到国家安全问题时，党的二十大报告强调，要推进国家安全体系和能力现代化，即完善包括国家安全战略体系在内的国家安全法治体系、国家安全政策体系、国家安全防护体系等国家安全体系。❷ 习近平总书记在中央全面深化改革委员会第十二次会议上指出，"健全国家储备体系，科学调整储备品类、规模、结构，提升储备效能"❸。在中央全面深化改革委员会第二十一次会议上，习近平总书记再次强调国家物资储备的重要性，从体制机制、功能保障、风险防范等方面作出重要指示，明确提出应加强应急物资储备的安全管理和战略保障，以更好地防范和抵御重大风险。❹ 客观地讲，对于我们这样拥有960余万平方千米的大国来说，最大的问题就是保障好基本的产品供应问题，而加强国家物资储备制度的建设，就是发挥保障基础性产品供应底线的调节作用。因此，国家物资储备发挥着不可替代的保障作用，从完善国家储备体系、明确储备责任分工、提升储备效能等各方面都担负着重要的历史使命。深入学习习近平总书记关于统筹发展安全和稳定的重要讲话，对深刻理解把握国家物资储备的重大意义具有举足轻重的作用。❺ 国家物资储备体系在维护国家安全、调控国民经济以及应急救灾等方面发挥着重要作用，只有切实讲政治、顾大局，自觉从政治高度思考谋划物资储备工作，以总体国家安全观为指引，做好系统改革发展

---

❶ 张国廷. 新时代国家安全体系和能力现代化建设的历史演绎 [J]. 现代交际，2023 (10)：51.
❷ 王林. 我国新时代的国家安全战略：理论品格、实践展开和体系建构 [J]. 河南警察学院学报，2024，33 (1)：16.
❸ 新华社. 习近平主持召开中央全面深化改革委员会第十二次会议强调 完善重大疫情防控体制机制 健全国家公共卫生应急管理体系 [EB/OL]. (2020-02-14) [2023-07-18]. https://www.xinhuanet.com/politics/leaders/2020-2/14/c_1125575922.htm.
❹ 新华社. 习近平主持召开中央全面深化改革委员会会议：加强反垄断反不正当竞争监管力度 完善物资储备体制机制 深入打好污染防治攻坚战 [EB/OL]. (2021-08-30) [2021-09-02]. https://www.gov.cn/xinwen/2021-08/30/content_5634220.htm.
❺ 中共国家粮食和物资储备局党组. 完善国家储备体系 保障初级产品供给 [N]. 粮油市场报，2022-05-17 (A01).

各项工作，才能更好地服务保障国家安全和宏观调控。❶ 根据法治中国建设的目标和要求，国家物资储备体系必须依赖于国家物资储备法律体系予以确立和保障。

综观国家大政方针和习近平总书记的历次重要讲话精神，可以看出，建立健全统一的应急物资保障体系势在必行，建议将应急物资保障列为国家应急管理体系建设的重要内容。2022年，应急管理部、国家发展和改革委员会等部门联合印发《"十四五"应急物资保障规划》，该规划从我国应急物资保障的现状和"十四五"时期的保障形势入手，提出完善应急物资保障的主要任务，其中任务之一为"完善应急物资保障体制机制法制"。构建国家物资储备法律体系，是贯彻落实党中央、国务院工作要求的重要举措，从制度层面完善国家物资储备体系，也是推进国家安全体系和能力现代化的重要一环，能够更好统筹国家发展与安全，为国家物资储备工作提供根本遵循。

自改革开放以来，国家物资储备从弱到强，逐步适应社会主义市场经济体制需要，物资储备管理的法治化也不断加快。❷ 然而，我们国家到目前为止仍缺少专门的国家物资储备法律，大部分内容散见于各法规规章和规范性文件内，在立法位阶偏低、立法内容不足等方面存在问题，例如，《中央储备糖管理办法》《中央储备肉管理办法》等国务院各部委制定的部门规章或行政规范性文件，在法律位阶上较低，没有形成一个整体谋划、系统把握的国家物资储备法律体系新格局。因此，制定国家物资储备法对构建良性的储备运行机制、划清储备红线、规范政府和第三方等主体行为具有不可估量的重要意义。我们要运用法律手段、行政手段等达到提升国家物资储备治理能力的预期效果。❸ 本书主要围绕国家物资储备体系的发展现状及其现实问题展开讨论，尤以国家物资储备体系中的法律体系为着重关注领域，以期通过

---

❶ 国家粮食和物资储备局. 中国粮食和物资储备发展报告（2019）[M]. 北京：经济管理出版社，2019：83.
❷ 国家粮食和物资储备局. 中国粮食和物资储备发展报告（2019）[M]. 北京：经济管理出版社，2019：169.
❸ 晏然. 健全国家物资储备体系 [J]. 红旗文稿，2020（9）：27-29.

制度层面的完善来统领国家物资储备体系各领域，推动发挥国家物资储备制度职能，保障物资储备，维护国家安全。

第二节 构建完备的国家物资储备法律体系的必要性

当今世界正处于大变革、大调整时期，国际体系和国家格局正在发生深刻变革。新兴经济体快速崛起，国际经济贸易格局正在重构，粮食、能源等物资国际市场供需发生变化；以人工智能、物联网、新能源为代表的产业深刻影响了农产品、能源的市场运行环境；城市化进程加快，对粮油、能源、应急等物资的依存度增大；中国仍属于发展中国家，国内外安全局势不稳定。在这样的一个重要历史时期，国家物资储备发挥着重要物资供应的保障作用，❶构建结构合理、运行高效的国家物资储备法律体系，保障国家各类物资的供应安全，对保护国家安全、维护社会稳定具有重要意义。

在理论层面，构建完备的国家物资储备法律体系是丰富法治中国内涵的必要之举。因此，我们要通过良法善治来确保国家物资储备法律体系得以有效贯彻落实，切实将这样的一种国家安全制度优势转换成国家安全治理质效。❷《法治中国建设规划（2020—2025年）》指出："以解决法治领域突出问题为着力点，建设中国特色社会主义法治体系，建设社会主义法治国家。"❸ 因此，法治中国的全方位推进，必须要有一套客观全面的社会主义法律体系，而国家物资储备法律体系的构建是其中必不可少的一部分。本书以"总体国家安全观""国家安全体系和能力现代化建设"等为指导，以域外物资储备立法经验为借鉴，贯彻全生命周期管理理念、大安全大应急理念和全

---

❶ 王健，周竹君. 面向重构秩序推进国家物资储备立法的建议 [J]. 中国发展，2023，23（1）：76-81.
❷ 周佑勇. 推进国家安全治理现代化的法治逻辑 [J]. 江汉论坛，2023（10）：5.
❸ 中共中央印发《法治中国建设规划（2020—2025年）》[EB/OL]. (2020-01-10) [2023-07-18]. https://www.gov.cn/zhengce/2021-01/10/content_5578659.htm.

过程人民民主理念，梳理国家物资储备法律体系的构建思路，建议在制定国家物资储备基本法的基础上加强重点领域、新兴领域、涉外领域立法，明确国家物资储备法律的立法目的、基本制度、主体、对象、动用轮换、权责划分、监督管理和法律责任，并建议应基于国家储备现代化建设、检察机关法律监督、国家储备信息公开等角度，从行政、司法、理论三个维度对国家物资储备进行规制，保障国家物资储备法律体系的正常运行。除此之外，国家物资储备立法也能进一步完善国家安全法律制度体系，2015年《中华人民共和国国家安全法》（以下简称《国家安全法》）出台，将总体国家安全观对国家安全的各项要求规范化、制度化和法律化，构建了我国国家安全法律制度体系的基本框架。《国家安全法》第19条、第21条、第22条、第29条分别规定了经济安全、资源能源安全、粮食安全、社会安全，这与国家物资储备法律体系所要实现的保护国家经济、资源、粮食、社会安全的目标不谋而合。因此，国家物资储备立法可以从保障国家物资储备安全角度来完善我国国家安全法律制度体系的框架，为构建中国特色社会主义法治体系添砖加瓦。

在政策层面，构建完备的国家物资储备法律体系是落实国家大政方针的必由之路。首先，构建国家物资储备法律体系是法治国家、法治政府、法治社会一体建设的主要内容之一，也是深入推进依法行政的应有之义。在法治政府建设中，要按照《法治政府建设实施纲要（2021—2025年）》的指导思想，以实现法治政府这一宏伟目标。在此过程中，健全依法行政体系则显得尤为重要，国家物资储备的立法、监督管理、安全保障等诸多事项对相关行政部门依法行政能力提出更高的标准和要求。其次，国家物资储备法治化是完善我国国家安全战略布局的重要一环。党的十八大报告提出"完善国家安全战略和工作机制，确保国家安全"；❶ 党的十八届三中全会公报将"推进国

---

❶ 胡锦涛在中国共产党第十八次全国代表大会上的报告［R/OL］.［2023-10-09］. http://www.12371.cn/2012/11/17/ARTI1353154601465336_7.shtml.

·7·

家治理体系和治理能力现代化"作为下一步全面深化改革的总体目标；❶党的十八届四中全会通过的《中共中央关于全面推进依法治国若干重大问题的决定》提出了"贯彻总体国家安全观"，❷为后续构建国家安全法律体系打下坚实的制度根基；党的十八届五中全会提出"实施国家安全战略，坚决维护国家政治、经济、文化、社会、信息、国防等安全"，国家物资储备法律体系的完备是对国家和党中央安全战略布局的积极响应，也是推进国家治理体系和治理能力现代化的实践需求；❸党的十九届四中全会公报主要围绕国家治理体系和治理能力现代化进行了一系列制度设计，意在实现各领域治理的制度化、科学化和法治化，推进社会主义现代化进程。❹

在实践层面，构建完备的国家物资储备法律体系是保障国家安全、维护社会稳定的必然之举。在世界百年未有之大变局背景下，新兴市场国家和发展中国家快速发展。中国坚持对外开放的基本国策，奉行互利共赢的开放战略，在更大范围、更宽领域、更深层次上对外开放，与世界上其他国家的交互加深，因而更易受国际政治、经济、文化等因素影响。加之，中国社会中自然风险、社会风险和突发公共事件等风险并存，所以对国家物资储备的规模、结构、管理、保障的标准要求更高。

立善法于天下，则天下治；立善法于一国，则一国治。国家物资储备法律体系的构建能为国家物资储备各项制度有序平稳运行提供制度保障，为国家安全奠定坚实的物质基础，为经济社会发展行稳致远提供坚实保障，推动国家物资储备治理体系和治理能力现代化的进程。同时，对我国法治内涵的丰富、国家大政方针的落实以及国家安全和社会稳定的意义不言而喻。

---

❶ 中国共产党第十八届中央委员会第三次全体会议公报[R/OL].(2015-06-09)[2015-08-05]. https://www.gov.cn/ducha/2015-06/09/content_2875841.htm.

❷ 中共中央关于全面推进依法治国若干重大问题的决定[EB/OL].(2014-10-29)[2023-07-18].http://cpc.people.com.cn/n/2014/1029/c64387-25927606.html.

❸ 中共十八届五中全会在京举行[EB/OL].(2015-10-30)[2023-07-18].http://cpc.people.com.cn/n/2015/1030/c64094-27756155.html.

❹ 中国共产党第十九届中央委员会第四次全体会议公报[R/OL].(2019-10-31)[2023-07-18].http://cpc.people.com.cn/n1/2019/1031/c64094-31431615.html.

第三节 国家物资储备的多重解读视角

目前,在国家物资储备方面,国外的研究广度和深度在制度层面上较为全面,研究的领域主要集中在应对灾害、突发事件、卫生防疫、资源供给等方面,对国家物资储备能力,特别是国家战略物资储备能力,各国都采取了相对保密的措施,在文献资料上呈现出碎片化的内容,这就给我们收集国外资料带来了诸多困难。仅就现有资料看,目前国外的研究主要集中在物资储备的模式确立、轮储方式选择以及在运输过程中为了实现无缝对接而采取的对储备库存量、库存运转周期等提出的管理性决策建议。在应急储备方面,一般以应急物资储备的分配方式为研究对象,如李英海(Young Hae Lee)等[1]、塔加拉斯(Tagaras G)等[2]、艾尔弗雷德森(Alfredsson P)等[3]从应急物资的运输、库存、配送等方面,综合研究不同模式下应急物资储备的成本问题。奥兹巴伊(Ozbay K)和奥兹古文(Ozguven E E)[4]通过梳理应急情况下物资供给的概况,从时间变量的角度探讨物资库存量及其库存控制的一系列问题。奥尔金-维拉斯(Holguín-Veras J)、贾力勒(Jailer M)[5]利用特殊模型,研究分析突发事件出现时储备物资的库存、需求等的关系。佩蒂特(Pettit S)、贝尔斯福德(Beresford A)和罗(Roh S)[6]认为物资储备应当提

---

[1] LEE Y H, JUNG J W, JEON Y S. An effective lateral transshipment policy to improve service level in the supply chain [J]. International Journal of Production Economics, 2007, 106 (1): 115-126.

[2] TAGARAS G, VLACHOS D. Effectiveness of stock transshipment under various demand distributions and non-negligible transshipment times [J]. Production and Operations Management, 2002 (2): 183-198.

[3] ALFREDSSON P, VERRIJDT J. Modeling emergency supply flexibility in a two-echelon inventory system [J]. Management Science, 1999, 45 (10): 1416-1431.

[4] OZBAY K, OZGUVEN E E. Stochastic humanitarian inventory control model for disaster planning [J]. Transportation Research Record: Journal of the Transportation Research Board, 2007, 2022 (1): 63-75.

[5] HOLGUÍN-VERAS J, JAILER M. Immediate resource requirements after hurricane Katrina [J]. Natural Hazards Review, 2011, 13 (2): 117-131.

[6] PETTIT S, BERESFORD A, ROH S. Humanitarian aid logistics: response depot networks [J]. Journal of Humanitarian Logistics and Supply Chain Management, 2008: 2-3.

前做好战略布局,以战略布局为根本指引研判储备物资的投放地区、供给链条、运送效率、配送成本等。坎贝尔(Campbell A M)等❶的研究领域则主要集中在物资储备的库存管理方面,研究内容侧重于突发事件发生后物资储备的库存选择以及库存量方面。埃米特(Emmett J)等❷关注到了需求的变量情况,即在需求不稳定或不确定时,应急储备物资的存储量(库存)选址问题。卢布(Rubel D)等❸则以不同领域为基础,认为各领域的库存模式都有其特殊性,不同的领域应当建立适应其领域特点的库存模型。罗尼(Roni M S)等❹与卢布等的研究具有相似性,即均考虑到储备物资库存模式的特殊情况,根据特殊情况分析物资需求,进而建立能够融合不同情况特点的融合式储备物资管理模式,旨在提供物资储备的快速有效响应。❺

在国外有关物资储备的著作研究方面,由本杰明·格雷厄姆(Benjamin Graham)撰写的《储备与稳定》一书可谓声名卓著。❻ 该书认为,政府调控经济的一个有效方法就是建立储备,强化储备可以让消费者有意识地储存和购买商品,进而拉动消费内需,在这种情况下,消费者对商品的需求自然会增加,这样的需求也会提高就业率,对国家发展的影响可以形成一个闭环。该书还认为,经济大萧条之所以会出现,主要原因是消费者对商品的需求度不足,从而出现了生产过剩问题,除此之外也包括国家信用建设、财政金融制度等方面的缺陷,强化物资储备恰恰能在其中找到平衡点,有效解决储备与经济发展之间的矛盾。本杰明·格雷厄姆为了将已提出的理论推广到国际社会,后续又出版了其他有关专著,可以为我国提升物资储备方面研究以及工作效能提供有益参考。❼

---

❶ CAMPBELL A M, JONES P C. Prepositioning supplies in preparation for disasters [J]. European Journal of Operational Research, 2011, 209 (2): 156 – 165.

❷ EMMETT J. LODREE J. Pre – storm emergency supplies inventory planning [J]. Journal of Humanitarian Logistics and Supply Chain Management, 2011, 1 (1): 50 – 77.

❸ RUBEL D, SHINYA H. Relief inventory modelling with stochastic lead – time and demand [J]. European Journal of Operational Research, 2014, 235 (3): 616 – 623.

❹ RONI M S, JIN M Z, EKSIOGLU S D. A hybrid inventory management system responding to regular demand and surge demand [J]. Omega, 2015 (52): 190 – 200.

❺ 马烨. 江苏省靖江市物资储备管理体系研究 [D]. 上海:上海海洋大学,2020:8.

❻ 本杰明·格雷厄姆. 储备与稳定 [M]. 译科,张卓飞,译. 北京:法律出版社,2011.

❼ 马烨. 江苏省靖江市物资储备管理体系研究 [D]. 上海:上海海洋大学,2020.

第四节 国家物资储备法律体系的理论研究架构

本书分三个部分,共七章,具体内容如下:

第一部分是国家物资储备体系基础理论部分。主要包括国家安全基本理论、国家物资储备基本理论、国家安全与国家物资储备的关系、国家物资储备体系的发展历程等内容,集中体现在本书的第二章和第三章。新时代我国国家安全环境受霸权主义、强权政治、国际犯罪、恐怖主义、环境恶化等多元因素威胁及复杂周边环境影响,党中央和政府持续关注"国家安全"这一重要课题,并不断深化、丰富非传统安全观和安全理论的内涵。国家物资储备因其具有特殊功能和定位,在维护国家安全、调控国民经济等方面发挥了重要作用。本书第二章从国家安全与国家物资储备的基本理论切入,阐述国家安全的概念、国家安全观的演进历程以及国家物资储备的概念、特征、功能和价值旨归,并进一步分析国家安全与国家物资储备的关系。第三章第一节至第三节主要阐述从古至今我国国家物资储备体系的发展演进历程。我国古代农耕社会经年累月总结出诸如"积谷防饥,未雨绸缪""三年耕,必有一年之食;九年耕,必有三年之食"等储备意识与经验,与此同时发展形成了"委积""委府""常平仓""义仓"等储备制度,构建起古代国家物资储备体系。现代以来,南京国民政府曾建立以政府储备为主导,市场调节为辅助的粮食安全储备体系保障模式,完成了粮食储备制度由传统到现代的演变。新中国成立后,自20世纪50年代开始,逐步探索发展国家物资储备体系。进入21世纪,我国面临的各种问题变得愈发多样复杂,国家物资储备体系的相应完善调整也是必然应对之策,通过机构改革组建国家粮食和物资储备局便是其中重要举措。

第二部分主要是对国家物资储备体系的发展现状、存在的问题以及国家物资储备法律体系构建的价值意义等方面展开分析。该部分集中体现在第三章第四节和第四章。第三章第四节深入剖析我国现有国家物资储备体系的问题和不足，在管理体系、规范体系、储备体系、保障体系以及外部监管体系等方面需要进一步提升。第四章论证构建国家物资储备法律体系的价值意义，从落实国家大政方针的政策价值、丰富法治内涵的理论价值、维护国家安全的实效价值三个方面展开论证。在政策层面，有助于落实国家大政方针，将政策意图转化为法律规范，确保政策的有效执行和长期稳定性，为国家的战略发展提供有力支撑。在理论层面，构建国家物资储备法律体系丰富了法治内涵，通过立法明确了物资储备的地位、目标、原则和管理体制，为国家物资储备提供了坚实的法治保障，使物资储备工作更加规范、有序和高效。在实效层面，构建国家物资储备法律体系对维护国家安全至关重要，能确保物资储备在应对突发事件、保障国家安全等方面发挥关键作用，为国家的安全稳定提供坚实的物质保障。

第三部分是域外经验借鉴及对策建议部分。该部分包括第五章、第六章和第七章。第五章主要分析讨论域外物资储备法律体系构建经验，并总结域外经验对我国的有益启示。本章着重介绍美国、日本、法国、俄罗斯等国物资储备立法模式、立法经验以及储备模式，从中吸收借鉴有助于我国国家物资储备法律体系发展的经验。总体来说，域外经验对我国的启示主要有完善的储备法律体系、多元化的储备制度建设、灵活的储备模式、健全的重要储备领域立法等方面。第六章从国家物资储备法律体系应遵循的原则和国家物资储备立法应确立的基本制度两个方面搭建起国家物资储备法律体系的思路。一方面，构建国家物资储备法律体系时应遵循全生命周期管理模式，包括储备物资管理、数字化管理机制、区域规划、责任机制四个部分，实现对储备物资的科学调配和科学轮换；构建国家物资储备法律体系时应坚持大安全大应急理念，建立数据共享平台，为开展国家物资储备管理工作提供有效的数据网络；构建国家物资储备法律体系时应贯彻全过程人民民主理念，彰显我国法律体系"以人为本"的价值理念。另一方面，国家物资储备立法应确立物资轮换制度、储存管理制度、目录管理制度、监测预警制度、安全保障制度、监督检查制度等。第七章对国家物资储备的多维规制展开分析。首先，在立法规制层面，主要提出制定国家物资储备基本法律，该法律包含立法目的、调整对象、适用范围、基本原则、储备主体、储备对象、权责划分、收储动用、鼓励倡导、监督管理、法律责任等基本内容。其次，就行政规制而言，主要提出健全管理体制、优化管理结构、市场化改革、机制建设等方面的对策建议。再次，在司法规制层面，主要是从检察机关的法律监督视角出发，就检察机关在国家物资储备领域如何充分发挥法律监督者角色提出建议，同时建议探索将公益诉讼相关制度引入国家物资储备领域，以维护国家利益和社会公共利益。最后，在理论规制层面，主要研究国家物资储备领域信息公开与保守国家秘密的辩证关系。

综上，本书拟基于理论的推演和逻辑的思辨，辅以经验的、实证的表征和分析，综合考量国家物资储备立法的各项因素，通过制度层面的构建来统领国家物资储备体系各领域，推动国家物资储备制度职能的发挥。

第二章

国家安全与国家物资储备

第一节 国家安全基本理论

一、国家安全的概念界定

(一) 安全

在人类还未进化到高级阶段、璀璨的人类文明还未在这个星球上大规模兴起的时候,对"安全"的追求便伴随着我们的祖先。在一片混沌无序中,当我们的祖先第一次站立起身举目四望,第一次钻木生起人类历史长河中的第一堆篝火,第一次用木矛石刀宰杀数倍于己的猎物,第一次成功圈养驯化禽畜……这许许多多的第一次,或主动,或被动,或必然,或偶然,在成为人类文明的里程碑事件的同时,也昭示了一种对"安全"的追求。物竞天择的残酷规则迫使他们必须不断向前,方能保护自己的生存环境。在那个遥远的年代,我们无法透过更多载体来真切了解他们的"安全"观,但人类的整个进化史中却一直渗透着对"安全"的不懈追求。

人类文明高度发展后,个人、社会、行业、国家等不同的主体对"安全"存在不同的理解,这些理解或主观或客观。从语义分析的角度看,汉语中的"安全"一词历史较长,在我国古汉语中,通常将"安全"一词做"平安""无危险""保护""保全"等理解。例如,《易林·小畜之无妄》有云:

"道里夷易，安全无忌。"[1] 上述关于"安全"的表述是我国古人的安全观。同时，在我国传统文化中，也一直渗透着安全的观念，延传至今。例如，我国历来所宣扬的"居安思危""未雨绸缪""有备无患"等观念自古传承至今，这其中也自然渗透着对安全的追求。一些经典的古代论著中也包含各种安全观，既包含"预防为主"的思想，也包含"及时补救"的主张。《左传》中有居安思危，思则有备，有备无患的表述。[2]《国策·齐策六》中有"今国已定，而社稷可安矣"的表述。可见，"安全"一词，在我国古代的相关工具书中，指的是一种客观状态，多解释为"没有危险""不受威胁"和"不出事故"等意。[3]

在现代汉语中，安全一词意味着没有危险、不受威胁、不出事故的状态。[4] 早期的国家标准《职业健康安全管理体系》（GB/T 28001—2001）对"安全"给出的定义为："免除了不可接受的损害风险的状态。"[5] 从风险管理角度，安全是指不可接受的风险得到有效控制。安全也可以理解为通过追求企业生产过程中人员、机器、物料、环境、系统、教育培训及其他各方面要素的安全可靠、和谐统一，达到制度与文化、管理与装备的高度一致，使各种危险因素始终处于受控和可控状态，进而实现打造本质的、永恒持久的安全状态的目标。[6] 从建筑工程安全的角度来看，安全是指不出现事故，没有危险，人的身体健康不受伤害，财产不受损失的状态。安全分为人身安全和财产安全。[7] 从航空安全的角度来看，国际民航组织（ICAO）对"安全"的定义为："通过持续的危险识别和风险管理过程，将人员伤害或财产损失的

---

[1] 焦赣. 易林·小畜之无妄 [M/OL]. [2023-05-17]. https://ctext.org/wiki.pl?if=gb&chapter=908240&remap=gb.
[2] 左丘明. 左传 [M]. 长春：吉林大学出版社，2011.
[3] 王建平. 公民安全、社会安全与国家安全 [M]. 成都：四川大学出版社，2018.
[4] 舒刚. 基于政治安全的网络舆情治理创新研究 [M]. 武汉：武汉大学出版社，2018：278.
[5] 《职业健康安全管理体系》（GB/T 28001—2001）已被废止，2020年3月6日，国家市场监督管理总局、国家标准化管理委员会发布实施了《职业健康安全管理体系要求及使用指南》（GB/T 45001—2020），但该国家标准并未重新对"安全"这一术语进行定义。
[6] 邹碧海，刘春，刘晋，等. 安全学原理 [M]. 成都：西南交通大学出版社，2019.
[7] 胡戈，王贵宝. 建筑工程安全管理 [M]. 北京：北京理工大学出版社，2013：8.

风险降至并保持在可接受的水平或其以下。"❶

国外谈论"安全"时通常使用"security"和"safety"两个英语词汇表示。❷ 这两个词汇都对人、财产、环境、信息等特定对象有保护意义，相关的事件都涉及伤害、破坏、损失等负面影响，并且都可据此引申出与保护对象相关的某种威胁。同"security"相关的威胁隐含着"攻击"意图和"攻击"能力。同"security"相关的事件与有意的、故意的、恶意的行为有关，通常属于犯罪或恐怖袭击的范畴。另外，同"security"相关的工作，一方面，需要分析和研究针对保护对象的攻击和威胁；另一方面，需要分析和研究保护对象及其防卫系统面对攻击和威胁的脆弱性。"security"在某些场合下也翻译为：保安、安保、保卫、安防、防卫。用"security"一词表示安全，既强调主体处于某种免于危险和没有恐惧的状态，也包括安全措施和安全机构。与"safety"相关的风险控制需要考虑与"security"相关的危险的影响。与"safety"相关的工作，一方面，需要分析和研究能量或危险物质意外释放并导致人员伤亡、财产损失、环境破坏等负面影响的各种致因和风险；另一方面，需要分析和研究包含能量或危险物质的社会－技术系统的可靠性、完整性、安全性。❸ 实际上，从国外相关研究的表述来看，国家安全、粮食安全、能源安全等表述多采用"security"一词，其应用相对广泛。在英法等国的词典中，"安全"一词代表的含义是客观上不存在威胁，主观上不存在恐惧。❹ 美国患者安全基金会从医疗的角度将安全定义为："避免、预防和改

---

❶ 李家祥强调：树立持续安全理念 促进民航安全发展 [EB/OL]. (2009 – 01 – 07) [2024 – 03 – 24]. https://www.gov.cn/gzdt/2009 – 01/07/content_1199026.htm.

❷ 截至 2021 年 2 月 3 日，笔者在中国知网以"safety"为主题进行检索，共获得 852516 条文献资料，涉及"food safety""aviation safety""fire safety""roads safety""school safety""public safety"等子主题；以"security"为主题进行检索，共获得 401020 条文献资料，涉及"network security""national security""homeland security""cyber security""cloud security""food security""energy security""water security""environmental security"等子主题。

❸ 赵宏展. Safety 和 Security 的区别和联系 [EB/OL]. [2021 – 02 – 22]. https://mp.weixin.qq.com/s?src = 11&timestamp = 1613967594&ver = 2905&signature = m0ZSraZ0tmBhho – 7dTNWhF3h7rnh73FdKkd6xHBrsWuOm63rR3ERJR8ouZj4cpbWLUC8xW ∗ VfDcKbtvBVmWnqrbeZG27DaLPjRDa2 – cHA4VfQ6LqJTmkm0InD6w9dxoZ&new = 1.

❹ 王建平. 公民安全、社会安全与国家安全 [M]. 成都：四川大学出版社，2018.

进由医疗照护程序本身所引起的不良结局或伤害。"❶《不列颠百科全书》认为，安全是消除危险、威胁、伤害等的活动。❷ 1992 年的《俄联邦安全法》对安全的定义是：安全是个人、社会和国家生死攸关的利益受到保护的状态。❸ 沃尔弗斯（Wolfers A）从政治学的角度将"安全"界定为价值的实现不受威胁。❹ 埃文（Aven T）从管理学的角度将"安全"界定为免于事故和损失。❺

由前述关于安全的认识理解可知，安全的内涵丰富、外延广泛，对其定义的理解也多种多样，立足不同立场对安全会产生不同的理解。正如奥利弗·温德尔·霍姆斯（Oliver Wendell Holmes）在其研究中指出，安全通常就是一种思想上的认识，它会随着时间、环境等因素的转变而被赋予不同的实质内容和色彩。❻ 我们通常意义上所说的安全是社会学意义上的安全。有学者认为，从社会学角度来看，安全实质上就是一种状态，要保证一切能够影响人类生产、生活的运行系统，对人类的损害降低或控制在能够接受的标准和水平之下，只有达到这种状态，才意味着实现安全。❼ 虽然理论界与实务界对安全的定义认识有所差异，但是对安全这一概念的理解存在一些基本要素上的共识，即安全必须有明确的指向对象，也即享有安全的主体问题，没有主体也就无从谈论安全。安全所指向的对象具有多样化，既可以是个人，也可以是法人、社会组织等团体，当然国家也可以成为安全所指向的对象，当国家作为对象时，"国家安全"这一概念也就由此产生。

笔者认为，站在总体国家安全观的大背景下理解"安全"一词的含义，要从主客观两方面进行理解。这与现实主义理论的代表人物阿诺德·沃尔弗斯（Arnold Wolfers）的"安全"观比较契合，阿诺德·沃尔弗斯在《纷争与

---

❶ 伊丽莎白·C. 阿诺德，凯瑟琳·昂德门·博格. 护士职业沟通技巧 [M]. 7 版. 绳宇，译. 北京：中国轻工业出版社，2018：8.

❷ 邹碧海，刘春，刘晋，等. 安全学原理 [M]. 成都：西南交通大学出版社，2019.

❸ 王建平. 公民安全、社会安全与国家安全 [M]. 成都：四川大学出版社，2018.

❹ WOLFERS A. "National security" as an ambiguous symbol [J]. Political Science Quarterly, 1952, 67 (4)：481 - 502.

❺ AVEN T. What is safety science [J]. Safety Science, 2014 (67)：15 - 20.

❻ 舒刚. 基于政治安全的网络舆情治理创新研究 [M]. 武汉：武汉大学出版社，2018.

❼ 王建平. 公民安全、社会安全与国家安全 [M]. 成都：四川大学出版社，2018.

协作》一书中指出，安全是在主观上不存在恐惧感，同时在客观上也不存在现实威胁。❶

从个体的主观需要来看，安全是个体需求中仅高于生理需求的位于第二位阶的低层次需求。1943年，马斯洛（Maslow）在《人类激励理论》一书中将需求分为五个层次，从低到高依次为生理需求、安全需求、社交需求、尊重需求、自我实现需求，如图1所示。其中，安全需求包含对人身安全、生活稳定以及免受痛苦、威胁或者疾病等的需求。❷ 由此可知，安全作为人的基本需求，是一种较低层次但很基础的需求，在我们每个个体的一生中都占据着至关重要的地位。

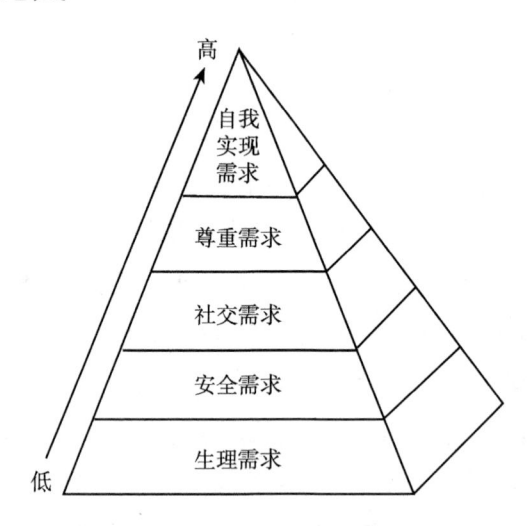

图1 马斯洛需求理论层次

资料来源：亚伯拉罕·马斯洛.动机与人格[M].许金声，等译.北京：中国人民大学出版社，2007.

从客观实际情况来看，安全需要有物质基础，从而保障国家安全、社会安全、民众安全以及公共安全等。从这个层面来说，安全实际上也是一种能力，是一种对危险因素的控制能力和利用制度资源进行应对的能力。❸

---

❶ 阿诺德·沃尔弗斯.纷争与协作：国际政治论集[M].于铁军，译.北京：世界知识出版社，2006：11.
❷ 李晶.商务谈判[M].苏州：苏州大学出版社，2019.
❸ 王建平.公民安全、社会安全与国家安全[M].成都：四川大学出版社，2018.

可见，安全不仅包含主观上的感受，即国家、社会、民众等具有危机意识，具有防患于未然的主动观念，还包含安全感生成的一切现实基础，如充足的粮食储备、能源储备、稀有金属储备等。安全体现了现代国家的基本价值追求，在追求和实现它的过程中，不同的安全主体会有不同的利益观念和立场，安全的内容是在不断变化的。❶ 也就是说，安全是一个具有一定历史性的概念。站在总体国家安全观的立场下，本书认为，安全是指国家、社会、民众等主体具有安危意识，且客观上不受到威胁，不存在危险、损害的一种状态。进一步而言，必须要同时满足主客观两种状态，才是真正的"安全"。从国家物资储备角度来看，一方面，如果国家、社会、民众等主体本身缺乏安全意识，即使国家物资储备充足，也只是暂时的安全，从长远来看国家物资储备必然受到损害。例如，我国虽然是世界排名第一的稀土储备大国，但早年我国缺乏对稀土等贵重稀有资源的保护意识，导致大量稀土资源被随意开采，以极其低廉的价格出口到国外，给我国的经济建设、国家安全带来了不小伤害。另一方面，如果国家、社会、民众等主体具备安全意识，但是客观上无法阻止危险、损害等问题的发生，或者事实上受到了威胁，这也不是真正的"安全"。例如，新中国成立初期，我国国家领导人、社会及民众已经具备较强的安全意识，但是彼时我国客观上没有办法阻止存在的"大威胁"，例如，核威胁，新中国的发展建设一度受到苏美等国核垄断、核讹诈和军事威胁的限制。以毛泽东同志为核心的中央领导集体高瞻远瞩地意识到，必须发展中国的"两弹一星"，否则我国的发展将会处处受制于人。20世纪50年代，在新中国经济、科技、教育等条件极端落后的情况下，中央领导集体毅然决然地作出研制原子弹、氢弹和卫星的战略决策，并在后来苏联撤走专家、撕毁协议的情况下，"举全国之力"继续研制"两弹一星"，最终在艰苦的环境下研制成功，打破了苏美等核大国的核垄断、核讹诈和军事威胁，❷ 为之后的建设、发展、改革等事业奠定了坚实的基础。

---

❶ 舒刚. 基于政治安全的网络舆情治理创新研究 [M]. 武汉：武汉大学出版社, 2018.
❷ 王胜国. "两弹一星"的研制与改革开放 [J]. 当代中国史研究, 2021, 28 (1): 154.

(二) 国家安全

1. 国家安全的概念

理论上讲，自国家产生后，"国家安全"的理念也就随即产生，但彼时的"国家安全"还并未发展成为一个政治术语，直到现代民族国家产生，"国家安全"这一概念才正式以政治术语的形式在世界舞台上活跃。1943年，美国国际问题专家李普曼（Lippmann）首次提出"国家安全"的概念。1947年，美国制定了世界上第一部《国家安全法》，并组建了"国家安全委员会"。[1] 美国学者戴维·雷斯尼克（David Resnik）认为，国家安全首先就是保护一个国家，即它的公民、国家利益、政府、机构等不受军事威胁，这种威胁也包括恐怖主义。[2] 英国学者马丁·特里布斯（Martin Trybus）则将国家安全定义为国家或成员国的安全。[3] 20世纪90年代末，俄罗斯将国家安全定义为：保障私人、社会、国家安全，免除外部政治、内部政治、经济、社会、军事、技术生态、信息及其资源和可能资源的威胁。[4] 纵观当今世界，"国家安全"是各国涉及安全事务时使用最为频繁的一个概念，有时也会成为一些国家借此干涉人权的外衣。对于一个国家而言，维护国家安全是每个国家的本能反应。英国政治学家霍布斯（Hobbes）曾说，当国家感到不安全时，它就会以"一种角斗士的姿势，眼睛彼此盯着，把武器指向对方"。[5] 在《思考国家安全》一书中，哈罗德·布朗（Harold Brown）提到，国家安全是一种能力，即维护国家的统一和领土完整，在合理条件下与世界其他地区保持经济联系，还需防止外部势力破坏其特征、制度和统治，并控制边界。[6]

---

[1] 舒刚. 基于政治安全的网络舆情治理创新研究 [M]. 武汉：武汉大学出版社，2018.

[2] 戴维·雷斯尼克. 政治与科学的博弈：科学独立性与政府监督之间的平衡 [M]. 陈光，白成太，译. 上海：上海交通大学出版社，2015：1.

[3] TRYBUS M. 欧洲国防安全采购：欧盟《国防安全采购指令》研究 [M]. 王加为，谢文秀，杨玉瑞，等译. 北京：国防工业出版社，2017：34.

[4] 古捷涅夫·弗拉季米尔·弗拉季米罗维奇. 军事生态学 [M]. 胡孟春，译. 北京：国防大学出版社，2016：6.

[5] 舒刚. 基于政治安全的网络舆情治理创新研究 [M]. 武汉：武汉大学出版社，2018：278.

[6] 刘跃进. 论国家安全的基本含义及其产生和发展 [J]. 华北电力大学学报（社会科学版），2001（4）：62.

"冷战"时期关于国家安全的概念，包括政治、军事等领域的安全，主要是指国家的领土不会受到侵犯。"冷战"结束之后，国际社会的政治、经济等方面治理结构发生了显著变化，虽然国家安全保障的基础或者核心仍然在于国家军事安全方面，但是可以明确的是，国家安全所涉及的因素逐步开始扩展，有关国家安全这一范畴又一次发生了变化。在当今国际背景下，越来越多的国家开始关注非传统因素对国家安全产生的威胁，包括种族冲突、粮食和能源短缺、恐怖主义、跨国犯罪、毒品交易等，这些问题被认为属于非传统的国家安全挑战问题。沙瓦耶夫则将"国家安全"的概念解释为国家具备保护完整性、固定性或稳定性、有效职能发挥以及保持发展等方面的能力，能够可靠、坚定地去捍卫自身利益，使其免受内外部破坏的影响。❶

新中国成立后，国家安全的概念最初是指保证一个国家的安全不仅不受外国侵略，且国内也要稳定。❷ 自20世纪八九十年代开始，随着我国改革开放程度的不断拓展，我国学界对国家安全的关注度不断攀升，如图2所示，涌现出一大批国家安全研究方面的学者，例如刘跃进、刘建飞等学者。研究

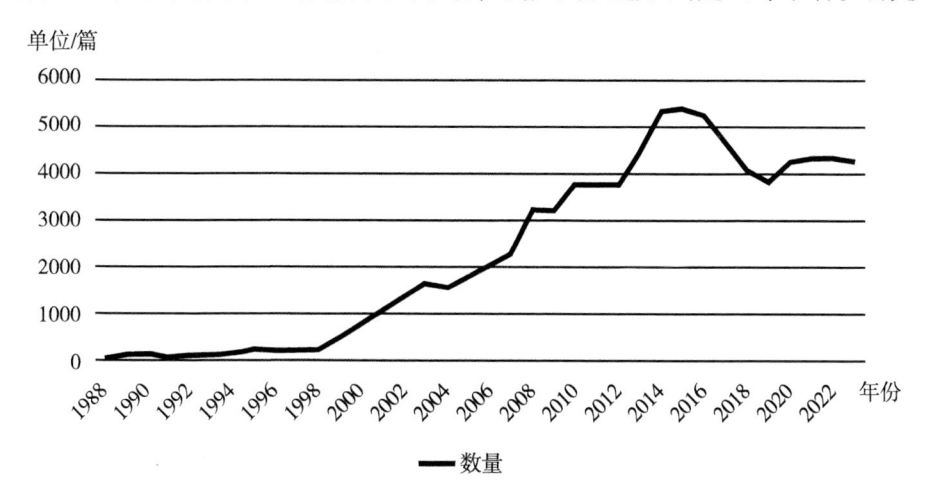

图2 中国知网"国家安全"主题发文年度趋势

---

❶ 舒刚. 基于政治安全的网络舆情治理创新研究 [M]. 武汉：武汉大学出版社，2018.
❷ 林佩静. 大学生安全预防与应对教育 [M]. 西安：西安电子科技大学出版社，2017：10.

主题涵盖政治、经济、社会、文化等各个面向，如图3所示。❶ 从研究内容的学科分类情况来看，主要集中在工业技术、经济、政治、法律等学科上。

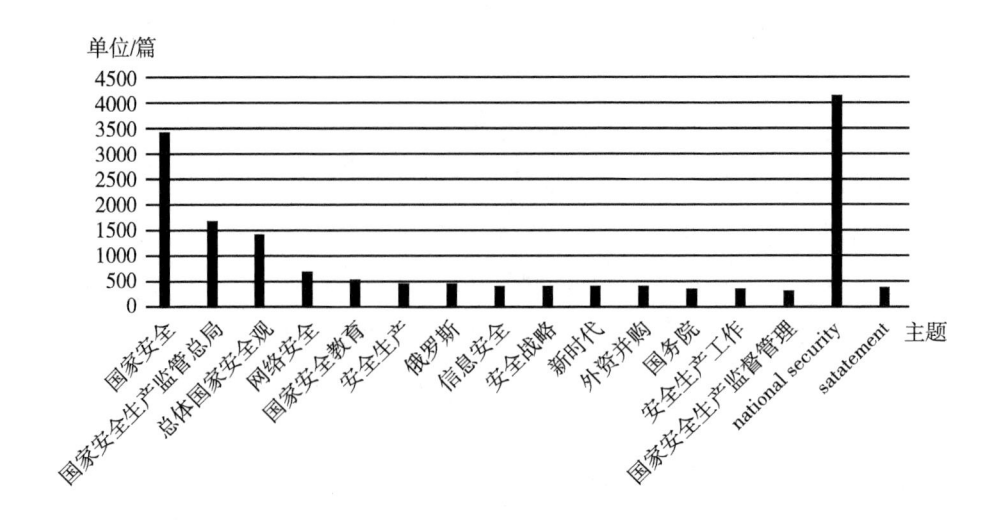

单位/篇

主题	数量
国家安全	约3400
国家安全生产监管总局	约1700
总体国家安全观	约1400
网络安全	约600
国家安全教育	约500
安全生产	约500
俄罗斯	约400
信息安全	约400
安全战略	约400
新时代	约400
外资并购	约300
国务院安全生产工作	约300
国家安全生产监督管理	约300
national security	约4200
satatement	约400

图3　中国知网"国家安全"研究主题分布

由图3可见，学界关于国家安全的研究十分丰富。从具体的研究内容来看，对国家安全的概念界定存在一定差异。林佩静认为，国家安全的概念实质上属于一种客观状态，即国家若没有处于危险状态，则表明已经达到国家安全状态，她进一步通过三个方面对国家安全的概念进行解读：第一，国家不会受到外部威胁，或者不会受到外部侵害的一种客观状态；第二，国家内部不存在混乱或者不受疾患影响的一种客观状态；第三，国家安全包括内部和外部两方面的安全。❷ 张浩提出，国家安全属于国家基本利益，在国家安全的情况下，国家将处于没有任何危险的一种客观状态下，即外部威胁与内部混乱等因素均不存在，不会对国家安全产生影响。❸ 刘本旺等认为，国家安全是指国家的主权、领土完整和政治制度不受外部势力侵害，维护国家安

---

❶ 截至2024年6月，笔者以"国家安全"为主题在中国知网进行检索，共获得文献资料84026条，其中包含中文文献61001条，文中的两幅图均是选取中文文献为样本生成的可视图。
❷ 林佩静. 大学生安全预防与应对教育［M］. 西安：西安电子科技大学出版社，2017：10.
❸ 张浩. 开放兴邦：新时代中国特色社会主义对外开放思想［M］. 北京：人民出版社，研究出版社，2018：11.

全是国家内政外交的首要任务。❶ 王建平认为，国家安全既指一个国家免于被攻击，乃至被消灭的恐惧、担心，没有严重内外危险和威胁的状态，也指国人普遍存在的安全感觉，即国家客观上不存在威胁，国人主观上不存在恐惧的状态。一方面，强调国家利益处于没有危险和不受内外威胁的状态，这种状态具有显著特征，最明显的就是持续性、全面性、系统性等，并通过国家政权稳定、主权独立、国家统一和领土完整、人民享有福祉、经济社会可持续发展等形态表现出来。另一方面，则以国家安全的持续保障能力，即国家对公民在境内、海外的生命、财产和环境等利益形式来表现。❷ 李翃楠认为，国家安全一般是指作为政治权力组织的国家机器所建立的社会制度生存与发展的保障，具体涉及国防、经济、文化、外交、社会等各个方面的安全。经济一体化浪潮之前，国家安全主要体现为政治、军事安全，是指国家通过政治和军事实力保证国家安全。经济一体化趋势逐渐增强后，国家安全范畴逐步扩大到以国家利益为核心的综合"利益安全"，更加强调国家的经济安全。❸ 杨清、覃伟赋提出，国家安全涵盖传统与非传统要素，维系主权及国家根本利益。❹ 马建堂提出，国家安全关乎政治、经济、社会稳定，以及达到内外威胁无损状态与持续安全受到保障的能力。❺ 李建宇认为，国家安全包括对内和对外两个方面，传统意义上的政治安全和军事安全，非传统意义上的经济、社会、科技、资源环境等安全。❻《国家安全法》规定国家安全是指政权、主权、统一和领土完整、人民福祉、经济社会可持续发展和国家其他重大利益相对处于没有危险和不受内外威胁的状态，以及保障持续安全状态的能力。

通过前面的研究可以看出，国家安全的内涵和外延从不同时期、不同阶

---

❶ 中国民主同盟吕梁市委员会，刘本旺. 参政议政用语集：修订本［M］. 北京：群言出版社，2014：1.
❷ 王建平. 公民安全、社会安全与国家安全［M］. 成都：四川大学出版社，2018.
❸ 李翃楠. 国企改革：公平竞争视角下国有企业改革法律问题研究［M］. 上海：复旦大学出版社，2017：12.
❹ 杨清，覃伟赋. 快递管理实务［M］. 北京：冶金工业出版社，2017：7.
❺ 马建堂. 为全面建设社会主义现代化国家开好局起好步［N/OL］.（2020 - 11 - 06）［2024 - 03 - 24］. https://www.gov.cn/xinwen/2020 - 11/06/content_5558872.htm.
❻ 尹彤. 大学生安全教育读本［M］. 武汉：华中科技大学出版社，2018：8.

段、不同国家现实、不同世界形势来看,会有明显不同。时至今日,"国家安全"虽已被广泛使用,但正如曼戈尔德(Mangold)曾指出的那样,人们越是仔细地观察国家安全,就会发现其中存在的问题越多,在定义国家安全的概念时,有时会定义得过分宽泛,导致其概念没有任何实质性意义;有时又定义得太过狭窄,导致对国家安全的概念出现了直接挑战。❶"国家安全"的内涵仍没有一个公认的、统一的界定。现如今,学界通常将国家安全分为传统国家安全和非传统国家安全两种类型,两者长期并存且相互交织。传统国家安全一般以军事和国防为核心范畴,多解释为保卫边界、国家主权与公民,也就是防卫武力威胁。而非传统国家安全实质上是建立在传统国家安全基础上,并对传统国家安全进行了扩展,其涵盖更广泛的领域、主体和内容,例如,个体公民的生存安全、经济社会发展的稳定以及地球不断繁荣等方面的安全等,且解决威胁或者解决问题的途径也比较复杂。目前,非传统国家安全问题主要是指,非国家的行为体之于国家主权安全、国家利益、个人和群体利益,以及全人类生存发展等构成威胁和侵害的情形,如恐怖主义、疾病传播、跨国犯罪、毒品走私、非法移民、洗钱和海盗等都属于非传统安全威胁的范畴,都对国家安全构成潜在威胁或者侵害。❷ 这种威胁或者侵害是具有多元性、关联性、跨国性以及社会性等特点的。虽然非传统的国家安全在一定程度上并不排除采用军事手段解决,但是应当明确的是,解决的最好手段或者最佳途径仍然是合作。当今社会安全问题逐步被泛化,而对非传统国家安全的概念进行界定则是解决这一问题的一种方式。非传统的国家安全实际上是一个紧密关联、不可分割的整体,其中各要素之间存在密切联系。

2014年,在中央国家安全委员会第一次会议上,习近平总书记首次提出总体国家安全观。在习近平总书记提出的总体国家安全观视域下,国家安全是由多种安全组成的综合性安全体系。总体国家安全观的提出,对走具有中国特色、符合中国发展实际的国家安全道路具有十分重要的意义。近些年来,随着总体国家安全观的提出,国家安全学相关理论与实践问题着实成为学界

---

❶ 舒刚. 基于政治安全的网络舆情治理创新研究 [M]. 武汉:武汉大学出版社,2018.
❷ 杨振姣,闫海楠. 中国海洋生态安全治理现代化存在的问题及对策研究 [J]. 环境保护,2017,45 (7):47-51.

和实务界关注的焦点问题，研究力度与热度激增，国家安全学研究热可谓方兴未艾。为研究解决国家安全领域诸多理论与实践问题，许多学者主张将国家安全学作为一个学科门类，正式列入我国高等教育目录，以此推动我国国家安全的理论与实践发展更上一层台阶。❶ 2020年12月30日，国务院教育部学位委员会发布通知，设立了"交叉学科"门类、"集成电路科学与工程"和"国家安全学"一级学科。此举对贯彻习近平总书记对研究生教育的指示精神、满足党和国家发展需求具有重要意义。❷

本书认为，总体国家安全观下的国家安全是指国家客观上处于没有危险的状态，主观上能够为社会、民众提供和增强安全心态的一种综合安全体系。进一步而言，国家既没有外部的威胁和侵害又没有内部的混乱和疾患的客观状态，确保主权国家的对内最高权和对外独立权。同时，国家的民众能够从安全的现状中真切感受体会到安全，保有安全心态的同时又具备危机意识，社会稳定程度也得以进一步增强。

2. 国家安全与公共安全

公共安全同国家安全比较容易混淆，两者的概念需要进一步厘清。就公共安全这一词汇而言，其内涵十分丰富，出现的场合较多，在法学领域，尤其是刑法学领域出现得最为频繁。《中华人民共和国刑法》（以下简称《刑法》）在分编第二章以专章规定了"危害公共安全罪"及其类型下的诸多具体犯罪，❸ 刑法学界对公共安全的含义理解也存在多种观点。❹ 而我们通常所说的"公共安全"已然超出法律范畴的公共安全概念。从词语的演进

---

❶ 刘跃进. 国家安全学学科建设的历程与新思考 [J]. 北京教育：高教，2019（4）：13-16.
❷ 教育部. 大力发展交叉学科 健全新时代高等教育学科专业体系 [EB/OL].（2021-01-03）[2021-02-22]. http://www.moe.gov.cn/jyb_xwfb/s271/202101/t20210113_509682.html.
❸ 《刑法》第114~139条规定了"放火罪""决水罪""爆炸罪""投放危险物质罪""以危险方法危害公共安全罪""危险驾驶罪"等数十种危害公共安全类型的犯罪。
❹ 第一种观点认为，所谓公共安全，是指故意或者过失实施或者足以危害不特定多数人的生命、健康或重大公私财产的安全。第二种观点认为，所谓公共安全，是指故意或者过失危害不特定多数人的生命、健康或者重大公私财产的行为。第三种观点认为，所谓公共安全，是指故意或过失实施危害不特定多数人的生命、健康、重大公私财产以及公共生产、工作和生活的安全。第四种观点认为，所谓公共安全，是指故意或者过失实施危害或足以危害不特定多数人的生命、健康、重大财产安全，重大公共财产安全和法定其他公共利益的安全。参见段瑜，张开智. 安全工程导论 [M]. 北京：冶金工业出版社，2018：83-84.

历程来看，中国官方资料以及学术研究都对"公共安全"一词使用得较为频繁，[1]其概念和范畴也历经多次演变。最初，人们习惯将"公共安全"一词和"公安"等同，这种观点最初关注的主要是社会治安方面的问题，认为"公安"就是"公共安全"一词的简称。随后"公共安全"一词的概念和范畴逐步扩展到食药安全、社会治安、生产安全、应急管理四大领域。之后，又进一步扩展，逐渐包括减灾、防灾、救灾等领域，这种发展大体上与国家整体应急方面的预案的划分相吻合。如今，"公共安全"一词逐步演进为立体化、多层次、全方位的社会公共安全体系，其包括生产安全、防灾减灾救灾、社会公共卫生安全等众多领域。这一体系不仅涵盖应对灾害和突发事件的措施，还包括综合性的突发事件应对管理机构和国安机构两大组织。[2]

从构词角度来看，"公共"和"安全"的组合赋予了"公共安全"一词新的意蕴。关于"安全"的概念界定前文已有探讨，此处不再赘述。就"公共"一词而言，其概念则稍显复杂。从"公共"一词的历史演变脉络来看，自古至今，"公共"一词的概念主要有以下几种：一种是作为名词，理解为公众之意。唐代罗隐的《谗书·丹商非不肖》有言："盖陶唐虞欲推大器于公共，故先以不肖之名废之。"二是作为形容词，理解为"公有的""共同的"之意。三是作为副词，理解为共同之意。宋代苏辙在《论御试策题札子》中写道："臣愿陛下明诏，臣等公共商议，见其可而后行，审其失而后罢。"[3] 有学者以此为线索，从这三个方面来认识公共安全：一是对应公共的名词属性，这种角度认为公共安全是公众安全。这强调了公共安全的主体性，即大家的、众人的安全。二是对应公共的形容词属性，这种角度认为公共安

---

[1] 截至2021年6月3日，笔者以"全文+附件：公共安全"为检索条件在北大法宝进行检索，所获资料均为新中国成立以来的相关资料。从检索结果来看，在法律法规层面，"公共安全"出现在中央法规层面的共计2468篇，在地方法规层面的共计38765篇，立法资料共计422篇，立法计划共计140篇，中外条约共计96篇，法律动态共计1642篇。在司法案例层面，一共获得相关案例与裁判文书共计612030篇。在学术期刊方面，共计12640篇文章。此外，在检察文书、行政处罚等层面也大量出现。足见，"公共安全"在理论与实务当中适用广泛，虽然本次检索结果集中在法学层面，也足见其使用频率之高。

[2] 颜烨. 公共安全治理的理论范式评述与实践整合[J]. 北京社会科学，2020（1）：108-118.

[3] 李雪峰. 中国特色公共安全之路[M]. 北京：国家行政学院出版社，2018：11.

全是公有、共有的安全。这强调了公共安全的不可分割性和非排他性。三是对应公共的副词属性，这种角度认为公共安全是共治的安全。这强调了公共安全要由全社会共同来维护、共同来治理。❶ 此外，有学者依照涉及人数的多寡这一角度来对公共安全下定义，主张公共安全是指多数人共同的安全。例如，颜烨认为，公共安全通常指覆盖整个社会或某一区域大部分人员的安全，其维护过程、保障条件以及影响范围都显著地表现出公共性特质。这种安全概念涉及广泛的社会群体和多个领域，被视作维系社会稳定和持续发展的重要因素。❷ 李雪峰认为，公共安全就是公众的安全，是公众的身心健康与合理权益不受威胁，没有危险、危害或损失的状态。它既是公众共同拥有的安全，也是全社会共治的安全。这一定义，既指明了公共安全的主体是公众，也指明了其基本特点是公众共同拥有，还指明了其实现途径是全社会共治。❸ 还有学者从人所享有的安全保障状态下定义，主张公共安全是公众享有安全和谐的生活和工作环境，以及良好的社会秩序。同时，最大限度地避免各种灾难的伤害，生命财产、身心健康、民主权利和自我发展有着安全保障。例如，王建平就认为，公共安全是指一个社会公共场所或公共领域不受威胁或不存在危险的情况。❹ 有学者从安全所涉及的领域下定义，主张公共安全是指不具备特定性的多数人的生产生活、重大公私财产等安全，生命健康、安全等。例如，弓顺芳从城市安全保障角度出发，认为公共安全是指由政府提供充分防御各种危及人民群众生命和财产安全的灾害、事故或事件的发生，维护社会稳定的城市保障体系。❺ 但该定义有些狭窄。丁翔、张海波从大数据与公共安全的角度出发，认为公共安全兼具科学和价值双重属性。❻ 有学者从人的生存环境特点下定义，认为公共安全指的是社会和个体在进行正常生活、学习、工作、娱乐以及交往活动时所需的稳定外部环境以及秩序。这一安全概念关注的是创造有利于人们充分发挥个人潜能、实现目标、享受

---

❶ 李雪峰. 中国特色公共安全之路 [M]. 北京：国家行政学院出版社，2018：11.
❷ 颜烨. 公共安全治理的理论范式评述与实践整合 [J]. 北京社会科学，2020 (1)：108 – 118.
❸ 李雪峰. 中国特色公共安全之路 [M]. 北京：国家行政学院出版社，2018：11.
❹ 王建平. 公民安全、社会安全与国家安全 [M]. 成都：四川大学出版社，2018.
❺ 弓顺芳. 公共安全与应急管理理论与实践研究 [M]. 北京：团结出版社，2017：8.
❻ 丁翔，张海波. 大数据与公共安全：概念、维度与关系 [J]. 中国行政管理，2017 (8)：36 – 41.

生活的环境。保障公共安全涉及多方面措施，旨在维护社会秩序、提高生活质量，并促进社会经济的健康发展。❶

从国家安全和公共安全的关系出发，已有学者对此展开研究，例如，王宏伟认为，在总体国家安全观视角下，公共安全是国家安全的重要组成部分。❷ 颜烨则认为，公共安全是介于个人安全与国家安全的中间部分。❸ 这类观点具有一定道理，但是对如何理解公共安全和国家安全的关系却并没有进行深入分析。在习近平总书记提出总体国家安全观之后，公共安全应当包含在总体国家安全观这一大的安全体系当中，但是总体国家安全观并未明确涵盖公共安全。那么准确把握公共安全在总体国家安全体系中所处的位置，是正确理解国家安全和公共安全关系的重要环节。

从理论上讲，公共安全包含的内容是十分丰富的，具体来说，公共安全涵盖了社会治安、公共卫生安全、食品安全、建筑物安全等广泛领域。❹ 这些方面的保障不仅关乎个体和群体的安全，也直接影响着社会运行的正常与稳定。在这些领域中采取有效措施，有助于确保社会秩序的有序发展，提升公共生活质量，维护国家和市民的整体利益。这样看来，国家安全所包含的内容同总体国家安全观包含的国家安全内容存在高度重合现象。进一步来说，总体国家安全观下的国家安全与公共安全是包含与被包含的关系，涉及公共安全范畴的必然属于国家安全范畴，但是总体国家安全观下的国家安全范畴内容并不必然属于公共安全的范畴，例如，总体国家安全观中的政治安全、文化安全、军事安全等内容同公共安全既有联系，又有区别。

二、国家安全观的演进历程

2014 年，在主持召开中央国家安全委员会第一次会议时，习近平总书记正式提出总体国家安全观，并呼吁创立符合中国特色的国家安全路径。总体

---

❶ 李雪峰. 中国特色公共安全之路 [M]. 北京：国家行政学院出版社，2018：11.
❷ 王宏伟. 中国应急管理改革：从历史走向未来 [M]. 北京：应急管理出版社，2019：4.
❸ 颜烨. 公共安全治理的理论范式评述与实践整合 [J]. 北京社会科学，2020 (1)：108 - 118.
❹ 王建平. 公民安全、社会安全与国家安全 [M]. 成都：四川大学出版社，2018.

国家安全观丰富了对国家安全内涵的认识体系，❶其产生和发展进程是我国国家安全历史演进脉络的生动体现，指引新时代我国国家安全工作开创新局面。❷理解总体国家安全观，要从我国整体的安全环境入手，由此才能准确把握总体国家安全观的发展历程及时代特色与要求。

（一）我国的国家安全环境

进入新时代，我国国家安全环境形势依旧复杂严峻。

1. 多元化安全威胁与挑战

在当今世界和平与发展的时代主题之下，绝大多数国家正在致力于建立更公正合理的国际政治经济新秩序，努力争取持续稳定、和平发展的良好国际环境。中国作为当今世界上最大的发展中国家，更需要和平与发展。正如邓小平同志多次提到的，中国人对国际和平与社会局势稳定的需求非常强烈，"中国要摆脱贫困，实现四个现代化，最关键的问题是需要稳定。如果没有一个稳定的环境，中国什么事情也干不成"。❸当前，国际安全形势并不令人乐观，人类和平与发展仍然面临多元化威慑与挑战。这主要体现在两大方面：一是安全威胁更加复杂多变；二是多元化不安全因素随时可能导致局部战争。

首先，安全威胁更加复杂多变。以美国为首的西方霸权主义、强权政治不仅严重破坏了国际政治经济的正常秩序，而且从根本上损害了广大发展中国家的利益，广泛引发了民族、宗教、文化、领土、资源等领域的矛盾。

其次，局部战争对和平与发展产生严重威胁。"冷战"结束后，以美国为首的西方国家继续推行霸权主义和强权政治，从而引起多元化不安全因素，直接或间接地引发了一系列武装冲突和局部战争，给世界和平与发展造成了严重威胁。

---

❶ 马强，赵磊. 以人民为中心：总体国家安全观的实践逻辑[J]. 辽宁行政学院学报，2023（5）：24-28.

❷ 韩立群，董春岭，陈向阳. 深入学习宣传贯彻《总体国家安全观学习纲要》[J]. 红旗文稿，2022（16）：8-12.

❸ 邓小平. 邓小平文选（第三卷）[M]. 北京：人民出版社，1993：348.

2. 周边关系及安全影响

我国有 14 个陆上邻国，[1] 8 个海上邻国。[2] 邻国众多，且其中不乏经济大国或军事强国，这对我国的国家安全形势产生了较大影响。此外，部分其他国家和我国之间由于历史遗留等问题，还存在诸如领土、海洋等方面的争议，这些争议为国家之间产生冲突甚至战争埋藏着隐患。例如，近年来多次发生的中印边境冲突。2013 年 4 月，双方因边界问题形成 "帐篷对峙"，这种对峙局面持续至今，其中尤以 2013 年 4 月 15 日至 4 月 24 日发生于拉达克代布桑山谷的 "帐篷对峙" 最为突出。2017 年 6 月，印度军队再次越界与中国军队对峙。2020 年 6 月，在加勒万河谷地区，印度军队非法越线挑衅，引发双方激烈冲突。[3] 此次冲突，导致中方边防战士营长陈红军及战士陈祥榕、肖思远、王焯冉不幸牺牲，团长祁发宝身受重伤。[4] 为维护地区和平稳定，中国积极应对处理，双方多次会谈寻求解决之道。除了与邻国产生的直接冲突以外，周边国家之间的冲突以及其内部之间的动荡或内乱，也给中国边境安全带来了沉重的压力和挑战。例如，2021 年阿富汗境内冲突加剧，塔利班与政府军频繁交火，导致其国内安全局势急剧恶化。自美国主导的阿富汗战争以来，阿富汗经历了长达二十年的战乱，留下了深刻的伤痛。在美国及其联军即将完全撤出之际，阿富汗塔利班重新活跃，与政府军发生冲突，平民伤亡人数激增。为应对这一局势，我国外交部连续发布警告，提醒在阿富汗的中国公民尽早离境，以确保他们的人身安全和财产安全。又如，巴基斯坦和印度之间的宗教问题、朝鲜与韩国之间存在的历史遗留问题等，这些事件再次凸显了周边国家之间的冲突或者内部之间的动乱对中国边境安全的影响。

除了上述已经发生的诸多冲突，还存在诸多潜在危险因素，可能引发严

---

[1] 按地理位置排列，依次是朝鲜、俄罗斯、蒙古国、哈萨克斯坦、吉尔吉斯斯坦、塔吉克斯坦、阿富汗、巴基斯坦、印度、尼泊尔、不丹、缅甸、老挝和越南。

[2] 按地理位置排列，依次是朝鲜、韩国、日本、菲律宾、马来西亚、文莱、印度尼西亚、越南。

[3] 新华网. 西部战区发言人张水利大校就中印边防人员位加勒万河谷地区冲突发表声明 [EB/OL]. (2020 – 06 – 16) [2022 – 11 – 23]. https://baijiahao.baidu.com/s?id = 16696706778033712588&wfr = spider&for = pc.

[4] 王天益，琚振华. 走进新时代卫国戍边的英雄官兵：英雄屹立喀喇昆仑 [EB/OL]. (2021 – 01 – 20) [2023 – 04 – 29]. https://junshi.gmw.cn/2021 – 02/20/content_34629427.htm.

重后果。例如，在某些情况下，一些国家居民与中国边境地区居民同属一个民族，这种情况虽然有助于促进友好往来和改善国家相互之间的关系，但在实际中，邻国狭隘的民族主义抬头，常常会引发国内民族纠纷。同时，一些国家的居民与中国特定地区居民信奉相同宗教，一旦出现这些国家内部宗派对立激化等问题，可能进一步加剧我国相关地区的内部不稳定因素，这些因素对中国国家安全构成潜在威胁，需要谨慎应对。❶

3. 我国安全环境的两重性

所谓两重性，是指我国的安全环境势态有着两个方面：一方面是巩固和发展相对和平稳定的安全环境；另一方面是需要应对不安全因素和潜在的威胁。其主要表现如下：

首先，在各大国特别是美欧等西方国家与中国关系向前发展的同时，西方世界仍然有一股企图遏制中国发展的逆流在涌动。它们总是不愿看到中国的迅速发展，竭力鼓吹"中国威胁论"，时刻想借机联合遏制中国。例如，美国在科索沃战争中轰炸中国驻南斯拉夫大使馆、在太平洋地区形成对中国的军事包围；并对我国在东南沿海划定的防空识别区指手画脚，甚至妄图利用日本对付我国等。西方国家尤其是美国对华政策的两面性，是中国安全环境的重要不稳定因素。主要表现为：第一，掀起中美之间的贸易争端，试图遏制中国经济发展。对中国的科学技术发展，尤其是高新技术领域进行打压遏制。特朗普政府时期对中国的华为、中兴等的制裁便是鲜明的例证。同时，美国也力图在国防产业上同中国脱钩，因为当前美国虽然作为世界头号军事强国，但是国防工业上的很多原材料需要从中国进口，其中高精尖武器的重要原材料之一就是稀土。我国作为世界上稀土储量最多的国家，每年对外出口稀土量也相当大，为保障对中国的遏制，美国必须考虑其他方案以减少或放弃对中国稀土等原材料的依赖。第二，用尽各种手段限制中国科技发展。例如，美国政府认为，过去40多年来美国高等教育机构和研究机构的学者和学生为中国的崛起起到了很大的作用，所以便开始限制中国的学者和学生赴美国交流、留学，尤其是在理工科专业领域，限制越来越多。此外，美国政

---

❶ 刘兴堂，刘力. 国家安全与空天防御及网电斗争 [M]. 西安：西北工业大学出版社，2018：15-19.

府还对我国高校进行遏制、打压，截至 2020 年底，美国已经将我国的北京理工大学、北京邮电大学、南京航空航天大学、南京理工大学、天津大学、北京航空航天大学、中国人民大学、国防科技大学、湖南大学、哈尔滨工业大学、哈尔滨工程大学、西北工业大学、西安交通大学、电子科技大学、四川大学、同济大学、广东工业大学、南昌大学等十几所高校列入"实体清单"，进行针对性制裁。❶ 第三，对中国的企业或者个人施加压力。美国商务部对中国的一些企业和个人进行"制裁"。具体做法是将部分中国企业和个人列入"实体清单"。例如，美国政府为了打压华为而动用政治手段非法扣留我国公民孟晚舟。当前，美国进入发展衰退期，各种社会矛盾激化，而中国却正在向中华民族伟大复兴的目标不断迈进，所以美国将会不惜一切代价遏制中国的发展，阻碍中国的崛起，因而中美之间的长期、全面竞争将不可避免，需要我们时刻准备。

其次，中国与各邻国之间睦邻友好的发展关系在当前的国际形势下仍旧是主流。这种友好关系不仅体现在日常的交流与合作中，更在关键时刻展现出深厚的情谊和坚定的支持。特别是在新冠病毒感染疫情肆虐的艰难时期，中国与各邻国之间的合作与互助更是成为国际关系中的一股暖流。以中国与蒙古国为例，两国元首在疫情防控期间达成了重要共识，蒙古国不仅慷慨捐赠给我国 3 万只羊，还在国内各界发起了向中国的募捐活动。这一举动不仅体现了蒙古国对我国抗击疫情的坚定支持，也彰显了中蒙两国人民之间的深厚友谊。中方也投桃报李，毫无保留地向蒙古国分享防控经验和信息，并提供医疗物资援助，共同应对疫情挑战。❷ 此外，中国与巴基斯坦、俄罗斯等邻国之间的合作也体现出了友好关系。在疫情防控期间，各国之间加强合作与互助，共同应对疫情带来的挑战。这种携手合作、互助互惠的精神不仅有助于各国共同抗击疫情，也进一步巩固了彼此之间的友好关系。这种友好关系不仅有助于各国共同应对当前的挑战，也为未来的合作与发展奠定了坚实

---

❶ 高校人工智能与大数据创新联盟. 中国 18 所高校被美国列入"实体清单"［EB/OL］.（2020 - 12 - 23）［2022 - 08 - 13］. https://www.163.com/dy/article/FUHVIBTP0532N2UB.html.

❷ 张洪河，于嘉，勿日汗. 羊来了！中国开始接收蒙古国 3 万只"捐赠羊"［EB/OL］.（2020 - 10 - 22）［2022 - 09 - 27］. http://www.xinhuanet.com/politics/2020 - 10/22/c_1126643328.htm.

的基础。❶

再次，两岸关系的基本格局和发展趋势表明，海峡两岸同属一个中国，是任何人、任何时候也无法改变的客观事实。因此，反对与扼制"台独"分裂活动是我国坚决维护国家主权和领土完整的斗争，两岸统一是中华民族走向伟大复兴的历史必然，也是任何反动势力不可阻挡的。只有坚定维护一个中国的原则，才能够维护台海地区和平稳定，才能够维护两岸同胞共同利益，才能够实现两岸和平统一的前景。❷

最后，在国内，我国正确的民族政策大力推动边疆地区经济的蓬勃发展，各族人民的生活水平得到了显著提升，各族人民不仅在经济上互助合作，在文化上也相互尊重，形成了"平等、团结、互助、和谐"的新型民族关系。但部分地区尚存在民族分裂主义势力，主要表现在西藏和新疆两个地区，西藏的达赖集团在国外建立流亡政府，成为外国反华势力"分化"中国的工具，是西藏民族分裂主义的祸根；新疆的民族分裂主义分子自新中国成立之初逃至国外后，一直未停止分裂祖国的活动，留在境内的一小撮民族分裂分子不断通过各种手段，煽动民族情绪，制造民族矛盾，企图破坏新疆的和平稳定。这些民族分裂主义势力的存在，不仅破坏了国家的统一和稳定，也严重损害了各族人民的根本利益，我们必须予以高度警惕。❸

（二）国家安全观在我国的演进历程

20世纪80年代初，我国首次在正式公开文件中使用"国家安全"一词。在此之前，党代会和政府的工作报告虽然使用了"我国的安全""祖国的安全""国家的独立和安全"等之类的表述，但"国家安全"一词并未正式使用。在早期，谈及战争、军事化建设、暴力冲突等传统上的国家安全理念时，也并未直接采用"国家安全"这一术语。直到1983年6月6日，在第六届全

---

❶ 新华社. 专访：巴基斯坦希望和中国深化抗疫和"一带一路"合作：访巴基斯坦总理伊姆兰·汗[EB/OL].（2021 – 01 – 13）[2022 – 05 – 12]. http://world.people.com.cn/n1/2021/0113/c1002 – 31998875.html.

❷ 石龙洪，陈舒，查文晔. 国台办：严正警告"台独"分裂势力停止挑衅[EB/OL].（2021 – 01 – 28）[2023 – 09 – 18]. https://mil.gmw.cn/2021 – 01/28/content_34578953.htm.

❸ 刘兴堂，刘力. 国家安全与空天防御及网电斗争[M]. 西安：西北工业大学出版社，2018：15 – 19.

国人民代表大会第一次会议上，国务院总理赵紫阳在政府工作报告中首次提出，为确保国家安全和加强反间谍工作，提请批准成立国家安全部，以加强对国家安全工作的领导。❶ 党的十四大虽然首次使用了"国家安全"的表述，但所述内容侧重于军队建设。随后至20世纪90年代的中后期，特别是在"冷战"结束以后的一段时间里，中共中央从"战争与和平"的传统观念和安全观念出发，深入探讨我国面临的"威胁与安全"问题，逐步形成更综合的国家安全战略思考。

20世纪末21世纪初，传统安全观向非传统安全观过渡。1996年7月，时任国务院副总理兼外交部长钱其琛在东盟地区论坛上发表讲话，建议东盟地区论坛启动从军事向平民过渡的对话，通过对话协商，增进相互了解和互信，讨论综合安全合作，其中涉及"信任""合作""地区安全""综合安全"等术语，这可以看作中国的一项新探索。在1997年中共十五大报告中，江泽民同志6次提到"安全"，其中3处是"国家安全"，而且还首次提到与传统安全认知具有重要区别的"国家经济安全"，这表明一种非传统的安全认知已经出现。❷ 在这一背景下，我国当时的首要外交任务就是为国民经济发展提供并创造外部有效环境，以促进国家发展和维护国家安全。❸

2002年以后，中国非传统安全观概念正式形成。2002年11月，中国共产党第十六次全国代表大会明确提出"传统安全威胁与非传统安全威胁的因素相互交织"，❹ 非传统领域安全首次正式进入了中国官方文件。这表明安全观已经不再局限于传统的政治和军事领域方面，而是在安全威胁、构成、保障等方面形成了一种涵盖多领域的综合性国家安全观，这种安全观不仅考虑到传统的军事和政治因素，还包括了非传统的经济、文化、生态等方面的威

---

❶ 赵紫阳. 政府工作报告：一九八三年六月六日在第六届全国人民代表大会第一次会议上 [R/OL]. (2008-03-12) [2015-02-18]. https://www.gov.cn/test/2008-03/12/content_917396.htm.

❷ 刘跃进. 总体国家安全观的民心基础与理论溯源 [EB/OL]. (2014-06-04) [2023-12-17]. http://theory.people.com.cn/n/2014/0604/c112851-25101834-3.html.

❸ 王妍妍，孙佰清. 中国国家安全体系的演变历程、内在逻辑与战略选择 [J]. 社会主义研究, 2021 (4)：156-163.

❹ 江泽民. 全面建设小康社会，开创中国特色社会主义事业新局面：在中国共产党第十六次全国代表大会上的报告 [J]. 求是, 2002 (22)：3-19.

胁，进而建立了一种全新的国家安全观念，这种国家安全观念更为全面化、系统化、综合化。2002年7月，在东盟地区论坛外长会议上，中国代表团发表了中国关于新的安全观的文件，表明了中国立场，深入探讨了扩展安全范畴所需处理的众多议题。在全球安全威胁复杂多样且全球化趋势日益明显的情况下，实现国家安全尤其是共同安全的目标需要通过各种手段，强化国与国之间的对话与合作，这是中国政府提出的比较系统的国家安全概念。此后，中国政府发布的多个公开文件中，持续强调和深化非传统国家安全观，对安全观中所存在的各类因素等逐步完善。目前，"国家安全"概念在我国正经历着全方位扩展。随着时间推移，国家安全概念的内涵和外延正在逐渐丰富起来，而其涵盖的空间和时间也日益广泛，同时，所包含的国内外多重因素也更加错综复杂。

（三）习近平总书记总体国家安全观的提出

自党的十八大以后，全球格局和秩序经历了空前变革，对国家安全之内涵和外延造成了深远影响。2014年4月15日，习近平总书记在中央国家安全委员会第一次全体会议上，首次提出了总体国家安全观的概念。习近平总书记提出的总体国家安全观包括11种安全，构成了我国国家安全新体系，是符合客观现实需要和中国发展要求，具有中国特色的国家安全观。总体国家安全观不仅全面反映了当前世界安全环境的复杂多变与时代主题的新发展，也反映了我国的意识形态土壤，反映了党对国家安全工作面临的新形势、新任务的准确把握，为新形势下国家安全工作的推进提供了强有力的思想引领，对指导我国国家安全工作具有深远的意义。❶

全面认识国家安全观，需要从更广阔的视角认识国家安全观的战略意义，把握提出总体国家安全观的时代背景。具体而言，习近平总书记总体国家安全观的提出主要基于以下背景：

首先，国际形势发生了巨大变化。当今世界正处于百年未有之大变局，新的机遇和挑战不断涌现。世界多极化、经济全球化、信息技术应用和文化多样性的趋势日益明显。全球治理体系和国际秩序改革加速推进。中国正处

---

❶ 刘江永. 从国际战略视角解读可持续安全真谛[J]. 国际观察，2014 (6)：1-17.

于一个新的转折点。世界经济正在从深刻调整的曲折中复苏，新一轮科技和产业革命正在形成。所有这些都将对国家面临的安全挑战和确保安全的方式产生深远的影响。世界和平与发展的大趋势不可逆转。国家社会力量发生了重要变化，发展中国家的力量开始大幅度增强，世界和平与发展趋势不断向好。此外，中国金融危机的深刻影响将在未来很长一段时间内持续存在。2008年金融危机以来，世界主要国家受到不同程度的影响，发展动力日益分化。全球治理架构、亚太地区结构、国际经济和核军事竞争正在发生历史性变化。维护和平的力量在增加，制约战争的因素在增加，和平与发展仍是时代主题。然而，世界仍然面临局部战争的威胁。以美国为首的西方国家在国际社会采取的霸权主义等趋势有所扩大，霸权主义、强权政治和新干涉主义的趋势有所扩大，世界各国及国际力量之间围绕着权力和权益重新分配而展开的竞争日益激烈。边界领土争端、民族宗教冲突等热点问题愈发错综复杂，给全球稳定带来一定挑战。另外，全球范围内小规模的战争持续不断，地区冲突持续升级，某些地区频繁爆发危机成为常态，呈现出一种不容忽视的局面。非传统安全威胁继续蔓延，一方面，各国密切关注气候变化、恐怖主义、经济发展、金融危机、网络安全、能源和粮食安全、重大传染病等全球性挑战，与联合国开展各种国际合作；另一方面，为应对地区冲突、环境恶化、自然灾害等因素引发的人道主义问题，世界各国和国际组织都在加紧努力解决人道主义问题。与此同时，为适应新的国家安全形势，各国都在大力推进新的军事革命，以增强自身实力和国际竞争力，掌握战略主动权。世界新军事革命以信息化为核心，以军事战略、军事技术、作战思维、突出实力、组织体制和军事管理创新为基本内容，以重塑军事体制为主要目标，以保障国家安全需要为根本。目标，涵盖战争和军事建设的各个领域。自"二战"结束以来，这种新军事革命的速度、范围、深度和影响是前所未有的。分析世界发展和国际格局变化，必须具有全球视野，把握时代脉搏，善于从当今世界的变化中汲取精华，对长期趋势有清醒的认识。在充分估计国家结构发展演变和世界经济调整曲折的复杂性的同时，我们也必须认识到，政治多极化和经济全球化的深入发展是不可逆转的。在充分评估国际冲突的尖锐性和国际秩序争端的长期性的同时，我们必须认识到，和平与发展是时代的主题和国际体制改革的方向不会改变。

其次，国家形势也发生了巨大变化。面对复杂的国际环境，中国共产党始终发挥着核心领导作用，团结带领全国各族人民积极应对挑战，不懈奋斗，开创党和国家发展的新篇章。尤其是自党的十八大以来，我国在国防实力、科技实力、国际影响力等方面，都取得了显著进步。在新的阶段，我国坚定树立了全新的发展理念，积极应对国际国内社会发展新常态，推动经济结构优化，加速新旧动能转换，促进经济发展方式向更为可持续的方向转变。大力实施创新驱动发展战略，提高创新能力，取得一批重大科技成果。中国特色军事改革成效显著。大力推进国防和军队现代化建设，人民军队在中国特色强军之路上迈出坚实步伐。全方位外交不断深化，中国特色大国外交全方位、多层次、多方位推进。中国的国际影响力、号召力、塑造力进一步增强，为世界和平与发展作出了新的重大贡献。与此同时，我国的城镇化水平持续稳步提高，国内居民收入呈现快速增长的态势，法治体系不断加强完善，在党风廉政建设方面也取得了显著成效，为社会营造了更加廉洁和透明的环境。同时，我国坚定致力于加强和弘扬社会主义核心价值观的建设，促进全社会价值观念的提升和共同发展，不断提高文化软实力。这样的发展、这样的巨大变化，在人类发展史上是罕见的，为中华民族伟大复兴开辟了前所未有的光明前景。与此同时，我们也必须清醒地看到，中国也面临不少困难和挑战。作为世界上最大的发展中国家，中国的人均国内生产总值在世界排名中还不够高；发展不平衡、不充分的突出问题还有待解决；城乡发展差距、地区差距、收入差距仍然很大。我国技术创新能力还需加强，产业结构尚需调整，农业基础比较薄弱，部分产业产能过剩，重大事故时有发生。基本公共服务供给不足，人口老龄化加快。法治建设、领导干部的思想作风和能力建设、反腐败斗争以及党风廉政建设依然面临较大挑战。一些地区发生了影响社会稳定的群体性事件，而民族分裂势力、外国势力等因素的渗透进一步加剧了维护社会和国家安全的复杂性。此外，资源消耗问题、环境污染问题等对我国国家安全也产生了重要影响。因此，确保社会秩序和安宁、保障国家安全已成为当前急需解决的重要任务。《国民经济和社会发展第十三个五年规划纲要》指出，我国发展仍处于可以大有作为的重要战略机遇期，也面临诸多矛盾叠加、风险隐患增多的严峻挑战。为更加有力地适应战略机遇期内涵的深刻变化，更加有效地应对各种风险挑战，必须不断开拓国家安全工作新境界。

再次，中国同世界的联系更加紧密。党的二十大报告指出："深入推进改革创新，坚定不移扩大开放。"中国同世界各国的关系更加密切，交往更加频繁，相互影响更加广泛深入。世界的繁荣稳定是中国的机遇，中国的和平发展也是世界的机遇。自2001年加入世界贸易组织以来，中国对外贸易依存度不断提高。2013年，中国进出口总额达到25.83万亿元人民币（约合4.16万亿美元），❶ 首次超越了美国，并成为诸多国家和地区的最大贸易伙伴。多年来，中国利用外资规模不断扩大，已跻身世界前列。2014年，中国对外投资规模首次超过招商引资规模，成为对外净投资国。随着国家利益、海外中国公民人身财产安全、海外政治、海外经济、军事利益、海外机构和企业安全的迅速扩大，而对外运输路线和运输方式的安全已成为维护国家安全的重要目标。党的二十大报告指出，我们全面推进中国特色大国外交，积极建设覆盖全球的伙伴关系网络，推动构建新型国际关系。作为一个负责任的大国，在参与国际事务方面，我国越来越注重其程度、深度等，显著的表现就是我国积极加入国际上的组织、条约、多边机制等，投身于全球治理与地区治理。在2019年9月23日《人民日报》上刊登的王毅部长书写的《谱写中国特色大国外交的时代华章》一文就指出，我国参与了几乎所有政府间国际组织。❷ 此外，在维和人员派遣方面，我国还是联合国安理会常任理事国中派遣人数最多的国家。中国海军执行亚丁湾护航任务，为维护国际航道的安全作出重要贡献。在解决气候变化、全球裁军及核扩散等地区性与全球性问题过程中，我国与其他国家积极协调，发挥着不可替代的作用。党的二十大报告指出："我们全面推进中国特色大国外交，推动构建人类命运共同体，坚定维护国际公平正义，倡导践行真正的多边主义，旗帜鲜明反对一切

---

❶ 郑跃声.2013年我国进出口总值25.83万亿人民币[EB/OL].(2014-01-10)[2023-03-27]. https://www.gov.cn/wszb/zhibo600/content_2563540.htm.
❷ 王毅.谱写中国特色大国外交的时代华章[EB/OL].(2019-09-23)[2023-03-27].http://www.gov.cn/guowuyuan/2019-09/23/content_5432243.htm.

霸权主义和强权政治，毫不动摇反对任何单边主义、保护主义、霸凌行径。"❶ 在亚太经合组织领导人非正式会议、二十国集团领导人杭州峰会、金砖国家领导人厦门会晤、亚洲相互协作与信任措施会议等会议上，我国积极倡导构建人类命运共同体，促进全球治理体系变革，为世界和平与发展作出新的重大贡献。此外，我国统筹国内外大局，综合运用国际和国内市场，整合国际和国内市场各类资源、规则，致力于构建具有公平正义、相互尊重、合作共赢等特征的国际关系，为全球稳定繁荣注入新动力，在与世界互联互动空前紧密的前进潮流中赢得了统筹发展与安全的战略主动。

最后，我国作为全球最大的发展中国家，面临着日益复杂多元的安全挑战与威胁，国家安全问题呈现多维度风险，外部压力与挑战不断增加。生存、发展、领土完整等问题，传统和非传统安全威胁互相交织影响，使维护国家统一与发展利益的任务显得异常艰巨繁重，确保国家安全稳定成为当下至关重要的任务。中国周边安全形势错综复杂、变化无常。随着全球经济和战略格局快速向亚太地区转移，外部大国不断加强在该地区的军事化扩张，包括军事存在以及建立军事同盟体系等。一些邻国积极寻求摆脱战后体制，致力于大幅调整其军事安全方面的政策，引起了周边国家高度关注。另外，个别海上邻国对中国领土主权以及海洋方面的权益问题采取挑衅行动，并长期在非合法占据的中国岛礁上进行军事建设。一些域外国家也积极介入南海事务，有些国家频繁对华进行海空侦察，倡导南海的航行自由，海上领域的维权斗争将在一段时间内存在。同时，一些历史遗留的领土争端仍未解决，等等。非传统安全方面所存在的威胁对国家安全带来的压力显著增加。国际国内和地区形势的不稳定、恐怖主义、重大自然灾害、海盗活动、疫情等因素对国家安全都或多或少产生了一定的影响或威胁。海外战略通道和能源资源的安全，以及海外人员、机构和资产的安全等海外安全问题日益凸显。在国家安全形势发生新变化的条件下，为实现全面保障国家安全的目标，我国必须重视各种安全风险和挑战，充分估计我国外部环境中的不确定性，增强危机意

---

❶ 习近平. 高举中国特色社会主义伟大旗帜 为全面建设社会主义现代化国家而团结奋斗：在中国共产党第二十次全国代表大会上的报告［R/OL］.（2022－10－16）［2023－07－18］. https://www.12371.cn/2022/10/25/ARTI1666705047474465.shtml.

识和忧患意识。同时更要看到,我国保持社会大局稳定、外部总体稳定的态势不会改变。面对国家安全新形势新任务,必须进一步增强忧患意识、责任意识和使命意识。❶

为适应上述国际国内的安全形势,2014年4月15日,习近平总书记在中央国家安全委员会第一次会议上深刻阐述了总体国家安全观的重要性和意义。他指出,当前我国国家安全内涵和外延比历史上任何时候都要丰富,时空领域比历史上任何时候都要宽广,内外因素比历史上任何时候都要复杂,必须坚持总体国家安全观,以人民安全为宗旨,以政治安全为根本,以经济安全为基础,以军事、文化、社会安全为保障,以促进国际安全为依托,走出一条中国特色国家安全道路。❷ 习近平总书记的总体国家安全观不仅是对国家安全形势的准确认识,更是对国家安全工作的系统谋划和整体布局,为确保国家长治久安、实现中华民族伟大复兴的中国梦奠定了坚实的理论基础。

(四) 总体国家安全观的基本内涵

总体国家安全观将传统军事安全与非传统安全问题有机结合,形成了更加综合、多元的国家安全理念。在这一新的视角下,国家安全思维不再局限于单一领域,而是涵盖政治、经济、社会、生态、信息、文化等多方面,强调全面、协同、可持续地保障国家安全。一方面,军事安全作为国家安全的重要组成部分,依然扮演着关键角色。历史上,军事实力被认为是国家权力和安全的基石。然而,随着科技的发展和战争形态的改变,传统的战争格局已逐渐演变成非对称战争和混合战争。因此,现代军事安全不仅包括传统的军队构建和武器装备,还需要考虑网络安全、信息安全等新型挑战,强调整体国家实力和弹性应对能力。另一方面,非传统安全问题日益凸显。随着全球化和互联网时代的到来,国家安全面临新的挑战和威胁。经济全球化带来的金融风险、贸易摩擦,气候变化导致的环境灾害、资源短缺,恐怖主义、网络攻击等跨界性问题日益引起关注。这些非传统安全挑战突出了国际合作、

---

❶ 严华,朱建钢. 坚持总体国家安全观 [M]. 长沙:湖南教育出版社,2018.
❷ 习近平主持召开中央国家安全委员会第一次会议强调:坚持总体国家安全观 走中国特色国家安全道路 [N]. 光明日报,2014-04-16 (1).

综合治理和创新防范的重要性，迫使各国重新审视国家安全的内涵和应对策略。综合来看，国家安全观念的演进必然伴随着实践经验的积累和时代变革的冲击。当代国家安全观要求在传统军事安全基础上，加强对非传统安全问题的重视与应对，促进政治稳定、经济繁荣、社会和谐，推动生态文明建设，维护国家长期利益和共同安全。这种全面性和多元性的国家安全理念为国家制定综合安全战略和政策提供了新思路和新方法。因此，未来国家安全观的发展趋势将更加注重跨学科研究、全球视野和系统化思维，促进国家在多领域、多层面上的安全共建，构建更加稳定、繁荣、和平的国际秩序。在这个过程中，中国作为一个负责任大国，应积极参与国际合作，推动全球安全治理体系朝着更加公正、合作、共赢的方向发展，为实现人类共同安全与发展作出积极贡献。

改革开放四十多年来，中国共产党领导人民走中国特色社会主义道路，取得了世界瞩目的成就。然而，中国国家安全面临的威胁却与日俱增，在维护国家安全方面我们必须具有全面的战略考虑。20世纪末，西方通过"冷战"、和平演变等方式动摇了苏联人民对社会主义制度的信心，苏联人民在西方新思维的冲击下逐渐迷失自我，导致其国内改革不是自我完善而是自我否定、不是锐意进取而是故步自封、不相信人民的力量而相信西方的神话。最终，苏联这个超级大国一夜之间轰然解体。我们应当从苏联解体中汲取经验和教训，对国家安全工作进行系统谋划和整体布局，确保国家长治久安。

党的二十大报告指出，当前，世界之变、时代之变、历史之变正以前所未有的方式展开。一方面，和平、发展、合作、共赢的历史潮流不可阻挡。另一方面，在世界百态的变化中，霸权主义、零和博弈等霸道行径却对国际秩序和全球治理构成了挑战。恃强凌弱、单边主义、贸易保护主义等行为不仅导致地缘政治紧张，还引发了和平、发展、安全、治理等方面的赤字问题。和平赤字体现在持续的地区冲突和战乱，发展赤字表现为资源分配不均和贫富差距扩大，安全赤字主要是日益复杂的安全挑战，治理赤字则凸显全球治理体系的不完善与脆弱。这些负面因素威胁着全球安全稳定，阻碍了人类社会发展进程，使人类社会面临着前所未有的困难和挑战。在这一历史十字路口上，各国人民的选择至关重要。唯有在秉持合作共赢精神下，摒弃强权政治、零和思维，积极推进全球治理改革，构建更加公正、包容、有效的国际体系，才能使人类面对诸多挑战时保持团结一致、共同应对。此时此刻，我们需要集思广益，携手合作，找到共同利益的平衡点，以实现人类的长期繁荣和可持续发展。只有在坚守和平、发展、合作、共赢的原则下，我们才能引领世界走向更加光明、和谐的未来。

"冷战"结束后，东西方的较量转移到了意识形态领域的斗争。随着改革开放以来我国与世界各国的合作不断深化，交往频率越来越密，面临的国家安全方面的挑战也日益增多。党的十九大报告鲜明指出："意识形态领域斗争依然复杂，国家安全面临新情况。"新情况具体表现为：西方势力试图用"政治转基因战略"来支配中国，干涉中国的政治文化和组织，在舆论和思想方面实施渗透，企图通过各种方式对我国政治走向施加渐进性影响。西方势力在多方面对我国实施长期、广泛、全方位的文化渗透，企图逐渐改变中国民众特别是年轻一代的思想观念；在舆论上充分利用以互联网为核心手段的现代信息传播技术，广泛对我国实施渗透；在组织上实行精确演化，培植代理人集团，为政治颠覆创造条件。当前，我国正处在社会转型、体制转轨、观念转化的特殊时期，改革进入攻坚期和深水区，维护稳定发展的任务之重前所未有，各种明枪暗箭的风险将会不断增多。总之，无论是从处理眼前问题、驾驭现实风险的角度，还是从防范潜在挑战、实现长治久安的角度，要巩固党的执政地位，团结带领人民坚持和发展中国特色社会主义，实现中华民族伟大复兴的中国梦，就必须把增强忧患意识、做到居安思危作为治党治国始终坚持的一个重大原则。而总体国家安全观的提出，既具有前瞻性，也具有紧迫性，对我国长治久安具有重要意义。它丰富了中国特色社会主义现代化的建设内容，同时也继承了优秀的中国传统安全战略文化，蕴含了马克思主义哲学精髓。[1]

---

[1] 樊京玉. 新时代政法公安理论若干问题研究 [M]. 北京：中国人民公安大学出版社，2019：154–157.

1. 总体国家安全观的主要内容

首先，总体国家安全观的核心在于综合、协同、持续地保障国家各个领域的安全。除政治、国土、军事、经济等传统安全领域外，文化、社会、科技、信息、生态、资源、核等领域的安全也被纳入体系。在这一多元安全体系中，政治安全是确保政权稳定和国家制度正常运转的基础。国土安全则关乎国家领土完整与边境安全。军事安全涉及国防力量与军事威慑，承担着保卫国家主权、领土完整和人民生命财产安全的使命。经济安全包括金融、贸易、粮食、资源等方面，维护国家发展和繁荣。文化安全关乎文化传承和创新，捍卫国家文化主权。社会安全牵涉到社会稳定、公共安全、社会治安等问题，实现社会和谐与发展。科技安全强调科技创新与自主掌握核心技术，保障国家长远发展。信息安全涉及网络安全、数据安全等，维护国家信息通信技术正常运行。生态安全意味着环境保护和可持续发展，维护生态系统平衡。资源安全包括能源、水资源、粮食等，确保资源安全供应。核安全是关键的战略问题，维护核设施安全和核材料非扩散安全。当然，习近平总书记提出的这一综合多领域的国家安全体系并不仅限于列举的这11个领域。总体国家安全观要求我们在面临多元化安全挑战时，做好多层次、全方位的安全工作，形成一盘棋的整体思维，全面提升国家安全能力和水平。只有真正做到各领域的协同合作，加强预防与处置能力，才能更好地维护国家利益，实现国家长治久安的目标。过去，由于未能站在战略高度对国家安全进行审视，从而导致经济、文化、粮食等多个方面的安全问题被忽视。其中，经济安全关乎国家繁荣稳定，文化安全涉及价值观传承，粮食安全直接影响国家稳定与社会和谐。这些安全问题虽不易察觉，却可能产生远超传统军事威胁的影响。例如，经济恶化可能导致动荡不安，文化虚弱可能影响国家认同，粮食匮乏或质量问题将威胁民众生计。同时，由于科技的发展，一些原本不属于国家安全领域的问题，现在也变得与国家安全息息相关，也必须纳入国家安全关注的范围。此外，还有一些公共安全问题，如农产品安全、食品药品安全等，如果处理不当，也有可能危害国家安全。总之，总体国家安全观要求有新的安全思维，要重视所有可能与国家安全有关的领域和问题。唯有全面了解各种潜在风险，并采取有效措施加以防范，国家安全才能真正得到保障。

其次，总体国家安全观的核心目标是建立一个完整、多层次、立体化的国家安全体系，以应对当前复杂多变的安全与发展环境。习近平总书记指出，中国面临着前所未有的挑战和风险，其中既有可以预见的也有难以预测的因素，各种内外风险可能不断积累并集中暴露，国家安全的内涵和外延比历史上任何时期都更加丰富。在新的历史条件下，各个领域都可能受到国家安全风险的威胁，要求我们不仅要关注传统军事、政治等方面的安全，还需要重视经济、科技、信息、文化、生态等多个领域的安全。同时，随着全球化进程的深入，国家安全问题日益呈现综合性、多元化、跨领域化的特点，国际互依互存、风险交织的形势使维护国家安全面临更为繁重的挑战。因此，构建完整的国家安全体系至关重要，也即需要坚持总体国家安全观，从制度、法律、技术、人才、资源等多个层面着手，协调各项安全措施，确保国家在政治、经济、社会、文化、生态等各方面的稳定和安全。只有通过整体性、系统性的国家安全布局，才能更好地应对来自内外部的各种挑战，实现国家长治久安、长远可持续发展的目标。

最后，总体国家安全观要求平衡五对关系，在各个层面上保持稳定和谐。习近平总书记强调，贯彻落实总体国家安全观需要同时关注内外安全，确保国家的内部发展、变革与稳定，并致力于构建一个和平、合作、共赢的外部环境，进而建设一个和谐世界。在这一过程中，不仅需重视国土安全的重要性，还要同等注重国民安全，坚持以人民为本的理念，确保国家安全措施符合人民利益，夯实国家安全的群众基础。同时，传统安全与非传统安全并重，构建一个涵盖多个方面的国家安全体系，包括政治、国土、军事、经济、文化、社会、科技、信息、生态、资源、核安全等多个领域。在发展与安全问题上也要取得平衡，发展是安全的基础，而安全又是发展的前提。只有国家富强，才能有强大的国防力量，从而保障国家的安全。此外，自身安全与共同安全同等重要，加强国际合作，打造命运共同体，推动各方朝着互利互惠、共同安全的目标相向而行，共同维护世界和平与稳定。[1]

---

[1] 习近平. 习近平的总体国家安全观 [J]. 党政论坛（干部文摘），2021.

2. 总体国家安全观的主要特色

习近平总书记的总体国家安全观是基于对国内外形势发展变化的深刻认识而提出的，体现了党的国家安全理念与时俱进的新特点。在这一概念中，习近平总书记关注并强调了以下几个方面的鲜明特色：一是综合性和系统性。总体国家安全观强调国家安全是一个综合性、系统性问题，需要全面、均衡地考虑国防安全、政治安全、经济安全、社会安全、科技安全、信息安全等各方面内容。通过系统性思维来应对各种安全挑战，确保国家整体安全。二是长远性和前瞻性。习近平总书记倡导从长远和战略的角度来看待国家安全问题，提出要有眼光、谋定而后动，不断增强预见性和远见性，有效应对复杂多变的国际和国内风险挑战。三是法治与治理。他强调国家安全问题须遵循法治原则，坚持依法治国，加强法规制度建设，完善国家安全法律体系，提高国家治理水平，确保国家安全工作规范有序开展。

习近平总书记提出的综合国家安全观中，"综合"一词实际上意味着相较于传统国家安全内容，需要更多地关注非传统安全要素，以使国家安全体系更加全面完善。在探讨传统安全与非传统安全之间的关系时，他列举了大量非传统安全要素，远远超过传统安全的范畴。他强调，我们应该既重视传统安全，又重视非传统安全，建立一个覆盖政治安全、国土安全、军事安全、经济安全、文化安全、社会安全、科技安全、信息安全、生态安全、资源安全、核安全等多方面的综合国家安全体系。[1] 在这其中，传统安全仅涵盖三项内容，而非传统安全则包括多达八项内容。

2017年2月17日，习近平总书记主持国家安全工作座谈会时指出，要突出抓好政治安全、经济安全、国土安全、社会安全和网络安全等各领域的安全工作。[2] 与传统安全相比，非传统安全内容仍然占据更多关注。尤其值得注意的是对网络安全问题的重视。在该次会议上，习近平总书记强调要筑牢网络安全防线，提高网络安全保障水平，并加强对关键信息基础设施的保

---

[1] 景玥. 习近平的国家安全观: 既重视发展又重视安全 [EB/OL]. (2017-04-10) [2023-09-17]. http://npc.people.com.cn/n1/2017/0410/c412012-29200141.html.

[2] 新华社. 习近平主持召开国家安全工作座谈会 [EB/OL]. (2017-02-17) [2023-09-17]. https://www.gov.cn/xinwen/2017-02/17/content_5168813.htm.

护。此外，还提倡加大核心技术研发力度和市场化引导，同时加强网络安全预警监测，以确保大数据的安全，实现全天候、全方位的感知和有效防护机制。❶ 这些举措旨在维护国家的整体安全体系，应对当今复杂多变的安全挑战。

习近平总书记在不同场合也特别强调了生态安全和粮食安全等重要问题。在 2013 年 5 月 24 日中共中央政治局推进生态文明建设学习会议上，他指出要树立尊重、顺应、保护自然的生态文明理念，坚持节约资源和保护环境的基本国策，坚持节约优先、保护优先、自然恢复为主的方针，着力树立生态观念、完善生态制度、维护生态安全、优化生态环境。❷ 另外，在粮食安全方面，习近平总书记多次强调"中国人的饭碗任何时候都要紧紧掌握在自己手中"，并认为解决吃饭问题一直是治国理政的头等大事。在 2013 年的中央经济工作会议、中央城镇化工作会议和中央农村工作会议上，习近平总书记反复提出了构建新形势下的国家粮食安全战略的重要性。他强调要从治国安邦的高度认识粮食安全的极端重要性，把确保国家粮食安全置于经济工作的首位。❸ 这些举措体现了对当今社会面临的生态和粮食安全问题的高度重视，以及对国家长远发展的关注和承诺。

习近平总书记在对国家安全与发展辩证关系的探讨中提出了深刻见解。他指出了发展和安全之间相辅相成的关系，并明确发展是确保国家安全的基础，而安全则是促进可持续发展的条件。这一理念凸显了他对国家安全理论的独特贡献。在 2014 年 5 月 21 日亚洲相互协作与信任措施峰会讲话中，习近平总书记再次阐述了发展与安全并重的重要性。他引用"求木之长者，必固其根本；欲流之远者，必浚其泉源"这一典故，强调了发展和安全相互依存、密不可分的关系。他指出，在贫瘠的土地上无法培育出和平的大树，

---

❶ 新华社. 习近平主持召开国家安全工作座谈会 [EB/OL]. (2017－02－17) [2023－09－17]. https://www.gov.cn/xinwen/2017－02/17/content_5168813.htm.

❷ 新华社. 习近平在中共中央政治局第六次集体学习时强调 坚持节约资源和保护环境基本国策 努力走向社会主义生态文明新时代 [EB/OL]. (2013－05－25) [2023－12－17]. http://www.wenming.cn/ldhd/xjp/zyjh/202112/t20211231_6278887.shtml.

❸ 韩长赋. 稳固农业基础 确保粮食安全：深入学习贯彻习近平同志关于农业问题的重要论述 [EB/OL]. [2023－12－30]. https://news.12371.cn/2013/12/29/ARTI1388271516441487.shtml.

连天的烽火中结不出发展的硕果。尤其对亚洲大多数国家而言，发展既是最大的安全保障，也是解决地区安全问题的"总钥匙"。❶ 习近平总书记的这些观点不仅强调了发展和安全的统一性，同时也揭示了实现国家长期繁荣稳定的必然逻辑。通过将发展与安全有机结合，习近平总书记为当代国际关系理论注入了新的智慧和理念，为构建和谐稳定的世界秩序提供了重要启示。

习近平总书记在提出总体国家安全观时，特别强调了国家安全与国际安全的密切联系。他认为国家安全不仅要关注本国安全，还应该致力于促进国际社会的整体安全和共同利益。❷ 这种理念的提出实际上是以大国元首的身份，首次探讨了国家安全在国际社会中的公共性问题。通过将国家安全与国际安全紧密联系，并倡导共同安全的概念，习近平总书记展现了中国在维护世界和平与稳定中的责任担当。他的观点不仅强调了各国间相互依存的重要性，也彰显了中国在推动国际合作方面所具有的领导力和智慧。习近平总书记提出的国家安全在国际社会的公共性问题，进一步丰富了国际关系理论，为构建人类命运共同体作出了重要贡献。这一理念的提出，不仅体现了中国作为大国的担当精神，也为国际社会共同应对全球性挑战提供了新的思路和路径。

在 2015 年的博鳌亚洲论坛、第七十届联合国大会和第二届世界互联网大会的演讲中，习近平主席反复表达了对国际安全面临挑战的认识。特别是在网络安全领域，习近平主席强调，网络安全是全球性挑战，没有哪个国家能够置身事外、独善其身，维护网络安全是国际社会的共同责任，不应有双重标准，不能一个国家安全而其他国家不安全，一部分国家安全而另一部分国家不安全，更不能以牺牲别国安全谋求自身所谓绝对安全。❸ 这一观点强调了国际社会需共同应对网络安全威胁，通过合作与协商共同面对挑战。习近平主席的讲话体现了中国作为负责任大国的使命感和担当精神。这些思想观点

---

❶ 新华社. 习近平在亚洲相互协作与信任措施会议第四次峰会上的讲话［EB/OL］.（2014 – 05 – 21）［2023 – 12 – 17］. https://www. gov. cn/xinwen/2014 – 05/21/content_2684055. htm.

❷ 学而时习. 国家安全，习近平总书记心中的"头等大事"［EB/OL］.（2024 – 04 – 15）［2024 – 05 – 17］. http://www. qstheory. cn/zhuanqu/2024 – 04/15/c_1130109410. htm.

❸ 新华社. 习近平主席在博鳌亚洲论坛 2015 年年会上的主旨演讲（全文）［EB/OL］.（2015 – 03 – 28）［2023 – 12 – 17］. https://www. gov. cn/xinwen/2015 – 03/29/content_2839796. htm.

不仅对中国外交政策产生了积极影响，也为推动国际社会建立更加公正、包容和互利共赢的国际秩序提供了有益启示。

在全球化时代，各国之间相互依存，需要建立起相互尊重、平等互利的国际关系机制。唯有通过国际合作、共同努力来应对各种挑战，才能真正实现全球安全与稳定。习近平主席的观点为国际社会提供了启示，呼吁各国摒弃零和博弈的思维，共同构建一个更加和谐与安全的世界秩序。❶

第二节　国家物资储备基本理论

一、国家物资储备的概念

储备是指国家、企业或其他经济组织以及个人将实物资产、金融资产以及无形资产储存起来以备将来使用。❷ 依据储备主体的不同，可以将物资储备分为国家储备、社会储备、企业储备、家庭储备等类型。当前，理论界和实务界对国家物资储备的概念缺乏统一明晰的规定，国家物资储备的内涵、外延存在一定模糊性。

（一）从书籍方面来看，自20世纪80年代至今，学界关于国家物资储备的定义主要有五种

第一种定义认为，国家物资储备是国家直接掌握、控制和调度的以备紧急使用的物资储存，❸ 其实质是以物资形态存在并暂时退出流通的那一部分国家后备基金。❹ 第二种定义认为，国家物资储备是国家为防止自然灾害、

---

❶ 程同顺. 新时代大国治理［M］. 武汉：湖北教育出版社，2018：190－197.
❷ 李玉泽. 国家物资储备功能研究［D］. 天津：天津大学，2008.
❸ 中国战争动员百科全书编审委员会. 中国战争动员百科全书［M］. 北京：军事科学出版社，2003：145.
❹ 余啸谷. 中国物资管理辞典［M］. 北京：中国财政经济出版社，1988：117；陈德第. 国防经济大辞典［M］. 北京：军事科学出版社，2001：812－813.

战争等对物资的临时急需,而进行的物资储备。❶ 且有学者认为在一般情况下,战略物资即表现为国家物资储备,两者具有同等性质。❷ 第三种定义认为,国家物资储备是由国家和军队直接掌管,同国计民生与国防安全有重大关系的生活、生产资料以及武器装备的存储和封存。储备物资包括原材料、燃料、设备、粮食、被服、军械等物资。❸ 第四种定义认为,国家物资储备是国家为防备因各种难以预见的因素所造成的重大意外事故和国民经济的重大脱节而形成的物资缺口,有计划地建立的物资储备。国家物资储备既具有一般储备的特性,也具有一般储备所不具有的公共产品属性。❹ 第五种定义认为,国家物资储备是政府预算支出的购买品,以满足自然灾害和其他意外情况的需要。❺ 国家物资储备由中央储备和地方储备构成。前者是指由国家统一建立的,并通过国家预算的专项拨款实现的物资储备,包括为储备物资所需要的资金和管理费用。后者是指地方各级政府建立的物资储备,储备物资所需资金和管理费用由地方政府在地方预算中安排专款,主要用于地方性的保障需要。❻

(二) 从国家物资储备的分类来看,基于不同划分标准,学界有不同的分类

有学者根据物资储备管理体制,将国家物资储备分为中央储备和地方储备。❼ 有学者根据物资储备的期限和目的,将国家物资储备分为长期储备、当年储备和生产储备。❽ 有学者认为国家物资储备和国家金融储备一同构成国家储备,而国家物资储备可以分为国家战略物资储备和国家短期物资储备两种类型。❾ 有学者将国家物资储备分为国防物资储备、重要民用物资储备

---

❶ 林志. 物资购销技术手册 [M]. 北京:中国物资出版社,1991:75.
❷ 陈德第. 国防经济大辞典 [M]. 北京:军事科学出版社,2001:812-813.
❸ 夏征农,大辞海编辑委员会. 大辞海:军事卷 [M]. 上海:上海辞书出版社,2007:100.
❹ 王国清,马骁,程谦. 财政学 [M]. 北京:高等教育出版社,2010:100-101.
❺ 吴俊培. 公共经济学 [M]. 武汉:武汉大学出版社,2009:198.
❻ 李伟. 财政学 [M]. 南京:东南大学出版社,2014:69.
❼ 吴俊培. 公共经济学 [M]. 武汉:武汉大学出版社,2009:198.
❽ 王国清,马骁,程谦. 财政学 [M]. 北京:高等教育出版社,2010:100-101.
❾ 余啸谷. 中国物资管理辞典 [M]. 北京:中国财政经济出版社,1988:117;陈德第. 国防经济大辞典 [M]. 北京:军事科学出版社,2001:812-813.

和外贸物资储备。❶

(三) 从期刊、论文方面来看,国家物资储备概念的使用集中于三个层面

第一,采用宏观意义上的国家储备概念。刘旭友认为国家储备是指以国家包括各级地方政府为主体对实物进行的储备,是国家为应对经济冲击的影响,有目的、有计划地储存粮食、棉花、食糖、石油及其他重要农产品、工业原材料、燃料等商品或者物资的总称。❷ 根据储备对象的不同,可将国家储备分为国家实物资产储备和国家金融资产储备,根据储备目的和功能的不同可将国家实物资产储备分为国家实物战略资产储备和国家实物基本资产储备。其中,国家实物战略资产储备就是对这个体系中的资源物资进行储存,保障资源物资供应的稳定,以服务国防建设、应对突发事件、参与宏观调控、维护国家安全。❸ 可见,刘旭友将国家储备视为一个广义的系统,下设多个子系统。张永林、赵英、石玉昆也从广义上理解国家储备,并认为狭义的国家储备就是国家实物储备。他们认为,国家储备是国家直接掌控的战略资源,是国家用于宏观经济调控、防备战争和应对突发性巨灾和风险的重要手段。国家储备包括国家实物储备(国库储备)和国家金融资产储备。国家实物储备包括为维护国家安全需要而储备的物资、为保证国民经济生活稳定持续发展(应对灾害等突发性巨灾和风险)所作的储备、为维护社会生活稳定正常(国计民生)进行的储备、国家金融资产储备。❹ 杨子健、刘利娟认为,国家储备是一国为达到特定目的由政府出资建立或掌握的后备力量,也是被世界各国广泛运用于应对重要资源能源短缺风险、维护市场稳定的一种管理手段。国家储备的对象可以是石油、粮食等实物资产,也可以是外汇、国际特别提款权等金融资产。❺ 从国家储备的客体来看,储备对象既包括土地、石油、

---

❶ 中国战争动员百科全书编审委员会. 中国战争动员百科全书 [M]. 北京:军事科学出版社,2003:145.
❷ 刘旭友. 国家实物战略储备:经济社会可持续发展的视角 [D]. 西安:西北大学,2009.
❸ 刘旭友. 国家实物战略储备:经济社会可持续发展的视角 [D]. 西安:西北大学,2009.
❹ 张永林,赵英,石玉昆. 国家储备物资的属性功能及其作用价值 [J]. 中国人口·资源与环境,2010 (1):37-43.
❺ 杨子健,刘利娟. 国家储备理论研究特征分析 [J]. 综合运输,2016 (3):42-46,56.

粮食、救灾物资等重要能源资源和商品等实物资产储备，又包括外汇储备、黄金储备等金融资产储备，还包括能力、技术等无形储备❶。此外，杨子健还认为，国家物资储备系统包含救灾物资储备、物资储备、粮食储备、石油储备等，❷但该界分过于笼统，存在交叉重合部分。孙翙、吴静、刘昌新、朱永彬提出"国家储备形式可分为实物储备、金融资产储备和技术储备等若干类型，对象包括农副产品储备、农资储备、医药储备、能源储备、自然资源储备、应急储备、矿产储备、国防储备、金融资产储备和能力技术储备等"❸，除国家储备形式和对象外，国家储备还包括救援场地、施救设施、救援装备、救援资金、运输载体、储备仓库，以及电力、水利、油气、燃气、交通、通信等各种与应急救援相关的基础设施及资源。笔者认为，该定义过于宽泛。

第二，采用国家物资储备概念。李玉泽认为，国家物资储备是以国家为主体的储备，是国家为防备发生大灾荒、战争和国民经济严重失调、加速经济增长和对外扩张的需要所形成的储备。主要包括成品油、火炸药、有色金属、黑色金属、化工原料等在内的关系国家安全和国计民生的重要物资。李玉泽进一步将国家物资储备从性质上分为军事储备和经济储备，指出军事储备主要用于应对战争、保障国防需求，而经济储备主要应对经济运行过程中可能出现的价格波动、突发性事件和自然灾害的影响，保证国民经济持续、稳定、健康发展。❹冉岚认为，国家物资储备主要储存与国家安全、国计民生和经济社会发展密切相关的重要物资，一旦国家在国防、应对突发事件和参与宏观调控需要使用储备物资时，就要保证拿得出、用得上。❺按照这种界定，国家物资储备包含国防物资储备、战略物资储备、应急物资储备等储

---

❶ 无形储备是指没有实物形态的储备，其实质是一种能力储备，即储备管理部门在既定的政策目标下，具备在未来特定时间区间内，获取一定数量储备物资的能力。参见杨子健. 储备多元化问题研究 [M]. 北京：经济管理出版社，2018：127.
❷ 杨子健. 国家物资储备在应急救灾中的作用与启示 [J]. 宏观经济管理，2008 (7)：19-21.
❸ 孙翙，吴静，刘昌新，等. 加快推进我国应急物资储备治理体系现代化建设 [J]. 中国科学院院刊，2020，35 (6)：724-731.
❹ 李玉泽. 国家物资储备功能研究 [D]. 天津：天津大学，2008.
❺ 冉岚. 从汶川地震看国家物资储备建设 [J]. 宏观经济管理，2008 (9)：60-62.

备。林文益将国家储备分为国家商品储备和国家物资储备，并认为国家商品储备是国家直接为了调控市场经济条件下的经济和市场，调剂供求、稳定通货、稳定价格、以利其正常运行，所必要形成的储备，而国家物资储备是国家为防备发生大灾荒、战争和国民经济严重失调、加速经济增长的需要所形成的储备。❶

第三，采用国家战略物资储备概念。战略物资概念始于20世纪30年代的西方国家。"二战"爆发前，许多国家尤其是西方国家汲取第一次世界大战的教训，从扩军备战的需要出发，积极储备或控制铝、铬、石油等重要物资，从而逐步形成了战略物资的概念。最初，战略物资专指用于制造武器装备和军用物资的原材料，随着科学技术的进步和经济的发展，人们确定战略物资的着眼点已不局限于军事方面，而是基于国民经济的总体需要，因而战略物资的种类不断增加和变动，范围也在不断扩大。❷ 咸圭晋认为，国家物资储备即国家战略物资储备，是社会主义国家有计划地储备的一批重要生产资料和其他重要物资。这些物资由国家直接掌握，其收储和动用都必须经国家批准。❸ 宋龙飞将国家战略物资储备视同为国家物资储备，并认为国家战略物资储备是中央政府直接掌握的战略后备力量，是国家实施宏观调控、备战备荒、应对突发事件的重要工具。❹ 徐永东认为，战略储备是指国家为了应对战争和其他意外情况，保障国民经济正常运行和国防需求，而在平时有计划地建立的一定数量的物资、货币、能源、人力等方面的储存或积蓄，包括物资储备、财力储备和能源储备等方面。物资储备是指重要的武器装备、军工生产原材料以及必要的生活必需品的储备；财力储备是指贵金属、外汇及本国货币的储备，必要时可以通过贸易获得军需品和战略物资；而能源储备则是指国家对石油、煤炭、天然气等不可再生能源的储备，以防战时进口

---

❶ 林文益. 我国市场经济条件下的国家物资储备 [J]. 广东社会科学, 1998 (2): 16-21.
❷ 宋龙飞. 国家战略物资储备立法研究 [J]. 北京交通大学学报 (社会科学版), 2020 (1): 123-130.
❸ 咸圭晋. 国家物资储备若干理论初探 [J]. 中央财政金融学院学报, 1986 (4): 15-19.
❹ 宋龙飞. 国家战略物资储备立法研究 [J]. 北京交通大学学报 (社会科学版), 2020 (1): 123-130.

受到限制时能源供应不畅。❶ 于梦曦将战略物资储备分为传统的战略物资储备和现代的战略物资储备两种形态。他认为现代意义上的战略物资储备是由传统意义上的战略物资储备发展演进而来的，传统的战略物资储备是指为了满足战争或战时急需而进行的物资积累和储存，现代意义上的战略物资储备是为了实现特定政策目标而对战略物资进行蓄积和控制的行为，是中央政府出资建立和掌握的战略后备力量。作为维护国家安全的工具，主要用于保障战时急需，预防重大能源资源风险和其他风险，提升在资源相关领域的控制力和影响力，缓解经济运行过程中存在的供求波动等问题。❷

从研究现状来看，当前对国家物资储备概念缺乏统一明晰的界定，学界对其理解存在一些差异，有人将物资储备分为战略物资储备、应急物资储备等类型，有人将物资储备分为战略物资储备和一般物资储备，有人将物资储备等同于战略物资储备，有人将物资储备视同为战略储备的重要组成部分，有人将物资储备分为实物储备、金融物资储备和无形储备等。这种相对混乱的研究局面不利于国有物资储存理论研究和实务发展。从现有法律规范来看，也缺乏对物资储备或国有物资储备的内涵与外延的界定。2015年6月1日起施行的《国家物资储备管理规定》第3条第2款对"国家储备物资"的概念进行了界定，该条规定，国家储备物资是指由中央政府储备和掌握的，国家安全和发展战略所需的关键性矿产品、原材料、成品油以及具有特殊用途的其他物资。该规定虽然阐明了国家储备物资的特征，但对国家物资储备概念的把握还不够明晰。《中央储备粮管理条例》第2条规定，中央储备粮是指中央政府储备的用于调节全国粮食供求总量，稳定粮食市场，以及应对重大自然灾害或者其他突发事件等情况的粮食和食用油。

结合理论和相关规定来看，虽然当前缺乏统一规定，但现有概念具有以下共性：第一，国家物资储备是由政府主导储备和掌握的。第二，国家物资储备在国防建设、经济平稳运行、社会稳定以及应急救灾等事关国家安全发展、国计民生等方面具有重要作用。第三，国家物资储备具有战略性等特征。

---

❶ 徐永东. 我国国家战略物资储备创新模式研究 [D]. 天津：天津大学，2007.
❷ 于梦曦. 国家战略物资储备体系研究 [D]. 长春：吉林大学，2015.

国家物资储备的战略性是指政府从国家的长远利益出发，重点关注国家层面所面临的灾害和风险；在对社会发展进行宏观把握的基础上，对关系国计民生的重要物资进行储备，以便应对未来的供应紧张或供应中断以及供求关系失衡。❶ 第四，国家物资储备多为实物储备，不含技术等无形储备。综合现有国家物资储备相关法律规范来看，并未对技术等无形储备作出规范，即其调整对象不含无形之物。

综上，笔者认为，国家物资储备是指由政府主导储备和掌握的，基于国防建设、国民经济平稳运行、社会稳定以及应急救灾等目的而进行的一种战略性实物储备。从储备对象来看，国家物资储备对象既包含粮油、天然气、矿产、林木等自然实物，也包含黄金、外汇等金融实物。从储备主体来看，广义的国家物资储备应包含狭义的国家储备（含中央储备和地方储备）、企业储备（商业储备）和家庭储备等。另外，需要说明的是，国家物资储备是一个历史范畴，随着社会的发展变化，其储备目的、内容、结构、作用以及功能等都在发生着变化，❷ 这也是其内涵、外延如此难以界定的一个重要因素。

二、国家物资储备的特征

（一）战略性

战略储备是指从国家长期利益的角度来考虑，对国家层面上的重大灾害与风险进行管理。为了应对将来可能出现的供给短缺、供给中断、供需不平衡等问题，而从宏观上把握经济发展的全局，统筹调配。❸ 国家物资储备的战略特性，是国家未雨绸缪的一种安全观念，早在古代，我国就有"囤粮以备不测"的战略忧患意识。美国在吸取"一战"教训的基础上，从长期战略

---

❶ 张永林，赵英，石玉昆. 国家储备物资的属性功能及其作用价值［J］. 中国人口·资源与环境，2010（1）：37-43.
❷ 余啸谷. 中国物资管理辞典［M］. 北京：中国财政经济出版社，1988：117；陈德第. 国防经济大辞典［M］. 北京：军事科学出版社，2001：812-813.
❸ 张永林，赵英，石玉昆. 国家储备物资的属性功能及其作用价值［J］. 中国人口·资源与环境，2010（1）：37-43.

角度出发，制定了国家储备管理条例，建立了国家储备体系。此后，美国于1946年出台了《战略物资储备法》。美国主要储存铝矾土、铝、钛、铱、镍、铌原料和橡胶等大量依赖进口、国内稀缺的物资，存放在全国多个仓库里。[1] 日本作为岛国，资源有限，大量资源依赖进口，故而日本极具忧患意识，其储备体系发达。日本的物资储备体系相当完善，不仅有化石能源、稀有金属等，还有粮食、畜牧业、林木业等。在战略物资储备方面，日本采取了不同的分类方式：一方面，根据储备的强制性，物资储备可分为法定储备和任意储备两种类型；另一方面，从储备主体来看，可分为国家储备和民间企业储备两部分。这样的多元化储备策略，使日本在面对各种风险和挑战时，能够迅速、有效地调配资源，确保国家安全和经济的稳定运行。[2] 新中国成立后，我国基于防备战争、防治自然灾害、预防国民经济重大比例失调等目的出发，自20世纪50年代初开始建立国家物资储备体系，从无到有，逐步发展至今。足见，不管是我国自古便有的国家物资储备意识，还是从国外的国家物资储备情况来看，战略层面的考量始终是国家物资储备绕不开、躲不过去的一个重要特征。因"大跃进"和人民公社化运动，1959—1961年，全国范围内的食物和副食品面临供应不足的危机，加上同时期中国耕地连年遭受特大自然灾害，造成全国范围内的粮食短缺，新中国处于成立以来最严峻的经济困境中，很多人因为饥饿被夺去生命。这也是激起袁隆平院士矢志报国的重要原因之一，他带领团队通过自己的决心和努力使中国14亿人口能够吃饱饭，将粮食安全把握在自己的手里。过往的历史经验告诫我们，仓廪实、天下安，我们必须重视国家物资储备的重要战略意义。

（二）动态性

国家物资储备的动态性，即指国家物资储备的对象、方式和规模等内容并不是长期不变的，而是需要根据国内外经济和政治因素变化等综合考量并进行适时调整。由前文可知，我国国家物资储备物资的概念及其分类比较繁多复杂，这也从一个侧面反映了，我国国家储备物资的内涵和外延并非一成

---

[1] 周爱国. 美国战略物资储备及其对我们的启示 [J]. 中国物资，1993（4）：30.
[2] 李玉泽. 国家物资储备功能研究 [D]. 天津：天津大学，2008.

不变的，而是在不断变化的。我国国家物资储备体系的内容随着我国的不断发展也在做着相应的调整变化，《国家物资储备管理规定》第4条规定："国家储备物资实行目录管理，明确品种和规模，定期评估，动态调整。"该规定第5条规定："确定国家储备物资的品种和规模，应当综合考虑下列因素：（一）国家发展战略需要；（二）国内外资源状况；（三）供应风险和经济风险情况；（四）需要考虑的其他因素。"

另外，国家物资储备的动态性也表现出机动灵活的特点，国家储备在其整个运作过程中，无须经历社会复杂的分配过程和市场配置环节，这意味着无须受到社会成员个体选择的影响，更不用通过交易过程进行流通。因此，在紧急或需要时，这些储备物资能够直接、高效地服务于相关需求，确保国家在面对事关国家安全、国计民生等重大事件时，能够及时动用储备资源，稳妥解决问题，保证国家运行的连续性和稳定性。因此，国家储备拥有着任何其他社会资源所不具备的便捷性。[1]

（三）实物性

通常来说，广义上的国家物资储备包括狭义国家物资储备和国家金融实物储备。具体而言，包括为了维护国家安全需要而储备的物资、为了保证国民经济生活稳定持续发展（应对灾害等突发性巨灾和风险）所作的储备、为维护社会生活稳定正常（国计民生）进行的储备以及国家金融资产储备等，这些国家储备都具有实物属性，能够在关键时刻发挥重要作用，为国家的安全和发展保驾护航。[2] 由前文可知，虽然有学者曾将技术等无形之物也纳入国家物资储备体系，但是持这种观点的学者并不多见。通常意义上所说的国家物资储备并不包含技术等无形之物。另外，从我国实践中所存储之物的存在形式以及现有制度体系所规范之物来看，也并没有将无形之物纳入国家物资储备体系。因此，我国国家物资储备所储备的物资具有实物性。

---

[1] 张永林，赵英，石玉昆. 国家储备物资的属性功能及其作用价值[J]. 中国人口·资源与环境，2010（1）：37–43.

[2] 张永林，赵英，石玉昆. 国家储备物资的属性功能及其作用价值[J]. 中国人口·资源与环境，2010（1）：37–43.

(四) 公共品性

所谓公共品性，主要从经济属性上予以考量，看其是否具有排他性和竞争性，具有"竞争性+排他性"者为私用品，具有"非竞争性+非排他性"者为共用品，具有"非竞争性+排他性"者为俱乐部用品，具有"竞争性+非排他性"者为公用品。[1] 非排他性是指个体在使用公共物品的过程中，不能排除其他个体对其进行消费。非竞争性的意思是，当一个人的消费增加时，其生产成本不会上升，也就是说，如果有更多的消费者，那么他所带来的社会边际成本将接近于零。[2] 基于上述分类，国家储备物资是具有非竞争性和非排他性的共用品。正是由于这一特征使物资储备具有非营利性，从而使市场主体在为国家安全等方面进行物资储备时缺乏足够的动力。就能源储备而言，它与一般的物资购销和经营行为有很大的区别。它的用途与一般的经营活动都不一样，它不能以营利为目标，也不能以营利与否为评判标准。[3] 基于此，只有国家主导才能承担起如此庞大的工程，在国家安全、市场调控等方面发挥物资储备优势，使社会每位成员在需要时都享有平等的待遇。国家储备物资的所有权、使用权归属于国家及其全体公民。综上所述，国家物资储备具备公共品属性。

(五) 垄断性

国家物资储备的垄断性特点十分显著，主要体现在以下三个方面：首先，国家物资储备具有高度的机密性。出于国家安全考虑，一般情况下，各国对储备的模式、主要内容等都采取较为严格的保密措施，尤其是对一些与战略有关的核心性的资源，如能源和稀有金属等，更是实施了极为严密的储备保密方式，以防止储备信息的泄露。其次，国家物资储备的供求关系不受市场规律制约，往往是根据国家战略的实时需要而作出相应的调整与变化的，它与自身所具有的效用没有必然的直接联系。也就是说，国家物资储备的供给

---

[1] 孙放. 公地悲剧理论下集体诉讼的经济逻辑与制度构建 [J]. 学术交流, 2019 (7): 74-83.
[2] 张永林, 赵英, 石玉昆. 国家储备物资的属性功能及其作用价值 [J]. 中国人口·资源与环境, 2010 (1): 37-43.
[3] 秦静, 何英. 我国能源储备法律制度体系研究 [J]. 时代经贸 (中旬刊), 2007 (S9): 1-2, 4.

和需求并不遵循市场供求原则,而是由政府根据国家利益和安全需要进行调控。最后,国家物资储备作为政府为维护国家发展和社会稳定而采取的一种特殊保障措施,其具有无可替代的社会性和公益性。它涉及整个社会的共同利益,任何个人或组织是无法排除在其序列外的。正是因为它的公共属性,使作为接收方的个人或组织,也不能拒绝储备保障服务。

(六) 保险性和后备性

国家物资储备,作为一种重要的避险工具,其主要功能是通过预先储备如粮食、石油等关键物资,及时应对并化解可能出现的各类风险,确保社会经济的持续稳步发展,这凸显了其鲜明的保险属性。面对未来不确定的事件,我们首要任务是通过各种不同的防范措施,最大限度地降低或消除潜在损失的风险,以此更好地控制社会总体成本,应对各种不可预知的情况,真正成为国家战略的一支坚强后备力量。从另外一个角度讲,储备的本质是满足那些可预测的需求,同时辅助性地应对许多不可预知的情况,因此也具有一定的局限性。

三、国家物资储备的功能

储备的目的,在于防患于未然,确保在关键时刻能够迅速应对各类突发事件。自我国国家物资储备制度诞生以来,便始终秉持着"三防"原则,即"防备战争、防备灾荒、防备国民经济出现重大比例失调"。进入新时代,我国物资储备制度紧随经济社会发展步伐,被赋予了新的职能定位,即"服务于国防建设、应对突发事件、参与宏观调控以及维护国家安全"。这些新定位进一步凸显了国家物资储备在应急体系中的核心地位与重要作用。综上,我国的国家物资储备体系具备多重功能,为确保国家安全和稳定发挥了不可替代的作用。[1]

(一) 国家安全的"压舱石"

英国学者阿诺德·沃尔弗斯认为,安全一词应从两个层面加以理解:主

---

[1] 杨子健,李威. 国家物资储备履行应急职能的思考 [J]. 宏观经济管理,2015 (8):51-52,56.

观层面，安全是一种感觉，一种不因为破坏性因素的威胁而惧怕或焦虑的感觉；客观层面，安全呈现出一种状态，指能够有效应对各种破坏性因素的威胁并保持这一能力的状态。❶ 以此理解，国家物资储备对国家安全的重要作用表现为：主观层面，人们对国家物资储备的充足信心，不惧内在和外在的各种威胁；客观层面，在受到各种威胁时能够透过国家储备物资平稳应对，以维护社会稳定。可以说，国家物资储备是保障国家安全的重要物质基础，能够防范化解重大风险，是国家安全的"压舱石"，是国家安全的坚强后盾，具有抵外安内的重要作用。❷ 以粮食安全为例，民为国基，谷为民命。对于中国这样一个人口众多且处于发展中的大国来说，粮食安全无疑是治国理政的首要任务。在任何情况下，保障国家粮食安全都是至关重要的。20世纪50年代末60年代初，我们国家经历了因为政策调整和"大跃进"运动等所带来的全国性的粮食和副食品短缺危机，这场危机给人民带来了损失，甚至有人因此而失去了生命。这一点，被一些西方国家敌对势力宣传，并不断加以渲染，试图破坏、否认中国共产党的统治地位。因此，以史为鉴，我们必须深刻认识到粮食安全问题的重要性和紧迫性，采取有力措施确保国家的粮食安全。粮食安全重于泰山，保护好人民群众的饭碗不仅是政府职责的体现，也是维护国家安全的利器。国家物资储备的存在本身也可以起到威慑作用，❸ 如国家建立的战略石油储备具有多重关键功能，包括平衡供需、抑制油价波动、抵御潜在风险以及保障国家安全等功能。在常规情况下，战略石油储备还发挥着稳定国际油价、对石油输出国政策施加影响以及调整市场心态的威慑效果，体现了其在全球能源格局中的重要战略地位。在国际石油供应突遭中断或国际油价异常飙升，进而对国家安全和社会经济的稳定运行构成严重威胁的紧急关头，战略石油储备的作用便凸显无遗。它不仅能够有效避免供应中断，确保关键领域和行业的能源需求得到满足，还能通过调节市场供需关系，平抑石油价格的波动，为经济的稳定发展提供有力支撑。战略石油储

---

❶ 刘恣宏. 我国战略性矿产资源安全保障立法研究 [D]. 赣州：江西理工大学，2014.
❷ 陈健. 打造储备国家队 当好应急主力军 [J]. 中国粮食经济，2020（3）：59-63.
❸ 杨子健. 储备多元化问题研究 [M]. 北京：经济管理出版社，2018：169.

备的存在，就如同一道坚实的防线，守护着国家的能源安全和经济稳定。❶

（二）国民经济的"稳定器"

国家物资储备对稳定国民经济的良性运行具有重要作用。在国家物资储备的运作下，当国内市场遭遇严重的供需失衡或价格剧烈波动时，其能够发挥"稳定器"与"减震器"的功效，有效平抑价格过度上升或下降的趋势。具体而言，当物资生产供给过剩，价格偏低时，国家会进行收储，以稳定市场价格，保护生产者的持续生产能力；而当物资生产供给不足，价格偏高时，国家则通过销售储备物资，调节市场供需，保障社会经济稳定。这种运作方式，不仅有助于维护生产者的利益，还能保全社会财产，发挥了物资储备的"蓄水池"作用。在西方国家，大量的物资储备被视为经济发展的稳定器。在物资供应短缺或中断的情况下，这些储备能够有效平抑市场价格，减少突发事件对经济的影响。相较于其他地区，西方国家的物资储备机制更为主动和灵活，能够更好地应对各种经济挑战。❷ 对于我国而言，国有物资储备对稳定国家经济更为重要，我国作为一个有着十几亿人口的国家，经济波动会影响数量极大的人民群众，产生的社会问题也不可想象。加强国家物资储备，在市场由于各种突发因素受到冲击，物价涨幅或降幅超过经济运行规律时，可动用国家储备物资进行调节。

（三）社会稳定的"定心丸"

国家物资储备在确保国家安全与国民经济发展的稳健运行中，扮演着不可或缺的角色。通过保障物资供应不中断，国家物资储备不仅为国家的长治久安提供了有力支撑，也让民众在面临各种挑战时能够保持信心与稳定，共同推动社会的持续繁荣与进步。❸ 正是得益于这一坚实后盾，人们心理上得到了充分的安全保障，它如同"定心丸"一般，有效维护了社会的和谐稳定。以粮食储备为例，粮食作为国家储备物资中的重要对象之一，对广大人

---

❶ 杨子健. 储备多元化问题研究 [M]. 北京：经济管理出版社，2018：169.
❷ 夏世进，王辉. 外汇储备、国家物资储备与国家经济安全 [J]. 沿海企业与科技，2007 (4)：5-7.
❸ 冉岚. 从汶川地震看国家物资储备建设 [J]. 宏观经济管理，2008 (9)：60-62.

民群众的安全感影响是最直接、最明显的。"民以食为天"是我国历来强调的，也是统治者尤为关注的。近几年来，全球粮食短缺问题愈发严峻。世界粮食计划署（WFP）等机构的统计显示，受战乱、气候异常、经济波动等因素影响而面临粮食短缺的人口从2016年的1.08亿激增至2019年的1.35亿。从这些人口的地区分布看，非洲最多，达7300万人，中东和亚洲是4300万人，拉美1850万人。从原因看，7700万人因为战乱得不到充足的食物，占比超过一半。❶ 同时，我们也应当正视，2020年由于疫情暴发、极端天气等多种因素交织，世界范围的粮食安全接受着巨大的考验，联合国公布的一份报告再次为各国敲响警钟。该报告称，2020年全球范围内面临着严峻饥饿风险的国家有二十余个，这突如其来的粮食危机，昭示着粮食安全对世界发展稳定的深刻影响。❷ 为此，一些国家出现囤积粮食的现象。2020年3月以来，俄罗斯、乌克兰、越南等国就粮食出口设置了上限或是直接禁止。二十国集团的农业部长担忧，称此举可能招致粮食价格剧烈波动，威胁粮食安全，从而影响社会稳定。对于我国而言，为稳定民心，人民日报等官方媒体多次强调我国粮食储备充足，自2004年以来"十六连丰"，这足以说明我们国家正以稳健的步伐，践行着筑牢我们国家粮食安全的防线，这一点是有能力且有坚实保障的。❸

四、国家物资储备的价值旨归

（一）效率价值

国家物资储备旨在应对外部供应中断的突发状况，确保国防、经济和社会运行的平稳，从而破解资源瓶颈，推动社会持久发展。在构建国家物资储备体系时，效率问题不容忽视。资源储备并非单纯的存储，而是为了随时应

---

❶ 佚名.世界粮食计划署专家警告：全球2.65亿人面临粮食短缺[EB/OL].（2020-06-01）[2023-04-19］．https://tech.sina.com.cn/roll/2020-06-01/doc-iircuyvib105512.shtml.

❷ 佚名.联合国：世界濒临至少50年来最严重粮食危机，全球近7亿人处于饥饿状态[EB/OL].（2020-08-03）[2021-02-24］．https://t.qianzhan.com/caijing/detail/200803-663c952e.html.

❸ 佚名.重磅：人民日报再次强调粮食安全！[EB/OL].（2020-07-26）[2021-02-24］．https://m.thepaper.cn/newsDetail-Porward-8446534.

对需求，其本质在于使用。因此，我们必须精心策划在何种情境下进行储备和动用，以及采取何种方式进行，这一过程涉及时间与空间的双重考量。为了确保企业运营的稳定和国家的长治久安，资源从储备开始，经历储备完成，到最终动用的整个过程，所需时间与空间是评估储备效率的关键指标。时间与空间需求越小，储备效率便越高；反之，则效率降低。在紧急情况下，一旦外部资源供应受阻，且国内资源无法满足需求时，国家需迅速反应，启动战略储备，以满足紧急需求，确保国家安全和社会稳定。在此情形下，效率问题应被置于首要考虑的地位。唯有确保在紧急状况下，我国的战略资源储备能够迅速且充分地满足国家需求，方能切实保障国防、经济及社会的安全无虞。[1] 以公共卫生事件中的物资储备供应为例，在公共卫生事件突发之际，我们首要关注的是时间响应的效率性。这意味着必须在最短的时间内迅速调配现有的卫生用品等资源，并积极组织生产，以满足紧急需求。与此同时，我们还需要注重配置方向和资源使用的效率性。这意味着要将有限资源精准地分配给"急需"群体，确保这些稀缺资源能够得到最有效的利用，从而最大化地发挥其作用。通过这样的双效合一，我们能够更好地应对公共卫生事件，保障人民的生命安全和身体健康。[2] 因此，我国国家物资储备体系建设的价值目标之一是效率。

（二）人本理念

从国家物资储备制度的建立发展史可知，国家物资储备是国家在应对危难，保障国家的国防、经济、民生等安全有序运行而进行的储备。国家物资储备的最重要的价值旨向就是服务国家，即为国家国防建设、经济稳定以及社会安定等事项服务，但回归本质，还是要为这个国家生活的人民群众服务。国家物资储备体系建设完善过程中要秉持人本理念，尤其是在法律体系建构中更要体现人本理念。习近平法治思想中坚持以人民为中心的法治意蕴，更多地强调在全面依法治国的实践中要不断增强人民群众的获得感、幸福感和

---

[1] 张平，黎永红，韩艳芳. 稀有矿产资源战略储备立法的价值研究［J］. 华东理工大学学报（社会科学版），2015（4）：75-85.
[2] 马金华，张继云. 重大突发公共卫生事件冲击下我国口罩资源应急配置问题研究：以"新冠肺炎"疫情防控为例［J］. 山东财经大学学报，2020（3）：67-80.

安全感。综合考虑人民群众的尊严、权利以及社会公正所追求的价值理念，从而确保法律真正服务于人的全面发展与社会和谐稳定。关于物资储备的立法，可以体现法律的人本理念。为了推动法律体系向人本化方向发展，我们需要对公众参与、公共服务义务、弱者权益保障以及企业社会责任等方面进行明确的规范与界定。这些举措旨在增强法律体系的人文关怀，确保各项法律条款能够更好地满足人民群众的需求，促进社会的和谐与进步。可见，在今后对我国国家物资储备法律制度体系发展完善过程中，要秉持人本理念，强调公众参与，保障公众对非保密性的储备物资基本情况的知情权。鼓励民众参与到国家物资储备的规范运行监督中来，通过民众监督提升国家物资储备各项制度规范运行程度。对一些不具有保密性的物资，倡导建立政府、企业等多元主体的储备模式，降低政府压力，减少开支。

(三) 社会价值

从国家物资储备对象来看，包括粮油、天然气、矿产、林木等自然实物，也包含黄金、外汇等金融实物。每种物资在现代社会中都发挥着不可替代的作用。以粮食为例，中国作为一个人口大国，粮食工作是关系国计民生的头等大事，一直受到政府的高度重视。我国的粮食储备政策在发挥"稳定"经济和社会发展方面起到了较好的作用，促进了我国社会和民生的稳定。也就是说，国家物资储备在稳定经济和社会发展方面具有重要价值。[1]

传染性非典型肺炎疫情、甲型 H1N1 流感、新型冠状病毒感染疫情等重大社会安全风险出现时，口罩、食盐等生活物资被疯抢，此时就需要国家物资储备发挥其社会价值。就物资储备而言，面对重大社会安全风险事件时，主要是农产品储备保障着人民安全、国家安全。能源储备、重要农产品储备、非农产品类生活物资储备、非能源类关键性矿产储备是为应对不同风险挑战，采取的一种"以备不时之需"的储备模式。面对不同风险、不同阶段、不同情形，着重动用的物资储备种类也是不同的。我们可以通过分析以往各个阶段动用储备物资的形式特点，采取抓大放小、有的放矢的方式，调整储备模

---

[1] 刘凌. 对完善我国储备粮监督管理机制的立法建议 [J]. 河南工业大学学报（社会科学版），2015 (2): 49-52.

式和重点监管方向。例如，新型冠状病毒感染疫情期间，石家庄市充分分析出全市重点蔬菜批发市场的小麦、面粉、大米、食用油储备充足，且能够满足城市三个月的用量。同时，对后续可能存在的与人民群众生活密切相关的物资市场的异常波动现象采取了各种稳定供应和补充储备的措施，从而确保市场平稳运行和民众生活需求得到满足。山西省人民政府在2020年修改并发布了《山西省粮食应急预案》，要求所有粮食经营企业和经营者都要按照相关法律、法规的要求，保持必要的粮食库存量。该预案同时指出，在启动应急响应后，如果省内制造或加工能力无法满足市场需求时，省粮食和储备局有权根据实际需要，并按照法律规定及时从省外调入急需物资，如面粉或食用油等，以保障粮食市场的稳定供应。此外，对于在粮食应急工作中因拒不执行应急规定、玩忽职守或扰乱应急工作秩序的单位和个人，将依法依规进行严厉的责任追究和处罚，确保粮食应急工作能够顺利进行，维护国家粮食安全和人民群众的基本生活需求。

第三节　国家安全与国家物资储备：相互依存

物资是抵御风险、维护稳定的基石，充足的物资能够最大限度地满足现代国家安全、风险防控以及突发事件应对的需要。总体国家安全观与国家物资储备的关系集中体现在国家物资储备对国家各类安全及各要素的影响中。

一、国家物资储备与国家安全

2017年，在国家安全工作座谈会上，习近平总书记指出，国家安全涵盖领域十分广泛，在党和国家工作全局中的重要性日益凸显。国家安全工作归根结底是保障人民利益，因此，要坚持国家安全以人民为中心，一切为了人民，为群众安居乐业提供坚强保障。[1] 毫无疑问，国家物资储备对维护国家

---

[1] 闻言. 坚持以人民为中心的发展思想 努力让人民过上更加美好生活 [EB/OL]. (2017-10-11) [2023-10-11]. http://opinion.people.com.cn/GB/n1/2017/1011/c1003-29579326.html.

安全、人民安全具有重要作用。

（一）维护国家稳定

"在整个人类历史进程中，获取和控制自然资源的战争，一直是国际紧张和武装冲突的根源"，这是美国民间声望颇高的世界观察研究所在其研究报告《全球预警》中指出的，同时西方资本主义国家在 20 世纪不同时代反复声称："谁掌握了资源，谁就能控制世界。"美国著名外交人士亨利·基辛格（Henry Kissinger）在 20 世纪 70 年代将石油、粮食和货币作为他的外交政策的核心。亨利·基辛格曾深刻指出，掌握石油，便握住各国之脉络；掌握粮食，则扼住人类之生存；而一旦控制货币，全球之命运皆在手中。随后的美国外交政策也多循此开展。例如，美国的粮食政策听起来十分入耳，却是使用华丽辞藻来掩盖真实目的。美国正是通过粮食干涉他国内政、主权。基辛格的粮食外交政策帮助美国在粮食危机的背景下断崖式地领先于其他各国，成为全球农业市场的龙头，也成为美国农业政策的转折点。此外，苏联－阿富汗战争期间，美国发动了谷物禁运。然而到 20 世纪 80 年代末，美国又采取了截然相反的态度，重新提供粮食，态度的迥异表现出了粮食的重要作用。[1]

美国的粮食外交政策对美国在各个时期处于全球领先位置发挥了重要作用。世界上七成的粮食交易掌握在美国伊利诺伊州狄克多市食品公司、美国邦吉、美国嘉吉、法国路易达孚这四家公司手上，每年的交易额约 3000 千亿美元。四大粮商美国拥有三家，如果美国通过粮食制裁一个国家，那将可能带来致命打击。[2] 以布局中国市场较早的嘉吉为例，1971 年，嘉吉在中国台湾高雄设立第一家饲料加工厂。1972 年，尼克松访华后不久，嘉吉即与中国大陆开展贸易往来。1984 年，嘉吉进入香港进行谷物与蛋白产品贸易。1988 年，嘉吉在山东成立第一家合资油籽压榨工厂。1992 年，嘉吉动物营养开始为农民提供培训。1997 年，嘉吉在浙江嘉兴建立首家饲料工厂。2005 年，嘉

---

[1] 崔日明，李兵. 如果你控制了粮食，你就控制了所有的人 [J]. 中国图书评论，2009（6）：4-11.
[2] 佚名. 四大粮商美国就拥有了三家，粮食制裁可能带来的致命的打击 [EB/OL].（2020-05-11）[2022-06-28]. https://baijiahao.baidu.com/s?id=1665771447093529714&wfr=spider&for=pc.

吉成为中国第一批获得国内代理权的外资农产品企业。2010年，嘉吉中国2020发展愿景正式启动。2013年，嘉吉全球首家通过管道运输模式供货的果糖工厂在河南漯河投产运营。❶ 时至今日，嘉吉在中国市场已经布局大量业务，在粮食市场中占据重要地位。过去几年中，嘉吉是中国玉米最大的买家之一，并且已经在布局中国的化肥市场。❷ 民以食为天，中国人的口粮不能寄托于外国，不然必受制于人、处处被动。尤其是在战争、自然灾害、疫情等特殊时期，丰厚的粮食等物资储备是保障国家稳定的重要支撑。

（二）巩固国防安全

首先，国家物资储备影响战时的战争走向。例如，在第一次和第二次世界大战交锋中，各国采取的主要对抗手段就是通过切断对方的补给线、实施"饥饿封锁"战术。"一战"期间，为了能够破坏英美的海上供应线，德国充分利用潜艇战术，使美国从圭亚那进口铝土矿受阻，推迟飞机生产计划。而英国则采取贸易管制方式，切断了德国对加拿大的镍、智利的铜以及土耳其的铬等重要矿产资源的获取途径，成功削弱了德军的实力，这就是"饥饿封锁"带来的实质性影响。"二战"期间，美、英利用空中力量轰炸德国的燃料供应国罗马尼亚的油田，导致德军因石油短缺而无法充分发挥机械化优势。与此同时，美国海军利用潜艇封锁日本的海上石油补给线，使日本因燃油短缺导致运输系统瘫痪。尽管德国在"二战"前加强了对矿产资源的储备，吸取了"一战"中的教训，但由于其军事工业对国外矿产供应的高度依赖，短期内难以改变这一局面，对矿产资源供应在战争期间可能遭受的威胁也缺乏充分的认识和准备。苏德战争中苏联的胜利在很大程度上得益于其充足的食品储备和国防所需的原料储备。战争推动了矿产资源储备的建立，经过两次世界大战的洗礼，无论是战胜国还是战败国，都深刻认识到了建立矿产资源储备的重要性。"一战"初期，美国通过开发本国资源，为全球战时石油需求提供了大量供应，但由于过度开采也使其国内矿产储量大幅度减少。因此，

---

❶ 嘉吉中国．嘉吉中国历史里程碑 [EB/OL]．[2022 – 06 – 28]．https://www.cargill.com.cn/zh/doc/1432100811864/40 – years – of – growth – in – china – pdf_zh.pdf.
❷ 李秀江．粮价"幕后之手"[J]．中国民商，2016 (3)．

在1921年，美国矿业局的研究小组提出了加强对海外矿产勘查和开发、对矿产品实施储备的建议。尽管该报告编写之后并没有迅速建立矿产资源储备制度，但它的影响可谓深远而重大，也就是说，无论是过去现在还是将来，各国通过政治、文化、经济以及军事手段等控制的主要对象就是矿产资源。[1]

其次，国家物资储备在增强国防安全方面扮演着至关重要的物质基础角色。纵观世界经济全局，我们可以清晰地看到，超过95%的能源供应、超过80%的工业原材料以及超过70%的农业材料均来源于矿产资源。它不仅是人类社会赖以生存和发展的基石，更是国家经济稳定和国防安全的重要支撑。因此，矿产资源的储备是国防安全的基础。自改革开放以来，我国经济在加速发展的同时，也意味着我国对能源消费需求激增。自2001年以来，我国在原煤、原油、天然气、电力等能源生产总量和能源消费总量方面都呈上升趋势，且能源消费需求超过能源生产需求，表明我国当前的能源消费结构呈现出供不应求的态势。为满足我国的能源消费需求，我国每年需要从国外进口大量的能源。2020年，我国全年能源进口保持较快增长，原油进口5.4亿吨，比上年增长7.3%；天然气进口1.0亿吨，较上年增长5.3%；煤炭进口3.0亿吨，较上年增长1.5%。[2] 2019年，全球能源市场增长放缓之时，我国却是个例外，能源消费加速。中国因此主导了全球能源市场的扩张——对天然气以外的各种能源的需求增量最大，而美国仅在天然气领域略有超过。[3] 这既表明我国是一个能源生产和消费大国，也表明当前我国经济的发展对能源等资源的依赖较高。矿产资源安全对我国国防安全的重要性不言而喻，与经济发展同等关键。

"兵者，国之大事，死生之地，存亡之道，不可不察也。"[4] 作为巩固国防安全的军队，其战时装备所需的原材料主要来源于矿产资源，这就是现代

---

[1] 张所续. 矿产资源战略储备与国家安全 [J]. 中国矿业，2010 (10)：2.
[2] 刘文华. 能源供应保障有力 能耗强度继续下降 [EB/OL]. (2021-01-19) [2023-08-02]. http://www.stats.gov.cn/sj/sjjd/202302/t20230202_1896441.html.
[3] Bp. Statistical Review of World Energy 2020 [R/OL]. [2024-02-19]. https://www.bp.com/content/dam/bp/business-sites/en/global/corporate/pdfs/energy-economics/statistical-review/bp-stats-review-2020-full-report.pdf.
[4] 薛瑾，文礼波译注. 孙子兵法 [M]. 成都：四川文艺出版社，2021：3.

化战争中所讲到的战争实际上就是资源消耗的较量过程,深层次讲就是资源储备的比拼过程,谁的资源储备供给充分,谁就能在战争中位居主导地位,谁就能掌握战争的主动权,如在"二战"中,德国由于对进口石油的依赖度过高,导致在战争封锁期间面临着石油供应严重短缺的境地。

作为战争胜利保障的矿产资源也是国家经济发展的重要基石。自改革开放以来,我国经济对矿产资源的需求持续增长,推动了矿业的蓬勃发展。矿业产值逐年攀升,占工业总产值的比重亦稳步上升。从 1986 年的 3.09% 到 2000 年的 4.52%,再到 2007 年的 5.30%,矿业为我国经济实力的增强作出了重要贡献。综上所述,矿产资源安全不仅关乎国防安全,更是国家经济发展的命脉。因此,我们应高度重视矿产资源的储备与利用,确保其安全与可持续发展。❶

(三) 助力国家外交

国家储备的丰富资源,无疑为外交工作的深入推进提供了有力支撑,进而催生了"资源外交"这一新型外交形式。在 21 世纪,资源外交已成为外交领域的一大重要板块,这主要源于矿产资源在全球范围内的分布不均,使任何国家都难以实现自给自足。"资源外交"恰恰能够满足一些资源紧缺国家的现实需求,同时对资源较为丰富的国家也起到一种强化持久供应的效果。例如,"石油外交"使国与国、国与跨国公司、跨国公司与跨国公司之间搭建起紧密的合作关系,因此,我们可以预见,随着全球经济的不断发展,资源外交在外交舞台上将扮演越来越重要的角色,成为各国维护自身利益、促进共同发展的重要手段。❷ 就我国而言,我国是稀土大国,截至 2019 年,我国稀土探明储量位居世界第一,年产量也总体呈不断上升趋势。然而,我国的"稀土"没有卖出"稀"的价格,却卖出了"土"的价格。❸ "稀土"资源是我国重要的资源,对我国的国家安全起着重要作用,在总体国家安全观指导下,我国应当尽快建立"稀土"资源的生产、消费、存储等方面的规范

---

❶ 张所续. 矿产资源战略储备与国家安全 [J]. 中国矿业, 2010 (10): 3.
❷ 张所续. 矿产资源战略储备与国家安全 [J]. 中国矿业, 2010 (10): 3.
❸ 佚名. "稀土"为何卖出"土"的价格?工信部:恶性竞争导致 [EB/OL]. (2021-03-01) [2023-09-16]. http://www.hn.chinanews.com/news/gnxw/2021/0301/412693.html.

体系，充分发挥"稀土"资源在国家发展中的重要作用。

二、国家物资储备与社会稳定

党的二十大报告明确指出，我国发展已步入一个机遇与风险挑战并存的新阶段，其中不确定性与不可预测性因素正在不断增加。为应对此局面，我们必须深化忧患意识，坚守底线思维，既要安于现状，又要预见未来风险，为可能出现的重大挑战做好充分准备。在新的历史背景下，中国对外要捍卫国家主权、安全与发展利益的使命，对内要确保政治安全与社会稳定，这是何等大事？然而，越是这样的特殊关键时期，越要以物资作为基础保障，以顺利平稳度过我国与世界各国之间经历不断调整、不断磨合的特殊历史时期。因此，构建完善的国家物资储备体系，不仅是贯彻总体国家安全观的必然要求，也是维护社会稳定不可或缺的重要环节。

（一）经济社会持续健康发展

俄乌冲突中，西方以货币、科技作为武器，对俄罗斯发动了金融战争，其表面意图在于切断俄罗斯与欧洲之间的经济联系，瘫痪俄罗斯的对外贸易通道，阻断其国际金融流动，从而以较低的代价攫取欧洲市场的超额利润，并引导全球资本回流美国。而更深层次的目标，则是借此加深各国对美国主导的经济金融秩序的依赖，从而延长美元霸权的生命周期。[1] 对于我国而言，这一局势提供了一个深刻的安全警示：国家安全的重要性在国际关系中日益凸显，成为优先考量的选项。同时，经济安全的重要性也被提升到国家安全的首要位置。俄乌冲突不仅加剧了传统安全领域的高度对抗，还扩展至能源、粮食等非传统安全领域，使人类共同应对困境的努力遭受挫折。[2]

自2021年下半年开始，美国由于极端天气的影响，粮食出现短缺，物价迅猛上涨，加之俄乌冲突的升级，进一步加剧了全球供给的紧张局势。俄罗

---

[1] 李仁真，关蕴珈. 俄乌冲突下美欧利用SWIFT制裁俄罗斯的影响及其对中国的启示［J］. 国际贸易，2022（9）：79-86，95.
[2] 巴殿君，吴昊，廉晓梅，等. "俄乌冲突与东北亚地区政治经济形势新变化"笔谈［J］. 东北亚论坛，2022（4）：5.

斯和乌克兰合计占全球小麦出口的近30%，占全球向日葵出口的约80%。俄罗斯同时是最大的化肥出口国。这意味着这两个国家的供应中断将影响到全球农产品系统。因乌克兰战争引发小麦和所有粗粮商品价格大幅上扬，谷物价格3月环比上涨17.1%。[1]

在石油方面，俄罗斯是世界第二大原油生产国，同时还是仅次于沙特的世界第二大石油和精制石油产品出口国。由于俄乌冲突的直接影响，以及美国和西方多国对俄罗斯联合制裁，俄罗斯石油出口受到很大影响，全球原油价格大幅攀升。尽管美国和欧盟一再要求，但以沙特为代表的石油输出国组织始终不愿提高原油产量。[2] 拜登政府宣布的大规模释放石油储备措施也未能有效降低国际原油价格。综上所述，极端天气、俄乌冲突以及能源价格波动等多重因素共同作用，导致全球食品价格和通胀水平持续攀升。未来，这些因素的演变将继续对全球经济产生深远影响。[3] 基于以上原因，美国的通货膨胀问题日趋严重，数据显示，2022年3月，美国的消费者价格指数同比增长率高达8.5%，呈现出显著的上升态势。[4] 由于通货膨胀问题的困扰，美国经济走势未能达到市场预期。据美国官方公布的数据，尽管2022年第一季度美国国内生产总值实现了同比增长4.3%的成绩，但从环比角度来看，却出现了1.4%的萎缩，显示出经济增长的不稳定性。[5]

中国能源呈现"贫油少气富煤"的特点，俄乌冲突对我国能源进口的冲击主要体现在原油和天然气两个方面。在原油进口方面，自1993年起，中国便转变为原油进口国，标志着能源消费结构的重大转变。随着中国经济持续高速增长，石油进口规模也呈现出不断扩大的趋势。相关数据显示，2021年，中国原油进口量已高达5.13亿吨，而国内原油产量则相对有限，仅为1.99亿吨。这一显著差距导致中国对原油的对外依存度攀升至72%，

---

[1] 联合国. 乌克兰战争导致食品价格三月大幅跃升，但其全球影响仍可遏制 [EB/OL]. (2022 – 04 – 08) [2024 – 03 – 24]. https://news.un.org/zh/story/2022/04/1101662.
[2] 马伟. 美国通胀即将见顶？[J]. 世界知识, 2022 (10): 58 – 60.
[3] 马伟. 美国通胀即将见顶？[J]. 世界知识, 2022 (10): 58 – 60.
[4] 李志伟. 美国3月消费者价格指数同比上涨8.5% 通胀再创40年新高 [EB/OL]. (2022 – 04 – 12) [2024 – 03 – 24]. https://baijiahao.baidu.com/s?id=1729950448790400238&wfr=spider&for=pc.
[5] 马伟. 美国通胀即将见顶？[J]. 世界知识, 2022 (10): 58 – 60.

凸显出对外部能源的较大依赖。❶ 在原油进口来源方面，俄罗斯是中国不可或缺的原油供应国之一。据统计，来自俄罗斯的原油进口量达到了8357万吨，尽管略逊于位居首位的沙特，但仅相差140万吨，占中国原油进口总量的15.4%。❷ 这一数据充分展示了俄罗斯在中国能源中的重要地位。随着中国原油需求量的日益增长，预计未来对俄罗斯的石油进口规模还将进一步扩大。

然而，这种高度依赖也带来了潜在的风险。如果在某一天中国和俄罗斯之间在石油贸易方面出现些许闪失，那么中国就难以找到可替代的供应国，这将对中国的总体国家安全观中的能源安全带来威胁。因此，中国在确保能源供应稳定的同时，必须积极寻求多元化的能源进口渠道。这不仅是应对潜在风险和挑战的必然要求，也是保障国家能源安全的重要举措。通过拓展多元化的能源供应体系，中国将更好地应对外部能源市场的波动，确保经济的持续稳定发展。❸ 在天然气进口方面，随着经济社会的发展，中国对天然气的使用量增加，而由于中国天然气资源相对稀缺，对进口天然气的依赖程度持续上升。当前，中国进口天然气的主要途径可分为两大类：第一类是通过管道输送，涵盖中亚天然气管道、中俄东线天然气管道以及中缅油气管道；第二类则是借助液化天然气船舶运输的液化天然气。这两种方式共同为中国天然气供应的稳定性提供了有力保障，有效减轻了国内天然气资源紧张的压力。❹ 在俄乌冲突背景下，由于美国等西方国家对俄罗斯实施制裁，俄罗斯的能源出口规模遭受了显著的缩减。同时，国际能源市场在短时间内难以稳定地锁定新的能源出口来源，这导致供需平衡被打破。在这种背景下，能源价格的上涨成了不可避免的结果。随着能源供应的紧张，市场将面临更大的价格压力，这也可能对全球能源安全产生深远的影响。

储为国计，备为民生。作为关系国民生计重要组成部分的供给保障，既是一个重要的问题，也是一项严肃的政治任务，它为经济社会发展提供坚实

---

❶ 于鹏. 俄乌冲突对中国能源贸易的影响及对策研究［J］. 价格月刊，2022（9）：73-74.
❷ 于鹏. 俄乌冲突对中国能源贸易的影响及对策研究［J］. 价格月刊，2022（9）：73-74.
❸ 于鹏. 俄乌冲突对中国能源贸易的影响及对策研究［J］. 价格月刊，2022（9）：73-74.
❹ 范珊珊. 俄乌冲突下的欧洲天然气困局［J］. 能源，2022（3）：45-47.

的后备保障基石，也为防止市场异常波动以及其他不可预见的供应链风险提供宏观调控指引作用。它能够有效平衡供需关系，稳定市场预期，并引导市场健康发展，从而确保经济社会的平稳运行。其调节作用有利于达到相对稳定的供需动态平衡，从而有效推动宏观经济行稳致远，促进经济社会持续健康发展。

（二）有效应对突发事件

突发事件尤其能体现出应急储备的重要意义。例如，前几年的新型冠状病毒感染疫情期间，国内外接连爆发卫生应急物资出现短缺或匮乏的消息，各种各样的物资求助信息接踵而至，特别是一线地区，疫情难控的致命点之一就是防疫物资的短缺，这为我们敲响了应急物资准备工作的警钟，提醒我们必须高度重视并加强应急物资储备与调配工作。[1] 医用防护服、N95 口罩、医用（外科）口罩、正压防护服、防护面罩、护目镜、消毒液、帐篷等防疫物资的供不应求使湖北省抗击疫情的过程受到阻力，一线医护人员和志愿者的身体健康受到威胁。国家物资储备的应急保障功能在湖北省防疫工作中体现出来，据人民网报道，疫情暴发十日内，中央协调国内生产企业，累计向湖北省发送医用防护服 15.45 万件，运抵 13.12 万件；N95 口罩发货 13.36 万只，运抵 13 万只；红外监测仪发货 82 台，运抵 62 台。[2] 在紧急情况下，国家的应急储备物资起到关键支撑作用，有效应对了初期的严峻挑战，迅速遏制了疫情的扩散，进而稳定了整体局势。面对物资紧缺的应急状态，政府果断采取行动，动员包括武汉驻军在内的多方力量，紧急向武汉调配物资，旨在平衡供需，保持物价稳定。这一行动在关键时刻凸显了应急储备在维护社会稳定中不可或缺的作用。在抗击疫情的过程中，应急物资储备的作用得到充分体现，不仅有助于维持经济的平稳运行，还促进了社会的快速恢复。一方面，通过科学调配紧缺物资，满足了社会正常生产的需求，确保了生产链的顺畅运转；另一方面，加强对医疗物资和部分工业物资的收储管理，消

---

[1] 王晨，邹丹丹，赵娟，等. 突发公共卫生事件应急物资准备的研究：以新冠肺炎疫情为视角 [J]. 中国农村卫生事业管理，2021（3）：160.

[2] 李轲，肖文鹤. 新冠疫情对我国应急物资储备的影响分析 [J]. 中国物流与采购，2020（18）：41.

除了企业生产的后顾之忧，稳定了生产秩序，为经济的持续健康发展提供了有力保障。❶

又如，美国卡特里娜飓风事件。据初步统计，卡特里娜飓风造成的经济损失高达数十亿美元，大量居民失去了家园和生计。❷ 美国联邦政府对卡特里娜飓风救援效果未达预期，引发了民众的强烈不满和对美国联邦政府的信任危机，因此联邦政府进行改革，回应了应急救援中物资救援迟缓、保障不足和协调不善等问题，其中拓宽应急物资的储备是重要一环。美国联邦紧急措施署为了满足应急救援的物资储备需求，整合政府、社会和企业的资源，形成了以联邦政府为主导，各联邦机构之间互相协助，社会和企业广泛参与的应急物资储备体系。美国联邦紧急措施署直属的九个应急物资分发中心均储备有丰富的应急物资，这些物资涵盖了多个方面，如食品、饮用水、医疗用品等必需品，以及帐篷、折叠床等生活设施，还有发电机、手电筒等紧急设备。联邦机构间通过签署部门间协议获得其他联邦机构的应急物资资源，一旦发生突发事件，可凭借部门间协议保障应急物资的供给。除此之外，美国联邦紧急措施署通过与供应商签订预售合同的方式，保障应急物资的供给。美国联邦紧急措施署借助突发事件的救援数据，进行了全面且细致的综合分析，评估了应急救援物资储备的成本效益和实施难度，审视了当前应急救援物资的储备状况，并深入了解了联邦机构间的合同资源以及供应商的资质和履约能力。基于这些综合考量，美国联邦紧急措施署能够审慎决策是否签订预售合同，并精准确定应急物资采购的规模、种类及数量，从而确保在紧急情况下能够迅速而有效地调配物资，进行高效救援。

日本是一个自然灾害频发的岛国，因此他们深刻认识到应急物资储备在应对突发事件和维护社会稳定方面的重要作用，建立了完善的应急物资保障方式。鉴于日本地方自治政策以及地形复杂、自然灾害频发的特点，其应急物资储备由当地政府负责筹备，各地方政府的政策不尽相同。日本政府号召

---

❶ 李轲，肖文鹤. 新冠疫情对我国应急物资储备的影响分析［J］. 中国物流与采购，2020（18）：41-42.
❷ 佚名. 卡特里娜飓风的调查报告——联邦政府对卡特里娜飓风的响应：经验与教训（节选）［J］. 中国减灾，2021（17）：40.

每个家庭至少储备三日的家庭物资用量,包括食物、饮用水、日用品和医疗用品。据统计,80%以上的日本家庭积极响应政府号召,这强化了基层的应急反应能力,从而分担了应急救援和物资储备压力,确保了更加高效和及时的应急响应。除此之外,日本还制订五年储备计划,明确应急物资储备的类型、数量和储存位置。在避难场所附近建立物资仓库,存储食物、饮用水、药物等生活必需品和便携式厕所等应急设备,为自然灾害救援奠定坚实的物资储备基础,助力日本的灾后重建和社会稳定。

中国地域辽阔,灾害种类繁多,其分布范围广泛。面对这些复杂多变的灾害形势,必须进一步加强灾害防范和应急管理能力,提高灾害预警和应对水平。中国70%以上的城市、50%以上的人口分布在气象、地震、地质、海洋等自然灾害严重的地区。❶中国在新一轮的机构改革中,积极凸显应急保障的关键作用。面对2021年青海玛多地震、2020年南方汛情、2021年郑州特大暴雨等自然灾害及突发事件,我们高效调度了4亿元的66批次中央防汛救灾物资。针对突如其来的新型冠状病毒感染疫情,我们更是倾力确保粮食市场稳定、救灾物资充沛,为疫情防控和经济社会稳定大局提供了坚实支撑。❷

国家储备的应急功能主要体现在对出现突发性的公共卫生事件、重大自然灾害等,可以提供及时性的救助指导,保障公民最基本的生活所需,以最大限度地为后续救援争取更多的缓冲时间。同时我们要注意一点,造成灾害类事故的原因是多方面的,有的涉及地域问题、有的涉及事件种类多样问题、有的涉及损失补救程度轻重问题等,因此必须运用系统性的法治思维应对各类风险。国家物资储备作为国家应急管理体系建设的重要组成部分,在其中发挥着不可替代的供应保障作用。❸

---

❶ 国务院新闻办公室.《中国的减灾行动》白皮书[R/OL].[2024-03-24]. https://www.gstsnx.com/htmlfzjz/zcfg/2019-01-10/2905.html.
❷ 中共国家粮食和物资储备局党组.完善国家储备体系 保障初级产品供给[N]. 粮油市场报,2022-05-17(A01).
❸ 中共国家粮食和物资储备局党组.完善国家储备体系 保障初级产品供给[N]. 粮油市场报,2022-05-17(A01).

三、国家安全体系和能力现代化与国家物资储备法律体系

党的二十大报告深刻阐释了国家安全体系和能力现代化对推动中国式现代化进程的重要影响。报告创新性地以独立篇章详尽阐释了"国家安全"的重要性,并着重指出要推进国家安全体系和能力现代化。这一进程中,我们需要全面兼顾外部安全与内部安全、国土安全与国民安全的平衡发展。国家安全和稳定的维护,不仅是国家迈向繁荣昌盛的基石,更是保障人民安居乐业、享受幸福生活的根本要求。自党的十八大以来,我国国家安全工作取得了显著进展,从中央国家安全委员会的设立,到总体国家安全观的提出,再到《国家安全战略纲要》的制定与实施,以及《国家安全法》的公布施行,这一系列举措共同构建起了更加完善的国家安全体系,为确保国家的长期稳定与人民的福祉奠定了坚实基础。无论是制度保障和发展规划,还是整个社会的主题宣传和教育引导,我国的国家安全体系日益完善,国家安全全面加强。在此过程中,中国共产党并未满足于现状,持续深化对国家安全保障路径的探索。特别是在党的二十大报告中,共出现29次"国家安全",这足以凸显中央对其重视程度。另外,习近平总书记在各种会议上多次强调国家安全在党和国家事业发展中的重要地位。作为实现中国式现代化重要环节的国家安全体系和能力现代化的提升,直接关系到人民群众的福祉与安宁。[1]

健全国家物资储备法律体系是推进国家治理体系和治理能力现代化的应有之义和必然要求。党的二十大报告指出:"强化经济、重大基础设施、金融、网络、数据、生物、资源、核、太空、海洋等安全保障体制建设","确保粮食、能源资源、重要产业链供应链安全"。国家物资储备法律体系是健全国家安全保障体系、增强维护国家安全能力的重要一环。无论是外部安全还是内部安全,传统安全还是非传统安全,国土安全还是国民安全等都必然涉及法律问题。物资储备是人类自古以来规避风险的本能反应,从原始社会一直延续至今。在现代社会,它不仅承载着落实总体国家安全观的历史重任,

---

[1] 马振清. 总体国家安全观视域下的国家安全体系和能力现代化[J]. 贵州省党校学报, 2023(2): 5-12.

而且在多个关键领域发挥着至关重要的作用。物资储备有助于调节供求关系，缓冲暂时的短缺或过剩，应对重大突发事件，确保正常生产和生活秩序所需的重要物资供应。此外，它在确保重要领域尖端技术研发和应用过程中关键材料供应的连续性方面发挥着关键作用，同时在核事故等灾难发生时，为相关救助物资的储备和高效分配提供有力支持，从而有效缓解灾难带来的负面影响。在2020年中央全面依法治国工作会议上，习近平总书记明确提出，要积极推进国家安全、防范风险等重要领域的立法。❶ 国家物资储备法律规范体系正是这些领域中亟待加强立法的重要一环。因此，构建健全的国家物资储备法律体系不仅是践行总体国家安全观的应有之义，也是其必然要求。我们要充分利用总体国家安全观的深刻内涵和强大引领力，发挥其在国家物资储备领域中的指导性和方向性作用。《法治中国建设规划（2020—2025年）》指出，我们要建设完备的法律规范体系，以良法促进发展、保障善治。我国国家物资储备法律体系在规范国家物资储备活动的有序进行中发挥着重要作用。然而，随着实践的深入，体系中的一些薄弱环节也逐渐暴露出来。为了加强这一体系，我们应当迅速识别并弥补这些短板。以总体国家安全观为指导，加快完善国家物资储备法律体系的构建，以促进国家治理能力的现代化和治理体系的现代化。最终目标是实现一个科学、完备且统一的国家物资储备法律体系，以支持国家的长期稳定和发展。

当前，我国国家物资储备法律体系还存在诸多不足。例如，国家物资储备法律体系属于分散性立法、立法宗旨不明、运用市场手段实现双控目标的制度设计不明、调整范围单一集中等。完善国家物资储备法律体系，必须以总体国家安全观为指导，以推进国家安全体系和能力现代化为目标，贯穿国家物资储备法律体系构建全过程。

具体而言，在党的集中统一领导下，以总体国家安全观为指导，我们应强化国家安全的基本保障。首要任务是由全国人大或其常委会制定一部国家物资储备法，将"总体国家安全观"作为立法的核心宗旨。该法律应明确构

---

❶ 新华社. 习近平在中央全面依法治国工作会议上发表重要讲话［EB/OL］.（2020-11-18）［2024-03-24］. http://www.cppcc.gov.cn/zxww/2020/11/18/ARTI1605664506996103.shtml.

建一个由政府、企业、基层组织和家庭等多元主体参与的新型物资储备模式，实现政府和民间储备的有机结合。这一模式旨在提升物资储备的效能，增强应对突发事件和维护国家安全的能力。同时，法律应鼓励和支持有条件的家庭或个人储备必要的应急救灾物资，以减轻国家物资储备的压力，并确保在紧急情况下能够迅速响应。此外，法律还需明确国家物资储备重点领域的保密义务，并确立"谁储备、谁普法"的原则，强化物资储备相关主体的国家安全意识。在立法工作中，应以总体国家安全观为指导，特别关注粮食、能源、稀有金属和稀土资源等关键领域，这些领域对国家安全至关重要。立法应坚持人民至上、生命至上的原则，以人民安全为出发点，提高立法的针对性、及时性、系统性和可操作性。为了增强立法的科学性和民主性，应建立和完善立法意见征求和反馈机制，广泛听取多元主体的意见和建议，扩大公众参与的广度和深度。最终，立法应满足人民群众对国家安全的新期待，并顺应世界发展变化的新趋势。

第三章

我国国家物资储备体系的演进与现状

第一节　古代储备：源远流长的历史根基

"积谷防饥，未雨绸缪"是农耕时代中国先民总结出的朴素经验，《礼记·王制》曰："三年耕，必有一年之食；九年耕，必有三年之食。"❶《尚书·说命中》载："惟事事，乃其有备，有备无患。"❷ 此中"备"字，同时涵盖精神和物质层面。自国家产生之后，统治阶级就意识到储备是实施统治的有效方式，自此逐步建立起以国家为主导的储备体系。西周时期，统治者已认识到储备的重要性，开始明确其作用与地位。❸ 国家层面推行"委积"制度，专门用于储备重要物资；官职上则设立"仓人"一职，专掌粮食储藏，以满足国家需求。进入春秋战国时期，我国储备思想逐渐走向成熟。这一时期，人们对储备的作用与意义有了更为深入的理解，对储备的比例及地理条件等因素也进行了深入的探讨与研究。可以说，春秋战国时期是我国储备思想基本形成的时期，为后续储备制度的发展奠定了坚实的基础。管仲提出的"岁藏三分，十年则必有三年之余"❹ 理论，在当时非常超前，并为后世历代封建王朝所沿用。其深邃的见解和独到的思想，对古代社会的经济管理和储备

---

❶ 吕思勉. 中国通史 [M]. 北京：中国纺织出版社，2019：96.
❷ 孔子，等. 四书·五经 [M]. 北京：华文出版社，2009：300.
❸ 唐珏岚. 完善国家物资储备体系 有效防范和应对各类风险 [N]. 光明日报，2020-02-14（6）.
❹ 刘乐泉. 管子·韩非子·孙子兵法·三十六计：上下 [M]. 北京：京华出版社，2002：639.

制度产生了深远的影响，展现了其卓越的智慧和洞察力。管仲反复强调积储粮食，对于究竟储备多少方才合适这一问题，管仲说："万室之都必有万钟之藏，千室之都必有千钟之藏。"❶ 有了"千钟""万钟"之藏，就足以备战备荒而"官百能"了。管仲的治理策略在《国蓄》篇中也都有所提及："人君挟其食，守其用，据有余而制不足，故民无不累于上也。"❷ 君主能掌控粮食，控制货币，凭借国家的富足去补充民间的不足，那么百姓便会依附于国君。事实证明，只有掌握了五谷和钱币，才能够更好地掌握在政治上的主动权。周代伊始，资源储备思想便已开始萌芽。周文王曾颁布《伐崇令》，规定："毋坏屋，毋填井，毋伐树木，毋动六畜，有不如令者，死无赦。"为更好地保护自然资源和生态环境，周朝设置了虞衡制度作为专门保护机构。❸

至秦汉时期，资源保护与储备思想通过国家法令得以体现，秦《田律》有"春二月不得砍伐林木。春天土地干旱不得堵塞水道。不得采摘刚发芽的植物。不得捕捉幼兽、幼鸟。不得设置陷阱和网罩捕捉鸟兽"等规定，从侧面反映出我国古代对资源有限性和合理利用资源观点的认同。❹ 在汉朝时期，汉文帝为了促进经济的恢复与发展，采取了广泛积累物资的策略。到了汉武帝时期，首次出现了专门负责收集和储存物资的机构——"委府"。该机构通过实施低价购入、高价出售的策略，成功地稳定了市场物价。这一举措不仅在当时取得了显著成效，而且为后世的经济管理提供了宝贵的经验。进入汉宣帝时期，大司农中丞耿寿昌经过深思熟虑，决定在各个边郡设立"常平仓"。这些仓库的主要职能是储备粮食，以应对紧急情况，同时通过赈济灾民和调节粮价，来维护社会的稳定与繁荣。这一制度在职能上与现代国家储备粮库有许多相似之处，它们都是国家粮食安全中不可或缺的重要组成部分。自"常平仓"设立以来，它便成为历代政府广泛采用、直接有效且制度完备的储备仓库形式，对保障国家经济稳定、社会安宁发挥了不可替代的作用。❺

---

❶ 《管子学刊》编辑部.管子与齐文化：《管子》与齐文化国际学术讨论会论文集［M］.北京：北京经济学院出版社，1990：82.
❷ 黎翔凤，梁运华.管子校注［M］.北京：中华书局，2004：1259.
❸ 丁吉琴.我国稀有矿产资源战略储备立法必要性研究［D］.上海：华东理工大学，2011：7.
❹ 丁吉琴.我国稀有矿产资源战略储备立法必要性研究［D］.上海：华东理工大学，2011：7-8.
❺ 范力.国家实物储备调控机制分析［D］.北京：中国社会科学院，2002：5.

汉代的国家储备制度充分运用了经济规律，设立了诸多绵延后世的机构，开创的政策的机理也多在后世的国家储备政策中有所体现。

唐宋时期储备制度迎来了新发展。隋朝形成的义仓制度在唐代继续发展。义仓主要发动当时社会人民群众的力量，积极倡导全民参与，不仅提升了粮食储备的总量，更能优化储备结构使之更贴近不同地区、不同时段的实际需求。❶ 该制度还明确规定了储备粮不得随意使用，以确保其集中统一调配。该体系权责分工明确，监察体系发达，这为粮食的征收、保管和调动提供了合理的规范和控制。在必要时，这一体系能够确保粮食供应的充分保障。

在宋朝时期，政府为了提升粮食储备的管理水平，将储备的数量和质量作为评价地方官员政绩的关键指标，并据此实施奖惩制度。这一策略的实施，显著提高了地方官员对粮食储备工作的重视和投入，对提升粮食储备效能产生了积极的推动作用。在此期间，义仓制度得到了全面加强和完善，成功实现了国家、社会和个人储备的有机统一，有效满足了不同层面和类型的实际需求。此外，宋朝还积极创新，将食盐纳入储备体系，使其成为继粮食、武器之后的又一重要大宗储备物资。前人栽树后人乘凉，至元朝该制度已经进一步优化，实现了粮食储备的民有、民办、民管，国家在其中仅扮演适度监管的角色，有效弥补了原先国家粮食储备体系的缺陷，增强了粮食储备的灵活性和适应性，为当时的粮食安全提供了有力保障。❷

明清时期，是我国古代储备体制又一个发展的高峰。储备机构更加健全，户部、工部各司其职，进一步划分了各类储备仓库的职能与分工。清朝的粮食储备制度大多沿袭旧制，主要有官储、民储、官民共储三种，也分为官仓、民仓、官民共办仓三种形式；❸ 储备品种进一步增多，改善了储藏结构；并将粮食仓储与军事活动更紧密地联系在一起，设置了专门的军用仓储设施。明朝颁布法令，禁止私人开采铜、金、银等金属，对重要矿产资源实行严格管控，规定采铁、冶铁须经县级以上官府批准开采，冶炼主持人须为矿山所

---

❶ 张中，胡智佑，谢军，等. 中国粮食仓储的历史与展望 [J]. 现代食品，2020 (2)：27 - 29.
❷ 张中，胡智佑，谢军，等. 中国粮食仓储的历史与展望 [J]. 现代食品，2020 (2)：27 - 29.
❸ 任新平. 近代中国粮食储备制度的变迁 [J]. 江苏社会科学，2006 (3)：148.

有者，此外对雇工和炼炉数量，采冶时间等都进行了严格规定。❶ 与此同时，粮食仓储和文化制度也不断发展，预备仓制度的确立，旨在应对荒年、救灾济困，在这一制度下，粮食的产权归国家所有，而具体的管理工作则由民间负责。国家则会对当地具体情况进行核查。❷

第二节 现代储备：储备体系的演变

1928年，南京国民政府逐步建立国家、省级、地方的三级粮食储备。经过前期各项政策的铺垫，1935年，内政部修改了《各地方建仓积谷办法大纲》，这是一部较完善的粮食储备法规，随后实业部修改了《农仓业法》，推行新式仓储制度。在民国时期，我国粮食储备系统的总体设计思路是仓储备荒、调剂余缺、平准粮价，同时也建立了一套以政府储备为主导，兼以市场调节为辅助的粮食安全储备体系保障模式，真正意义上完成了由传统储备向现代储备的过渡。❸

新中国成立后，面对不稳定的国际形势及随时可能再次爆发的战争，党和政府一直高度重视物资储备，目的是应对不可预见的各类国际国内形势。❹ 20 世纪 50 年代，我国参照苏联的模式开始建立国家物资储备体系，陆续建立了如粮食、药品、救灾物资、外汇、土地、石油等储备制度。❺ 1951 年，政务院财政经济委员会和财政部首次提出成立国家物资储备的倡议。1952 年 1 月，陈云等在向中央作的《1952 年财经工作的方针和任务》的报告中提出"城市人口将逐年增加，政府还须有粮食储备（备荒及必需的对外贸易）"。❻

---

❶ 丁吉琴. 我国稀有矿产资源战略储备立法必要性研究 [D]. 上海：华东理工大学，2011：8.
❷ 张中，胡智佑，谢军，等. 中国粮食仓储的历史与展望 [J]. 现代食品，2020（2）：27-29.
❸ 任新平. 近代中国粮食储备制度的变迁 [J]. 江苏社会科学，2006（3）：153.
❹ 卢艺. 加快健全我国国家物资储备体系 [J]. 宏观经济管理，2020（11）：51-56.
❺ 杨子健，刘利娟. 国家储备理论研究特征分析 [J]. 综合运输，2016（3）：42-46.
❻ 孙翊，吴静，刘昌新，等. 加快推进我国应急物资储备治理体系现代化建设 [J]. 中国科学院院刊，2020，35（6）：725.

同年，国家物资储备设立，随后开始了建设储备仓库的工作，并且利用国家预算专门拨款进行物资收储。1953 年，《关于国家物资储备工作的决定（草稿）》着重强调了"完善各项管理规章与制度"的必要性。同年，为了夯实国家物资的后备基础，国家物资储备制度正式确立，并伴随着国家物资储备局的挂牌成立，标志着我国国家物资储备专业化管理体系的初步构建。这一机构负责国家储备物资的规范化管理与高效运营。为提升区域管理的精细化和效率，国家物资储备局进一步划分为东北、西北、中南、西南、华东五大分局，这些分局在受到国家物资储备局直接领导的同时，也接受所在大区财政经济委员会（或计划委员会）的业务指导，❶ 这种双重领导机制有助于更好地统筹协调各地区物资储备工作，确保国家物资储备的安全与稳定。计划经济时期，我国粮食储备由"甲字粮"、"506 粮"、商品库存粮组成。1954 年，中共中央发布《关于粮食征购工作的指示》，此后后备储备（"甲字粮"）❷ 开始形成。为提高备战能力，1962 年中央军委与国务院粮食部联合创设了"506 粮"项目。1962 年，《十年来国家储备物资情况及未来建议报告》对过去十年的经验进行了总结，强调了完善物资储备制度的重要性，并着手制定相关条例。同年，农村集体储备粮制度开始逐步建立，至 1965 年，该制度已经制度化，形成了双轨制的粮食储备体系。农村集体储备粮的权属归村集体所有，国家同时指示各级政府增强粮食储备能力。1964 年，国家计划委员会发布了《关于物资储备的若干规定（草案）》，该草案明确了四级储备体系的内容与管理要求。自 20 世纪 80 年代起，国家物资储备管理体系渐趋稳定，形成三级结构，以重要原材料和军民通用物资为主，构建垂直领导的国家储备仓库网络。1981 年，根据全国人大常委会法制委员会安排，国家物资储备局起草《国家物资储备条例（讨论稿）》，广泛征求意见，为完善储备体系奠定基础。❸

---

❶ 杨子健. 储备多元化问题研究 [M]. 北京：经济管理出版社，2018：66.
❷ 1954 年，中共中央在《关于粮食征购工作的指示》中提出，"为了应付救荒救灾和各种意外，国家必须储备一定数量的粮食"。1955 年，国家开始建立专门的备荒储备，也称为"甲字粮"。参见杨子健. 储备多元化问题研究 [M]. 北京：经济管理出版社，2018：66.
❸ 于梦曦. 国家战略物资储备体系研究 [D]. 长春：吉林大学，2015.

1990年，国务院设立了国家专项粮食储备制度，并成立了国家粮食储备局，致力于推动粮食储备体系的现代化进程。随着市场化改革的深入，粮食储备制度得到了持续的完善。这包括加强中央储备粮的垂直管理，以及构建起中央与地方的双层储备体系。1998年，面对救灾物资短缺的问题，国务院要求建立中央救灾物资储备制度。随后，财政部与民政部联合设立了八个中央级储备仓库，以提高应对突发事件的能力。同年，国务院进一步深化了粮食改革，明确了储备粮的管理制度，实现了储备与经营的有效分离。通过这些措施，中央储备粮的管理变得更加垂直化，确保了粮食安全和市场稳定。1999年，国家粮食储备局改制为国家粮食局，负责全国粮食调控，同时成立中国储备粮管理总公司，专营中央储备粮。地方政府实行省长负责制，负责本地粮食事宜，并落实省级储备。中央与地方储备独立运行，事权、财权清晰。❶

除粮食储备外，我国其他各项储备也开始建立并不断发展。20世纪60年代，我国的国防交通储备开始发展。1963年，成立了军委交通战备规划小组，负责管理国防交通物资储备。国防交通物资储备作为国家储备的关键一环，肩负着战时与应急情境下确保交通畅通的重要使命。其布局的设置，紧密结合了作战意图与所承担的保障任务。回溯至20世纪六七十年代，国家的重心落在"三北"地区，交通关键目标主要分布于这一区域的交通网络中，因此，国防交通物资储备的布局也相应地倾向于"三北"地区，以确保要地的物资供应与交通顺畅。❷

20世纪60年代也是国家棉花储备建立和储备发展阶段，棉花储备的建立主要是在当时资源严重匮乏的情况下，保障战争需要和保障人民生产生活而进行的储备，同时也为防止由于战争和灾荒而导致的棉花供应不足。从20世纪60年代起，为了备战备荒，调节丰歉，保证军需民用，国务院决定建设一批棉花储备库，有计划、有步骤地储备一部分棉花。按照中共中央提出的"靠山、分散、隐蔽、机动"原则，1965年以后，在湖北、湖南、山

---

❶ 亢霞. 新中国70年我国政府粮食储备体系的演变 [J]. 中国粮食经济, 2019 (10): 32-35.
❷ 王亚明, 陈伟特. 加强新时期国防交通物资储备建设的思考 [J]. 国防交通工程与技术, 2013 (2): 5-8.

西、陕西、四川、辽宁及河北等地建立了92个储备棉库，储存能力达75万吨。❶ 从1966年开始，国家委托中华全国供销合作总社负责储备库的建设和储备棉的管理。❷ 从20世纪50年代初到20世纪90年代中后期，我国棉花流通领域一直沿用计划经济体制下的管理模式。在这种棉花统购统销与合同订购体制下，棉花储备计划是国家整个棉花产销平衡计划的组成部分，完全由国家掌握。❸

20世纪70年代初，我国开始建立中央储备肉制度。当时，一连串的指令性计划是国家调控生猪市场的主要手段，其主要目的是预防突发性的局部灾害或者特殊需要，以确保京、津、沪这三大重要城市稳定的肉类供应，但当时的储备规模较小，只有2万~3万吨。考虑到我国地域辽阔、自然灾害频发的实际情况，20世纪80年代中期，国务院改革并完善了储备肉制度，1986年确定了中央储备肉规模，成为宏观调控的重要手段。1987年，国务院办公厅要求商业部在生猪旺季适量储备冻猪肉，以稳定市场。中央和地方两级肉类储备制度自此正式建立。❹

计划经济向市场经济转轨时期，在计划经济时期建立的粮食储备、棉花储备、食糖储备等也不断完善自身的管理体制，改革相应的储备制度。1991年，国务院决定改革食糖购销体制，逐步放开食糖购销价格和食糖市场，改革和完善国家食糖储备制度。1991年2月，国务院发布《关于加强食糖流通管理和安排储备的通知》，建立国家储备糖制度，同年11月，国务院再次明确，"为了以丰补歉，增强市场调控能力，建立中央、地方两级食糖储备制度"。国家食糖储备制度在我国计划经济向市场经济的转轨过程中，为稳定和繁荣食糖市场发挥了积极作用。

羊毛储备和边销茶储备对少数民族的日常生活至关重要，它们在促进民族地区的畜牧业发展和市场稳定方面发挥了显著作用，不仅为牧民提供了生计保障，还有助于加强民族团结。面对牧民面临的"卖毛难"问题，国家自

---

❶ 史建伟，杜珉. 中国棉花产业报告 [M]. 北京：中国农业出版社，2004：102-103.
❷ 邱军平. 国家棉花储备宏观调控研究 [D]. 北京：清华大学公共管理学院，2005：19.
❸ 张青. 国家商品储备：安全与稳定 [M]. 北京：经济科学出版社，2007.
❹ 郑洁. 中央储备肉制度的发展及其重要作用 [J]. 全国商情（理论研究），2010（12）：35.

1990年起，对11个羊毛主要生产省份的部分羊毛库存实行了国家财政贴息存储政策。该政策的实施为牧民提供了一条稳定的销售渠道，有效缓解了他们的经济压力。随着政策的不断优化，贴息方式也经历了调整。最初由中央财政全额承担的贴息，后来改为中央和地方政府各负担一半，以实现财政负担的平衡，并促进地方经济的参与和发展。在羊毛储备的实施过程中，由供销社的承储企业负责具体的储存工作，而国家则不承担存储费用。这种安排旨在确保政策的可持续性，同时减轻国家的财政负担。

1992年，我国开始建立边销茶国家储备。边销茶，这一独具民族风情的特殊商品，不仅承载着深厚的民族文化，更在政治层面拥有不可小觑的地位，其政策性特征尤为显著。党中央和国务院始终将边销茶的供应问题视为重中之重，长期将其纳入指令性计划商品管理范畴。为了确保边销茶的稳定供应，我国一直实行"定点生产、归口经营、计划调拨、保障供应"的方针政策，这一举措不仅体现了国家对边销茶产业的高度重视，也确保了边销茶在市场中的有序流通，满足了广大消费者的需求。通过这一政策，边销茶的特殊地位得以凸显，其在促进民族团结、文化交流以及经济发展等方面的作用也日益显现。[1] 2002年，国家计委、财政部发布《边销茶国家储备管理办法》，对边销茶的储备方式和管理方法作出明文规定。

1998年，《国务院关于深化化肥流通体制改革的通知》提出建立中央救灾化肥储备。中央救灾化肥储备是采用结合企业周转库存的企业储备形式，由中国农业生产资料集团公司负责经营。储备资金由中国农业银行安排，每年给予半年的贴息，由中央财政和使用救灾化肥的地方财政各负担一半。

救灾物资储备的兴起与演进不是一蹴而就的，而是一个逐渐发展的过程，它与经济和社会的发展水平紧密相关。1998年，河北张北地震后，我国迅速行动，同年7月民政部与财政部联合发布通知，正式建立中央级救灾物资储备制度。随后，在多地设立八个中央级救灾物资储备仓库，并定期采购储备救灾帐篷，标志着中央救灾物资储备体系的初步建立。

此外，医药物资作为关键储备对象，我国早在20世纪70年代初便建立

---

[1] 杨子健：储备多元化问题研究［M］．北京：经济管理出版社，2018：68．

了国家医药储备制度,以应对灾情、疫情及突发事故中对药品和医疗器械的紧急需求。当时,国家拨出2亿多元专款,在全国修建了13个药品储备库,创建了我国的药品储备制度。其后,药品储备的作用由单纯的战备逐步扩大到战备、外援、救灾、防疫和应对突发事故。❶ 在1976年唐山大地震救灾和1991年安徽重大水灾救援中,国家医药储备发挥了巨大作用。1997年前,国家医药储备由中央集中管理,资金由中央财政拨付,品种由指定企业储备。为提升储备能力和管理水平,1997年后,中央出台多项办法,并调整为中央与地方共担的两级储备体制。中央储备专注于重大灾情、疫情储备,地方储备则保障地区性需求。此外,还设有专项储备应对突发事故。这一体制实现了动态储备和有偿调用,提高了医药储备的灵活性和效率。❷

第三节　21世纪新篇章:国家物资储备的现代化进程

自21世纪伊始,随着国内外形势的不断演变,国家储备安全问题逐渐上升为国家政策的重点关注领域。2014年,《国务院关于建立健全粮食安全省长责任制的若干意见》出台,标志着国家对粮食安全重视程度的显著提升。随后,自2015年起,国家启动了为期五年的"粮安工程",旨在通过强化粮油仓储设施、加强粮食监测预警系统,并促进粮食节约,全面提升国家粮食安全保障能力。到了2018年3月,中共中央发布《深化党和国家机构改革方案》,宣布成立国家粮食和物资储备局。这一新机构负责国家和应急储备物资的管理,显著增强了国家在应对各类突发事件时的物资保障能力。2019年5月,中央全面深化改革委员会第八次会议审议通过《关于改革体制机制加强粮食储备安全管理的若干意见》。该意见明确了粮食储备机构的管理职责,并对储备粮的规模和布局进行了优化,推动了统一的国家物资储备体系的构

---

❶ 崔滢. 完善我国国家医药储备制度研究 [J]. 经济研究参考, 2014 (61): 36 – 41.
❷ 崔滢. 完善我国国家医药储备制度研究 [J]. 经济研究参考, 2014 (61): 36 – 41.

建,为国家储备体系的发展注入了新的活力。进入 21 世纪以来,我国国家物资储备发展动态主要表现在以下几个方面。

一、机构改革:设立国家粮食和物资储备局

为进一步加强国家物资储备的统筹规划,构建一个高效、统一的国家物资储备体系,提升国家物资管理的效能,确保在突发事件发生时能够迅速、有效地调动和利用储备资源。我国于 2018 年整合设立副部级国家局——国家粮食和物资储备局,原先的国家粮食局自此退出历史舞台。2018 年 3 月,根据党的十九届三中全会审议通过的《深化党和国家机构改革方案》以及国务院第一次常务会议审议通过的《国务院部委管理的国家局设置方案》规定,国家粮食和物资储备局由国家发展和改革委员会管理,同年 4 月 4 日,国家粮食和物资储备局正式挂牌成立。2018 年底,中央编办正式批复了国家粮食和物资储备局垂直管理机构设置方案,明确了职责定位、机构编制等要求,各垂直局在负责辖区内国家物资储备管理的基础上,增加了对粮棉油糖、能源、应急救灾物资等中央储备的监管职责,这是着眼国家粮食和应急物资储备安全大局作出的重要职能调整。[1]

(一)主要职责

国家粮食和物资储备局整合了原国家粮食局及多个部门的物资储备职责,优化了国家物资储备管理体系。其主要职责包括:起草相关法律法规草案、部门规章,提出并实施体制改革方案;规划国家物资储备,组织收储、轮换和日常管理;管理粮食、棉花和食糖储备,监测预警供求变化;拟订仓储管理标准,监管安全生产;负责储备基础设施建设和管理;监督检查政府和企业储备落实情况,保障粮食质量安全;管理粮食流通行业,制定行业发展规划和政策;完成党中央、国务院交办的其他任务,并推动职能转变。[2]

---

[1] 国家粮食和物资储备局. 2019 中国粮食和物资储备发展报告 [M]. 北京:经济管理出版社,2019:8.

[2] 中国机构编制网. 国家粮食和物资储备局职能配置、内设机构和人员编制规定 [Z/OL]. (2018-09-11) [2023-05-13]. http://www.gov.cn/zhengce/2018-09/11/content_5320985.htm.

(二) 职责分工

1. 与国家发展和改革委员会、国家能源局的职责分工

国家发展和改革委员会在制定国家层面的规划中发挥着核心作用，其职责之一便是拟订中央储备粮棉糖等物资储备的规划和总量计划。这一计划不仅为物资储备提供了明确的指导方向，还确保了储备规模的合理性和有效性。与此同时，国家能源局在能源领域的物资储备管理中扮演着重要角色。该部门负责拟定石油、天然气战略储备规划，提出国家石油、天然气战略储备的收储和动用建议。这些建议经过国家发展和改革委员会的审核后，最终上报国务院进行审批。❶ 这一流程确保了能源储备决策的科学性和权威性。三者各司其职、相互配合，共同构建了高效、有序的物资储备体系。这一体系不仅提升了我国应对突发事件的能力，还为国家的长期稳定发展提供了坚实的物质保障。

2. 与应急管理部的职责分工

应急管理部负责提出中央救灾物资的储备需求和动用决策，组织编制中央救灾物资储备规划、品种目录和标准，会同国家粮食和物资储备局等部门确定年度购置计划，根据需要下达动用指令。国家粮食和物资储备局根据中央救灾物资储备规划、品种目录和标准、年度购置计划，负责中央救灾物资的收储、轮换和日常管理，根据应急管理部的动用指令按程序组织调出。

3. 与中国储备粮管理集团有限公司（以下简称中储粮公司）的职责分工

中储粮公司具体负责承储的中央储备粮棉的经营管理，对其数量、质量和储存安全负责。国家粮食和物资储备局依法对中储粮公司承储的中央事权粮棉政策执行和中央储备粮棉管理情况实施监督检查和年度考核。国家发展和改革委员会、国家粮食和物资储备局下达中储粮公司的中央投资项目基本建设计划，由中储粮公司组织实施。

---

❶ 中国机构编制网. 国家粮食和物资储备局职能配置、内设机构和人员编制规定 [Z/OL]. (2018 – 09 – 11) [2023 – 05 – 13]. http://www.gov.cn/zhengce/2018 – 09/11/content_5320985.htm.

二、制度供给：法律制度体系不断完善

当前，我国形成了以法规、规章、规范性文件以及工作文件为主的国家物资储备法律制度体系。诚然，目前我国国家物资储备制度体系还存在高位阶法律制度缺失等诸多待完善之处，但是随着党和国家的不断重视、理论界和实务界的不断探索，我国国家物资储备体系正在不断发展完善。

（一）从理论研究推动我国国家物资储备制度体系发展完善的层面来看

早在 20 世纪 90 年代，就有学者关注到我国国家物资储备制度体系中存在的法律缺失问题，认为我国应尽快制定一部完整的具有权威性的国家物资储备法，以法治储。❶ 进入 21 世纪以来，我国学界对国家物资储备制度体系展开的研究多集中在对物资储备法律制度供给现状维度。宋龙飞对我国物资储备立法状况展开研究，并指出存在立法分散、各自为政、法律规定不符合实际、立法位阶偏低等问题。进而提出整合管理主体，优化管理结构；坚持市场化改革方向，创新社会储备模式；完善外部监管，建立监管程序制度；明确责任条款，构建法律责任制度等对策建议。❷ 黄志凌从 21 世纪以来我国经济总量和经济结构发生的重大变化现实出发，通过对美国、日本、欧盟等地物资储备发展史进行梳理指出，在大国经济特点下，我国的物资储备长期集中于民生相关重要物资（如粮食、铜等），且在储备时将相当部分的出发点聚焦于经济层面，较少从科技、工业发展、国家升级等角度给予前瞻性重视，在借鉴域外经验的基础上，其提出不断完善稀有金属物资储备相关法律法规的对策建议，以期通过完善法律规范推动我国稀有金属和高纯金属物资储备的有法可依、规范运行，保证国家安全的顺利实施。❸ 肖京立足国家安全视野，对我国物资储备法治化建设情况展开研究并指出，我国物资储备立法存在制度缺失、立法层次不高、立法内容陈旧且相互之间存在冲突等问题，为规范物资储备的基本问题，确保国家安全和经济发展的稳定性，亟须制定

---

❶ 周爱国. 美国战略物资储备及其对我们的启示 [J]. 中国物资，1993（4）：30 – 33.

❷ 宋龙飞. 国家战略物资储备立法研究 [J]. 北京交通大学学报（社会科学版），2020（1）：123 – 130.

❸ 黄志凌. 经济升级之后需要重点培养大国意识 [J]. 征信，2018（2）：7 – 15.

一部具备基本法性质的国家物资储备法。此外，鉴于粮食、石油、矿产等若干重要物资在国家发展中的关键地位，还应针对这些物资进行专门的立法工作，以强化其储备管理的针对性和有效性。通过这一系列法律举措，旨在构建更加完善、高效的物资储备体系，为国家的长治久安提供坚实的法治保障。[1]

（二）从法律制度建立完善层面来看我国国家物资储备制度体系的发展

第一，我国国家物资储备制度目前缺乏专门性质的高位阶法，但是在《中华人民共和国突发事件应对法》（以下简称《突发事件应对法》）、《国家安全法》、《中华人民共和国国防法》（以下简称《国防法》）、《中华人民共和国森林法》（以下简称《森林法》）、《中华人民共和国药品管理法》（以下简称《药品管理法》）、《中华人民共和国疫苗管理法》（以下简称《疫苗管理法》）、《中华人民共和国农业法》（以下简称《农业法》）等法律中可散见与国家物资储备相关的规定。例如，《突发事件应对法》规定国家应建立应急物资储备保障制度，完善相关监管、生产等体系；《国防法》强调促进国防科技进步，研制新型武器装备，并建立适度规模的物资储备制度；《国家安全法》则要求合理利用和保护资源能源，加强战略资源能源储备，同时健全粮食安全保障体系，完善粮食储备和流通制度。这些法律规定旨在确保国家安全和经济发展的稳定性。

第二，当前我国国家物资储备相对专门的法律制度主要集中在法规、规章层面，且调整对象主要是粮油等关系国计民生方面的事项。首先，法规层面，有诸如《中央储备粮管理条例》《粮食流通管理条例》《江苏省粮食流通条例》《广东省粮食安全保障条例》《贵州省粮食安全保障条例》《宁夏回族自治区地方储备粮管理条例》《浙江省粮食安全保障条例》等行政法规、地方性法规。其次，规章层面，国务院部委、地方政府制定了一系列规章，以全面而系统地规范国家物资储备的管理与操作。其中，《国家物资储备管理规定》作为核心规章，为各类物资的储备提供了基本框架和原则，确保储备工作能够有序、高效地进行。而针对边销茶、棉花、肉类、食糖和食盐等关

---

[1] 肖京. 国家安全视角下的战略物资储备立法完善 [J]. 中州学刊, 2016 (11)：51 – 55.

键物资，国务院有关部委特别制定了相应的管理办法和财务管理规定，旨在通过明确的制度和规范，确保这些物资的储备安全、充足，并能够在需要时迅速、有效地投入使用。与此同时，各地方政府也结合当地实际情况，出台了一系列既与中央政策相衔接，又具有地方特色的规章。这些规章不仅细化了中央政策的具体要求，还针对地方特点和需求，制定了更为具体、更具可操作性的管理措施。例如，《四川省〈粮食流通管理条例〉实施办法》等规章，在保障粮食流通秩序、促进粮食产业发展、维护农民利益等方面发挥了积极作用。这些规章的制定与实施，不仅规范了储备与流通行为，还提高了储备物资的管理水平和使用效率，确保了国家物资储备的价值得到充分发挥。同时，这些规章也为地方政府提供了明确的指导和支持，使其能够更好地履行管理职责，推动地区物资储备和粮食流通事业的健康发展。

另外，需要说明的是，在从北大法宝、国家粮食和物资储备局等渠道收集到有关国家物资储备的数据中，数量最多的是规范性文件和工作文件。例如，《农户科学储粮专项管理办法》《国家政策性粮食出库管理暂行办法》《政府储备粮油质量检查扦样检验管理办法》《国家粮食和物资储备投资项目管理办法》《全国粮食和物资储备高水平人才选拔培养管理办法》《粮食等重要农产品仓储设施中央预算内投资专项管理办法》《粮食安全省长责任制考核工作方案》《粮油储存安全责任暂行规定》《国家政策性粮食出库管理暂行办法》《粮油仓储企业规范化管理水平评价暂行办法》等文件。

第三，从后续立法工作看我国国家物资储备制度体系的发展。首先，在2024年6月施行的《粮食安全保障法》基础上，各地根据实际情况，正着手制定或修改保障粮食有效供给、确保国家粮食安全、提高防范和抵御粮食安全风险能力的地方性法规或地方政府规章。其次，国务院及其有关部委继续制定完善有关法规、规章。我国正在研究制定粮食储备安全管理条例❶等规范。最后，十四届全国人大常委会第十一次会议对《中华人民共和国能源法（草案二次审议稿）》（以下简称《能源法（草案二次审议稿）》）进行了审议，该审议稿于2024年9月13日至10月12日向社会征求意见，该审议稿

---

❶ 《国务院办公厅关于印发〈国务院2024年度立法工作计划〉的通知》（国办发〔2024〕23号）。

共九章七十七条，在第五章"能源储备和应急"方面提出，国家按照政府主导、社会共建、多元互补的原则，建立健全高效协同的能源储备体系，科学合理确定能源储备的种类、规模和方式，发挥能源储备的战略保障、宏观调控和应对急需等功能，国家完善能源储备监管体制，国家建立和完善能源预测预警体系等。❶

三、机制建设：健全完善体制机制

（一）强化粮食安全省长责任考核制

2019年，中央通过《关于改革完善体制机制加强粮食储备安全管理的若干意见》，明确改革方向。国家发展和改革委员会、国家粮食和物资储备局迅速推出十项关键举措，确保改革迅速落地，提升国家粮食安全保障能力。地方上，各省（区、市）制定实施意见，广西、河北等地表现突出。同时，强化粮食安全省长责任制考核，山西、安徽等地纳入考核或督查，湖南省设立奖励机制，激励先进。中储粮集团公司配合考核整改，确保粮食政策规范执行。各地加大立法修规力度，如福建省出台保障办法，为粮食储备提供法律支撑。各垂管局完成机构改革，实现机构改革与业务工作同步推进，强化监管职责。中央决策引领，地方积极贯彻，企业自律与监管并行，立法修规与机构改革并进，共同推动粮食安全省长责任考核制不断完善。❷

（二）全力推进"两项改革"

明确责任、加压奋进，确保若干意见按期落地。国家应率先出台相关制度，强化指导与调度；各地需切实抓好落实，推动承储企业职能分离，确保党中央、国务院决策部署得到执行。同时，需统筹考虑物资储备安全管理改革。

（三）深化"两项考核"机制

围绕粮食生产、中央事权粮食政策执行能力等方面制定政策，完善考核

---

❶ 中国人大. 法律草案征求意见［EB/OL］.［2024-09-14］. http：//www.npc.gov.cn/flcaw/userIndex.html?lid=ff80818191d60d410191e6a437925150.

❷ 张务锋. 解读2020年全国粮食和物资储备工作会议精神［J］. 中国粮食经济，2020（2）：16-23.

体系，强化结果导向，发挥考核导向作用，优化方案、提升实效。

（四）创新执法督查

发挥垂管局职能，建立监管体系，推进信息化监管，对涉粮涉储企业实施信用监管，开展巡查并有效利用监管热线。

（五）构建国家物资储备统一体系

推动中央与地方、政府与企业储备协同，自 2018 年国家粮食和物资储备局组建以来，构建了统一体系，提升安全保障水平。政府粮食储备在增强宏观调控、提升仓储物流能力等方面发挥关键作用。[1]

四、物资储备实践动态

（一）粮油物资储备实践动态

从供需总量看，我国粮食综合生产能力不断增强。2023 年 5 月 11 日，国务院新闻办公室就"保障粮食安全，端牢中国饭碗"有关情况举行发布会，其中介绍道，我国已构建较为完善的粮食应急保障体系，基本覆盖储运、加工、配送等各环节，成为国家粮食安全的重要支柱。至 2023 年，我国粮食实现"十九连丰"，总产量连续 8 年稳定在 1.3 万亿斤以上，口粮自给率及谷物自给率均高于国际水平，人均粮食占有量远超粮食安全线，确保谷物基本自给、口粮绝对安全。[2] 在库存方面，我国粮食仓储设施规模扩大，功能提升，仓储能力增强，库存总量高位运行，政府储备发挥了稳定市场预期的关键作用。[3] 中央储备规模稳定，地方储备遵循科学储备要求。同时，政策性库存数量可观，通过全面大清查强化粮食管理，确保库存充实。这些措施共同为保持粮食供需平衡提供了坚实保障。

我国粮食产业的发展，从市场流通的角度来看，采取了"粮头食尾"和

---

[1] 亢霞. 新中国 70 年我国政府粮食储备体系的演变 [J]. 中国粮食经济，2019（10）：32 - 35.
[2] 国务院新闻办公室. 国新办举行"权威部门话开局"系列主题新闻发布会介绍"保障粮食安全，端牢中国饭碗"有关情况 [EB/OL]. (2023 - 05 - 11) [2024 - 01 - 22]. https://sousou.lswz.gov.cn/html/xinwen/2023 - 05/11/content_274670.shtml.
[3] 中共国家粮食和物资储备局党组. 积极应对疫情影响 扛稳国家粮食安全重任 [J]. 求是，2020（12）：7 - 11.

"农头工尾"的布局。这不仅有效拓展了粮食产业链的深度与广度，而且显著提升了整个价值链的水平。在粮食产业的蓬勃发展过程中，我们精心构建了一个稳固而高效的供应链，为产业的高质量发展注入了强大动力。我们致力于构建一个现代化的粮食产业体系，全面优化了粮食的"产购储加销"闭环，取得了显著成效。目前，全国小麦、稻谷、玉米、大豆的年加工处理能力均已突破亿吨大关。粮食的商流和物流市场也呈现出蓬勃发展的态势，吸引了数百余家企业参与其中，共同推动了粮食产业的繁荣与进步。粮食期货交易品种日益丰富，综合性粮食物流园区和统一规范的电子交易平台相继建成，中国粮食交易大会连续多年成功举办，区域性粮食展也各具特色，产销合作组织化程度与粮食流通效率均稳步提升。

在应对突发公共事件和自然灾害方面，我国已成功构建与国情相契合的粮食应急保障体系。这一体系涵盖了全国范围内的粮食应急加工企业、供应网点、配送中心以及储运企业，形成一个庞大的应急网络。依托于这一完善的粮油配送网络，我们能够迅速响应各类紧急情况，确保米面油等基本粮食产品能够及时投放市场，满足民生需求。这一快速响应机制对保障社会稳定和人民生活至关重要。为了更有效地掌握市场动态，我们设立了国家级与地方粮食市场信息直报点和监测点。这些监测点能够精准跟踪供求变化以及价格动态，为我们提供了及时、准确的市场信息，帮助我们作出更加科学和合理的决策。通过这些措施，我们不仅提高了粮食应急保障体系的效率和响应能力，还加强了对市场动态的监控和分析，为我国粮食安全提供了坚实的保障。

制度建设亦不断完善，各级地方政府均制定了粮食应急预案，形成了上下联动、快速响应的应急机制。此外，我们充分发挥粮食安全省长责任制与中央储备粮管理考核的"指挥棒"作用，逐级落实粮食应急责任。展望未来，我们将继续深化粮食产业改革，加强应急能力建设，确保国家粮食安全。确保在关键时刻能够迅速、有效地应对各种粮食安全风险，守护好国家粮食安全的底线。

(二) 能源物资储备实践动态

20 世纪 90 年代中后期，我国石油消费规模进一步扩大，石油进口量不断增加，石油对外依存度不断提高。❶ 随着全球化和经济一体化的深入发展，国际石油市场的波动对国内石油市场的影响越来越大，在我国石油进口量不断增加的背景下，我国石油供应安全问题和石油交易风险将日益突出，石油储备问题逐渐进入人们的视野并越来越受到政府及社会各界的重视。为了应对突发事件，防范石油供给风险，保持国内石油市场稳定。2003年5月，国家发展和改革委员会石油储备办公室正式运作，标志着我国石油储备工作正式启动。2007年12月，我国成立了国家石油储备中心，负责建设和管理石油储备基地，监测国内外石油市场变化，并承担石油储备任务。至2016年初，我国已建成八个国家石油储备基地，储备原油3197万吨。为支持石油储备建设，政府出台了一系列税收优惠政策，并建立了原油商业储备制度，鼓励企业参与。2007年，国家提出加强政府石油储备建设，鼓励发展商业储备，完善石油储备体系。2008年，国务院强调加快油品储备设施建设，研究成品油商业储备办法。2008年，国务院批准《国家石油储备中长期规划（2008—2020年）》，明确了政府储备和企业义务储备的目标。为规范储备管理，政府还出台了一系列储备规章，包括委托建设、管理和采购等方面的规定。❷ 2013年，国务院正式印发的《能源发展"十二五"规划》中明确提出"优化储备布局和结构，建成国家石油储备基地二期工程，启动三期工程，推进石油储备方式多元化。积极推进成品油应急调节储备，研究建立企业义务储备"。2015年，《国家发展改革委关于加强原油加工企业商业原油库存运行管理的指导意见》，要求原油加工企业应保有最低15天的日均加工量的商业库存，首次将原油义务储备运用于储备实践。❸

（三）重要物资储备实践动态

自20世纪90年代起，我国便深刻认识到稀土资源的珍贵性，开始着手制定一系列稀土资源管理政策。这些政策旨在规范稀土资源的开采、加工、销售等环节，确保资源的合理利用和可持续发展。随着时间的推移，特别是

---

❶ 杨子健，李威. 中国石油储备体系的发展现状与建议［J］. 国际石油经济，2015，23（9）：69-77.
❷ 彭元正. 我国石油储备现状及体系构建的政策建议［J］. 中国石油企业，2015（7）：21-28.
❸ 杨子健. 储备多元化问题研究［M］. 北京：经济管理出版社，2018：68.

进入21世纪后，稀土资源的国际竞争日益激烈，我国对稀土资源的管控措施也变得更加严格。2006年，我国稀土资源管控进入了新的阶段。为了更加精准地控制稀土资源的开采量，2007年，我国开始实施开采量限制指令性计划，对稀土资源的开采进行了严格的限制和监管。这一举措有效地遏制了过度开采的现象，保障了稀土资源的可持续利用。到了2009年，国家工业和信息化部审议通过了《2009—2015年稀土工业发展规划》，这一政策的出台，为稀土行业的健康发展提供了有力的政策保障。同时，《全国矿产资源规划》也明确提出了推进重点矿产资源储备的目标，稀土资源作为其中的重要组成部分，得到了更加明确的定位。2009年，国家工业和信息化部牵头成立了稀有金属部际协调机制，加强了对稀土等稀有金属资源的跨部门协调和管理。这一机制的建立，为稀土资源的合理利用和行业发展提供了更加有力的支持。随后，国土资源部在包头试点稀土矿产地储备工作，为构建稀土储备体系奠定了基础。从稀土储备近年的运作情况看，其在平衡市场供需关系、维护稀土市场合理价格区间方面发挥了积极作用。❶ 2024年4月通过的《稀土管理条例》第16条明确规定："国家按照实物储备和矿产地储备相结合的方式，完善稀土储备体系。"该规定表明，我国尚需进一步细化稀土储备体系。

我国物资储备的发展历程是一个不断扩展和深化的过程。起初，我们主要关注民生相关产品，以确保人民群众的基本生活需求得到满足。随着经济的快速发展和国际竞争的加剧，我们逐渐认识到，仅仅关注民生产品已无法满足国家长远发展的需求。因此，物资储备的视野开始拓展至石油等基础原料，以应对能源供应的不确定性。然而，在稀有金属等物资的储备建设上，我国起步较晚。这主要是因为过去对这些资源的价值和重要性认识不足，导致在储备规划和实施上存在滞后。为了弥补这一短板，近年来国家高度重视稀有金属的储备工作，出台了一系列规划和政策。这些规划明确了稀有金属的地位，并提出了具体的储备政策。其中，禁止对新的有色金属及稀土矿进行开采是重要举措之一，旨在控制开采规模，保护资源环境，同时确保储备量的稳定增长。此外，规划中还提出要建立完整的国家储备体系，以应对可

---

❶ 杨子健. 储备多元化问题研究 [M]. 北京：经济管理出版社，2018：68.

能出现的资源短缺和国际市场波动。尽管我国正在积极推动产业升级和经济发展,但在高纯金属储备方面仍然缺乏相关的制度准备和实施方案。这与我国准备大力推动产业升级存在一定的不匹配。高纯金属作为高端制造业和新技术领域的重要原材料,其储备对保障国家安全和经济发展具有重要意义。因此,加强高纯金属的储备工作,完善相关制度和实施方案,是当前和未来我国物资储备发展的重要方向。

当前,随着我国经济的转型升级和科技进步,稀有金属的需求不断增长。然而,供给方面却存在很大的不确定性,尤其在国际关系紧张时期,这种不确定性可能进一步加剧。因此,加大储备对维护国家安全、促进经济发展具有至关重要的作用。我们需要进一步完善储备制度,加强储备管理,确保稀有金属等物资的安全可靠供应。❶

(四) 应急物资储备实践动态

2006 年,国务院发布并实施《国家突发事件总体应急预案》,该预案的实施标志着国务院有关部门和地方政府在开展应急管理体系建设方面取得积极进展。在国家应急管理体系中,国家储备是提高应对公共突发事件能力的重要基础和保障。我国煤炭应急储备正是在这样一个背景下酝酿产生的。2008 年 1 月,我国发生大面积冰冻雨雪灾害,这次灾害使我们高度重视电煤供应等制度建设的重要性。2011 年 1 月 9 日,在国家发展和改革委员会电煤供应协调会上,首次提出建立煤炭应急储备基地的计划,原则上在省会城市建立煤炭应急储备基地。❷

为保障应急状态下煤炭供应能力,经过长时间的谋划论证,我国着手建立煤炭应急储备。2011 年,国务院批准通过国家煤炭应急储备方案,标志着国家煤炭应急储备正式进入运作阶段,并确立了第一批国家煤炭应急储备计划 500 万吨以及包括煤炭、电力、港口等企业在内的 18 个储备点。2011 年 5 月 11 日,国家发展和改革委员会、财政部联合印发《国家煤炭应急储备管理暂行办法》,明确提出"国家煤炭应急储备遵循企业所有、国家调节,市

---

❶ 黄志凌. 经济升级之后需要重点培养大国意识 [J]. 征信, 2018 (2): 7 – 15.
❷ 杨子健. 储备多元化问题研究 [M]. 北京: 经济管理出版社, 2018: 68.

场运作、财政补助,合理布局、保障有力的原则",并围绕上述原则进一步明确了国家煤炭应急储备管理体制、布局、储备、轮换、动用、监督检查等内容,勾勒出了我国国家煤炭应急储备的全貌。❶ 截至 2019 年底,世界煤炭储量为 10696 亿吨,主要集中在几个国家:美国(约 2500 亿吨)、俄罗斯(约 1622 亿吨)、澳大利亚(约 1491 亿吨)和中国(约 1416 亿吨)。储量大部分为无烟煤和沥青(70%)。❷ 同美国、俄罗斯相比,我国煤炭资源人均占有量较少,因此,做好煤炭资源储备工作以保障应急状态下的使用非常必要。

为强化救灾物资的管理与使用,确保在自然灾害发生时能够及时、有效地提供援助,我国民政部门采取了一系列措施。首先,2012 年,民政部与财政部联合颁布了《中央救灾物资储备管理办法》,并在后续年份中进行了修订,不断完善救灾物资的管理体系。这一管理办法为救灾物资的采购、储存、调拨和使用提供了明确的指导,确保救灾物资能够高效、有序地运用到救援工作中。同年,民政部还发布了《中央救灾物资储备库管理暂行办法》,进一步规范了救灾物资储备库的建设和管理。这些标准的制定,不仅提升了储备库的硬件设施水平,还加强了储备库的日常管理和维护,确保救灾物资在储存期间能够保持良好的状态。此外,自 2013 年起,民政部每年都会修订《自然灾害应急救助物资生产商参考名录》,为地方各级政府民政部门在采购救灾物资时提供重要参考。这一名录的发布,不仅有助于地方政府选择优质、可靠的救灾物资生产商,还促进了救灾物资市场的健康发展。2014 年,民政部致力于不断深化救灾物资管理的创新实践,积极探索网络化、信息化和智能化管理的新路径,力求实现更高效、精准的管理效果。同时,民政部大力建设"民政救灾物资发放全过程管理系统",并已在部分储备库启动试点,旨在提升救灾物资的管理效率与透明度。❸ 目前,各级部门已建立健全救灾物资采购和紧急调运的应急联动机制,确保在灾害发生时能够迅速响应。地

---

❶ 杨子健. 储备多元化问题研究 [M]. 北京:经济管理出版社,2018:68.
❷ 英国 bp 公司. Statistical review of world energy 2020 [R/OL]. (2020 – 06 – 17)[2024 – 02 – 19]. https://www.bp.com/content/dam/bp/business – sites/en/global/corporate/pdfs/energy – economics/statistical – review/bp – stats – review – 2020 – full – report.pdf.
❸ 佚名. 推动建立符合我国国情的五级救灾物资储备体系:《关于加强自然灾害救助物资储备体系建设的指导意见》解读 [J]. 中国民政,2015(18):39 – 40.

方各级政府民政部门也积极行动，与相关企业签订应急供货协议，显著增强了救灾物资的供给和应急调运能力。2015年，民政部联合其他部委共同发布《关于加强自然灾害救助物资储备体系建设的指导意见》，该文件从全局角度出发，详细规划了救灾物资储备体系的建设蓝图。该体系强调分级负责、部门协作、社会参与的原则，力求构建五级救灾物资储备体系，从中央到地方，纵向衔接、横向支撑，全面提升我国应对自然灾害的能力。

在应对突发事件方面，应急物资储备发挥着不可替代的作用。以抗击超强台风"利奇马"为例，国家粮食和物资储备局根据应急管理部的指令，迅速调运了大量中央救灾物资，包括折叠床、帐篷和棉被等，为受灾群众提供了及时的生活保障。

物资储备是国家的一项重要工作，其重要性随着国家安全内涵与外延的不断发展而不断强化。在国家安全由传统安全向非传统安全转化，并出现各类安全相互交织的时代背景下，物资储备的功能和目的也在不断发生调整。为了保障国家物资储备的充足，并实现其在维护国家安全、应对突发事件等社会风险中的价值，国家不断强调通过物资储备制度规制来优化物资储备效能，现已取得一系列显著成效。然而，与国内外形势和任务要求相比，我国国家物资储备的制度建设仍需持续有效加强。尤其是，需要将国家物资储备制度体系置于总体国家安全观的视角下进行审视与建构，以提出符合时代形势要求的国家物资储备制度体系。

第四节　体系现状：国家物资储备体系的全面审视

作为维护国家安全与社会稳定的基石，我国国家物资储备在稳定与支撑方面发挥了关键作用。面对当前国际局势的复杂多变，以总体国家安全观为指引审视国家物资储备体系，对完善体系、统筹安全与发展具有深远意义。

纵观我国国家物资储备体系发展脉络及运行情况，正如前述章节所论述的，我国国家物资储备体系经历了漫长的历史演进过程。到新中国时期，根据我国国家物资储备体系管理机构的调整变化,我国国家物资储备体系演进大致分为准备阶段(解放战争时期)、初建阶段(20世纪50年代初)、发展阶段(20世纪50年代中期—20世纪70年代末期)、完善阶段(改革开放至今)。❶ 当前,在党中央和国务院的指引下,我国的国家物资储备体系得到了持续的发展与优化,在保卫国家安全、维持社会和谐以及确保物资供应方面,发挥了举足轻重的作用,凸显了其无可替代的重要作用。其无论是在机构设置、人员配备方面,还是制度供给、机制建设等方面都取得了显著成效,在提高国家物资储备工作效能中作出了重要贡献,这一部分内容在本章第三节已有详细论述,此处不再赘述。虽然我国国家物资储备体系已有长足发展,但从总体国家安全观视域去审视当前我国的国家物资储备体系,其仍然存在诸多不完善之处,主要包括管理体系不完善、规范体系不健全、储备体系不科学、保障体系不到位以及外部监管不成熟。

一、管理体系不完善

(一) 储备结构不平衡,政府储备占比较大

具体来说,我国国家物资储备的主体相对集中,政府以外的参与渠道和方式尚显有限。因此,企业义务储备和商业储备的机制和体系仍需进一步加强和完善,以促进国家物资储备的多元化和全面发展。❷ 物资储备从主体上划分,大体上包括国家物资和社会储备(民间储备)两种模式。其中,国家储备由国家出资或通过政令建立,可直接掌控,便于调配,但需要占用大量财政资金,在管理效率方面也不尽如人意;社会储备(民间储备)从所有权看属于企业、机构或个人,国家无法直接支配,不如国家储备调用及时,但社会储备(民间储备)主要占用民间资本,财政资金投入较少。❸

我国的物资储备管理模式,最初主要采用计划经济体制下统一调配的模

---

❶ 陈芳怡,唐珏岚. 新中国国家物资储备体系的发展历程、作用与经验[J]. 上海市经济管理干部学院学报,2021(4):10-16.

❷ 杨子健. 做好新时代国家储备工作 更好防范化解风险挑战[J]. 中国经贸导刊(中),2019(6):124-127.

❸ 杨子健. 储备多元化问题研究[M]. 北京:经济管理出版社,2018:68.

式，加之诸多储备部门工作涉及国家秘密，自我保护意识较强，因此我国的物资储备工作基本都是由国家统一管理的，储备主体的设立也是由国家或者军队负责，社会主体很难介入国家物资储备工作序列，国家物资储备的资金也相应由国家或政府承担。然而，改革开放之后我国工业化和城镇化快速发展，财政资金更多投向关系我国经济社会发展的其他重点领域，储备所需资金无法得到足额保障，给各类储备的生存和发展造成了不同程度的影响。❶

作为市场主体参与储备必然"别有所图"，集中体现在承担储备任务所获得的商誉和品牌形象方面。❷ 现存企业储备实为政府补贴下的市场调节性储备，资金源于财政补贴。保有量、动用量均须政府定夺，实为国家储备之变种，非传统企业储备。两者定义模糊，关系不明，尚未实现有机融合。❸

当前"国家原油商业储备"的产权和性质也面临着一定的模糊性。虽然政策层面鼓励企业参与石油储备建设，并出台了一系列优惠政策，如所得税返还等，以调动企业的积极性。然而，在实际操作中，政府和企业共同出资建设石油储备设施并收储原油，使"国家商业储备"的产权变得复杂且不易界定。更为复杂的是，政策还允许企业在生产需要时短期动用并返还储备原油，这进一步模糊了"国家商业储备"的性质。它既不像政府储备那样具有明确的意义，也不完全符合商业储备的经济性要求。这种模糊性不仅影响了石油储备的管理和运营效率，也可能对国家的能源安全造成潜在风险。❹

另外，社会储备（民间储备）除企业储备外，理论上还包括个人储备、社会组织储备等，虽然随着社会变革演进，其他社会储备管理模式也在不断完善，但在我国的发展都相对比较滞后，总体还是以国家储备或政府储备为主导。在储备主体方面，目前尚未实现政府储备、企业储备、社会机构储备以及家庭储备之间的协同发展，尚未形成多元化、互补性的储备格局。❺

（二）管理体制相对分散

我国物资储备目前采取的是"条块分割、归口管理"的管理体制，导致

---

❶ 杨子健. 储备多元化问题研究 [M]. 北京：经济管理出版社，2018：68.
❷ 杨子健. 储备多元化问题研究 [M]. 北京：经济管理出版社，2018：68.
❸ 张晶，杨子健. 当前我国稀土储备工作的问题及建议 [J]. 宏观经济管理，2016（10）：69-72.
❹ 彭元正. 我国石油储备现状及体系构建的政策建议 [J]. 中国石油企业，2015（7）：21-28.
❺ 唐钰岚. "大储备"：国家战略物资储备体系的重构 [J]. 治理研究，2021（1）：109-116.

国家物资储备管理相对分散，进而不利于物资储备等活动的统筹协调。经专家深入剖析，我国国家物资储备管理的公私法律属性不够明确，进而造成现行国家物资储备管理体制存在多种运行方式。

不同运作模式下，规范各异，既有侧重行政权的公法规则，也有协调各方平等关系的私法规则。❶ 国家粮食和物资储备局及垂直管理局的组建成立，虽然使物资储备制度朝着更加集中统筹层次改革方向迈进，但不同物资及其所涉部门的分散负责总体规范格局尚未发生根本性扭转。归口协作是新的模式，现实中也基于部门利益牵扯与操作政策缺位，职能转隶方案相对模糊，进度滞后。❷

管理体制相对分散，具体体现在以下几个方面：第一，政府储备和军队储备相互割裂，缺乏合作与融合。❸ 根据我国国家管理体制安排，政府储备和军队储备是分属两条线的，即政府储备和军队储备均有自己独立的体系，在管理体制上各自为政，缺乏相互之间的统筹协调。这样的储备模式虽然有其特殊性的考量，但从实际运行情况来看，还存在诸多困境，最主要的就是资源无法共享的问题。例如，有关储备仓库的建设及使用，除部分用于储存武器等特殊物资的特种仓库外，其他物资的储备都是可以共享使用储备仓库的，但基于政府储备和军队储备在管理体制上的差异，导致储备仓库的共享仍然难以实现，进而造成巨大浪费。第二，政府部门之间管理较为松散，资源整合不足。当前，我国各类物资储备仍然是按照各部门归口管理的模式运行，即由各行业主管部门分类负责，例如，除国家粮食和物资储备局外，民政部、商务部、国家能源局等部门也负责部分物资管理工作。❹ 这种管理模式的优点在于专业性，并能够与相关行业更好融合，更专注和擅长应对本领

---

❶ 杨子健，达世亮. 论国家储备管理法律规范系统的构建 [J]. 中共青岛市委党校（青岛行政学院）学报，2017（1）：66 – 71.

❷ 王晨，王金秋. 新冠疫情下国家物资储备制度需进一步改革优化 [EB/OL]. （2020 – 03 – 20）[2024 – 03 – 22]. https://fwzk.nufe.edu.cn/info/1011/1110.htm.

❸ 杨子健. 储备多元化问题研究 [M]. 北京：经济管理出版社，2018：68.

❹ 陈芳怡，唐珏岚. 新中国国家物资储备体系的发展历程、作用与经验 [J]. 上海市经济管理干部学院学报，2021（4）：10 – 16.

域的重大风险。[1] 但这种方式也存在明显的问题，一方面是部门之间的联动性较差，无法适应提高物资储备效能的新要求；另一方面是部门之间可能因为利益驱动导致资源无法共享，进而出现浪费的问题，如储备仓库的重复建设，国有资产的浪费与闲置等。第三，中央和地方两级政府储备之间相互分离，缺乏协同。按照我国行政主体管辖权的不同，我国政府储备分为中央政府储备和地方政府储备，两者实行分级负责与属地管理的模式，中央政府通常针对某一领域或重要商品采取垂直管理的方式建立相应的储备制度，但由于我国地域广阔，中央政府储备规模和布局往往无法满足需要，地方政府则根据相关法律法规及行业主管部门的要求负责在辖区内建立相应的物资储备。[2] 从理论上而言，中央政府储备和地方政府储备之间互为补充，形成了"大储备"运行体制，但从实践来看，中央与地方政府之间的交流极少，甚至在彼此间形成了信息孤岛，物资在全国范围内调用或共享的效能较低。

(三) 决策机制不完善

储备决策是指在确定或不确定的条件下针对储备问题作出决定和选择，涉及储备的品种、规模、布局、收储、轮换、动用等方方面面，影响因素众多，决策过程复杂。从当前国家实物储备领域的具体发展情况看，其在储备决策方面至少存在两个问题：一是对相关领域缺乏有效的预警监测和联动机制。现有储备物资大多采取静态管理的方式，即各储备物资管理部门往往将更多的精力放在如何管好物资，对该种物资在不同领域应用和市场变化情况缺乏了解，无法作出及时调整。一方面，由于储备物资管理部和相应行业管理部门相互隔离，缺乏联动，加之储备决策往往需要层层审批，决策周期长，响应速度慢。另一方面，储备物资管理部门在预警监测方面重视不够或投入不足。预警监测是储备正确决策的必要前提，而目前大部分储备主管部门在市场和相关领域所做的预警监测工作还不够系统、不够全面，导致储备实践中事中、事后控制多，事前控制少。二是决策的科学性不高。储备决策是一个十分复杂的过程，因此应当有一套科学的决策方法作为支撑，而这恰恰是

---

[1] 杨子健. 储备多元化问题研究 [M]. 北京：经济管理出版社，2018：68.
[2] 杨子健. 储备多元化问题研究 [M]. 北京：经济管理出版社，2018：68.

我国储备所欠缺的。第一，目前储备理论研究严重滞后，在储备的经济学理论基础、功能定位、作用机制、管理模式等方面的基础研究较少，研究深度不够，对储备实践的支撑和指导作用十分有限。例如，我国储备的政策目标不清晰，即储备到底能在哪些方面发挥作用，现在只能笼统地提出在军事和国防、应对突发事件以及宏观调控等几个方面，没有更具体的指向，更缺少对不同政策目标下储备的作用机制和可能的政策效果预测评估研究。第二，智囊智库的支撑不足。国内储备理论体系和学科建设滞后，关注和从事国家实物储备理论研究的专业机构和专家学者较少，大部分接触过储备理论研究的机构和专家往往浅尝辄止，未做持续的深层次研究，智囊智库自然成为无源之木。[1]

(四) 储备意识不足

20 世纪 90 年代以来，宝贵的稀土资源的价格被形容为"卖不出白菜价"。2010 年后，我国采取坚决措施，稀土价格才得到显著增长。稀有金属在新材料科学等领域至关重要，我国钨、铟、稀土等储量全球领先。然而，因恶性竞争，储量大幅下降，资源流失严重。以锑为例，我国锑资源丰富，但因无序开采，储量锐减，许多矿山已陷入危机。据有关数据，我国锑储量自 2011 年的 95 万吨减至 2017 年的 48 万吨。[2]

二、规范体系不健全

全面推进依法治国，是实现国家治理体系和治理能力现代化的重要保障，与党的执政兴国、人民的幸福安康以及党和国家的长治久安息息相关，具有至关重要的意义。提高国家物资储备效能，离不开立法的支撑与规制。世界上绝大多数国家均已制定相关法规，旨在将物资储备工作纳入法治轨道，确保其有序进行。相比之下，我国在物资储备的立法方面尚显稚嫩，这极大地制约了物资储备的协调、统筹和规范管理，同时也不利于充分发挥物资储备的效能。法律制度作为保障国家应急物资储备工作的重要基石，其作用不容

---

[1] 杨子健. 储备多元化问题研究 [M]. 北京：经济管理出版社，2018：68.
[2] 陈鹏，郭红. 保护我国优势资源锑的方法探析 [J]. 中国金属通报，2018 (6)：12.

忽视。然而，目前我国关于国家储备的相关要求分散在诸如《国防法》《国家安全法》以及《国家物资储备管理规定》等数十项法律、行政法规和部门规章之中，缺乏一部专门的立法来全面规范和指导国家储备工作。因此，我国亟待加强物资储备的立法工作，以推动物资储备工作的法治化进程。[1] 2018年3月，党的十九届三中全会审议通过党和国家机构改革方案，提出建立统一的国家物资储备体系，这使制定国家储备基本法显得更加必要和迫切。相对而言，无论是美国的《战略和紧急物资储备法》，还是俄罗斯的《国家物资储备法》，都从整体上统领本国的储备制度，明确了各自储备的工作框架。[2] 当前，我国国家物资储备的法治规范体系建设尚存在以下具体问题：

一是储备义务主体不明。首先涉及的是国家物资储备的义务主体，该由谁来做，该由谁负责，建议采用立法的方式加以明确。通过前面论述，从国家的宏观视角而言，国家物资储备应当包括政府储备和社会储备（民间储备）两种，两者在基本功能方面是一致的，都是为了防范风险，两者最核心的区别就在于储备主体不同，国家物资储备的主体为政府（包括中央政府和地方政府），社会储备（民间储备）的主体包括企业、社会组织、个人等。在世界范围内，政府储备、民间储备以及混合储备都在被采用，[3] 而我国主要采用的是政府储备，但随着市场经济的完善，为了更高效率地储备物资，混合储备与民间储备的需求日益凸显，而相关的法律制度缺乏、边界较为模糊，需要加强立法来加以完善。

二是储备资金保障不足。长期以来，资金问题一直制约着我国储备的发展。当前，我国城镇化和工业化加速发展，很多重要产业和领域对资金的需求量巨大，有限的财政资金无法更多地投向储备，为此储备必须努力拓宽资金来源渠道，增强储备发展后劲。[4] 不管是日常储备还是应急储备都需要大量的资金，而通过立法能为储备提供稳定的资金来源。目前，我国物资储备

---

[1] 孙翊，吴静，刘昌新，等.加快推进我国应急物资储备治理体系现代化建设 [J].战略与决策研究，2020，35（6）：726.
[2] 杨子健.储备多元化问题研究 [M].北京：经济管理出版社，2018：68.
[3] 刘秋实.论我国矿产资源战略储备专门性立法：以美国为切入点 [J].公民与法，2012（7）：55-58.
[4] 杨子健.储备多元化问题研究 [M].北京：经济管理出版社，2018：68.

的资金来源相对比较单一，多为政策性筹资征收或者政府财政拨款，且拨款数额有限，债券和官民融合的形式❶在我国还有待探索。资金短缺限制了物资储备的种类与规模，难以满足国家安全需求。资金来源单一也影响储备体系的高效运行。多元化的法定筹资能提升资金稳定性与应急能力。因此，完善物资储备法律体系，加强资金保障，有助于提升决策速度、增强物资储备体系灵活性及风险应对能力。这将更有效地应对风险挑战，确保物资储备在国家安全中发挥关键作用。❷

三是缺乏统一的制度指引。在管理决策方面，也需要立法性的具体指导。储备区位的选择将直接影响储备的成本。❸而国家储备重在一个度的把握，储备过少，会在应对紧急情况时捉襟见肘，储备过多，则会影响平时的经济发展。❹因此，规模的大小和区位至关重要，此类关键的决策都需要具体的相关指标来衡量。同时，国家储备的主管部门的组织形式与隶属关系也需要立法来规范。例如，我国的储备机构几经改革，在2018年最终决定组建国家粮食和物资储备局，初步形成了各类物资统管的局面，而在石油储备领域虽有涉及，但并无独立的专管机构。❺特别是在优势矿产资源的管控方面更是缺乏主管机构，导致这类资源的出口长期随市场需求而波动，这直接影响到了我国优势矿产资源在国际上的优势地位。❻我国目前的国家物资储备保障体系主要聚焦于应对突发疫情和重大自然灾害的紧急救援工作。尽管如此，在应急物资的种类、数量、获取方式以及应急保障经验方面，我们依然面临诸多不足。特别是，如何有效地整合中央与地方储备资源，以及如何强化中央与地方之间的协同联动机制，是当前亟待解决的关键问题。确保应急物资在多个关键环节中实现高效流通，对更好地应对各种突发情况至关重要。为了解决这些问题，我们需要深入探究和制定有效的策略。

---

❶ 王珊珊. 中国石油战略储备制度的法律问题研究 [D]. 北京：中国地质大学，2009.
❷ 卢艺. 加快健全我国国家物资储备体系 [J]. 宏观经济管理，2020（11）：51-56.
❸ 熊华丹. 我国石油储备法律制度研究 [D]. 重庆：重庆大学，2010.
❹ 高静威. 河北省矿产资源战略储备立法问题研究 [D]. 石家庄：石家庄经济学院，2014.
❺ 费左兰，余志刚. 中国粮食储备制度的历史变迁和发展趋势 [J]. 世界农业，2015（3）：4-8.
❻ 张平，黎永红，韩艳芳. 稀有矿产资源战略储备立法的价值研究 [J]. 华东理工大学学报（社会科学版），2015（4）：75-78.

四是缺乏上位法统领，立法位阶偏低。在物资储备方面，我国主要依赖政策而非法律。尽管《突发事件应对法》和《中华人民共和国国防动员法》对物资储备有所涉及，但相关规定较为分散，且缺乏具有高阶效力的专门法律。因此，我国仍需完善物资储备的法律体系。

五是立法滞后、立法分散，现有法律分散不成系统。例如，石油储备领域，能够直接或间接地规范与调整石油资源储备的法律法规以及政策规范分散于相关石油资源法律法规中。❶ 我国国家储备管理领域的立法，是典型的分散性立法。自新中国成立以来，涉及国家储备的法律数量众多，这些法律大多数仅将储备管理制度作为附带性的立法内容夹杂其中。社会关系错综复杂，法律调整的对象千姿百态，针对某个特定的问题单独制定临时性应急措施，总是简单易行的。然而，这种做法持续的时间越长，规范之间的交叉、冲突和重复就会越多。此时就需要制定一部在效力位阶上处于该领域最高层级的法律规范，在内容上提取该领域的"最大公约数"，从而发挥提纲挈领、统筹各方的作用。❷

六是时效性不足。我国储备相关的法律大多颁行于计划经济时代向市场经济时代转型阶段以及21世纪初，而当下全球化愈演愈烈，国家之间、个人与世界之间的联动越来越频繁紧密，对国家储备提出了新的挑战，只有适时调整法律才能继续在前行中为国家保驾护航。

三、储备体系不科学

一是国家物资储备地位偏低。国家物资储备没有形成与地位相适应的研究咨询决策功能，包括国家物资储备中长期规划的编制也只是建议性的，没有物资的进出口权力，也没有形成法律保障下的物资收储和轮换机制，导致国家物资储备在国家政权体系中话语权不大，各项保障政策不到位，沟通协调和参与宏观调控的能力有限，从而弱化了国家物资储备作为国家安全与经济发展的后备支撑作用。各省储备物资管理局只是国家物资储备

---

❶ 贺维，孙绍宁. 论我国石油储备立法的必要性[J]. 法制与社会，2008（9）：16.
❷ 杨子健，达世亮. 论国家储备管理法律规范系统的构建[J]. 中共青岛市委党校（青岛行政学院）学报，2017（1）：66-71.

部门与基层储备仓库之间的"二传手"，缺少实质性的功能，因此对地方经济建设起到的作用有限，也没有加入地方应急体系，于是在地方发展中趋于"边缘化"。

二是国家物资储备体系建设仍面临路径依赖问题。政府层面，尽管相关制度不断完善，但至今尚无明确法律允许社会企业参与。仓储资源方面，受沉没成本和互补效应影响，国家储备仓库往往依赖现有生产方式，缺乏引入企业的动力。地方产业则受限于既有结构和制度，参与物资储备活动时感到困惑。市场经济中，企业追求利润最大化，难以迅速形成服务国家的意识。

三是储备能力亟待提升，机动性不足。这主要表现在市场机制运用不足，政府储备为主，行政色彩浓厚，市场机制在收储、轮换、动用环节等未能有效发挥作用。这导致部分储备库长期空置，布局规模不合理，缺乏科学决策机制。市场机制的缺失既增加了政府储备成本，也给国家财政带来压力，同时在应对突发事件时会出现物资储备供不应求的情况。

四是国家储备和地方储备不能有效结合。突发事件发生时，各地区出现的地区性应急储备短缺的时间往往具有较大的不确定性，使国家储备物资的轮换和动用不能与地方需求有效衔接，过长的审批程序无法解决国家储备的动用和调换的问题，造成地方政府既希望减轻财政压力和风险，但又不敢将紧急状态下保障地区物资供应的任务完全交给国家储备机构。

五是当前的物资储备体系在新形势下的需求中显得不尽完善。一个有效的物资保障体系应由三类核心物资组成：一是，需储备那些长远看来可能供不应求的物资，以保障未来的紧急需求；二是，对短期内可能供过于求的物资，也应纳入体系，以调节市场供需平衡；三是，针对那些高度依赖进口的物资，建立相应的储备机制至关重要，以防国际市场波动或禁运对国内造成过大冲击。当前，我国物资储备体系主要存在以下问题：首先，国家物资储备涵盖火炸药、成品油及有色金属等，但随形势变化，火炸药等储备需求降低，而应急物资储备却缺口较大。同时，储备仓库布局不合理，位置偏远，难以保障国家安全。因此，优化物资储备体系，特别是加强应急物资储备和仓库规划，显得尤为迫切。❶ 其次，物资储备制度与先进生产力之间存有落差。2018年，中国制造业增加值份额已占全球三分之一，拥有了41个工业大类、207个中类、666个小类所构成的"纵向到底，横向到边"的人类史上最全工业体系。物资制造能力、配置效率及可储范畴得到全面释放、提升和拓展。然而，既有物资储备制度并未做到充分汲取先进生产力所给予的养分。一些关系国家长久发展和民生安全的中高端制造业持续运转所需核心原材料与关键中间产品的储备工作仍处于缺位状态。储备物资更新滞后，质量减损、功能耗散等局部性问题突出。物资的科技含量、功能实战体验及储备方式的智能化升级整体上仍待改善。物资储备制度协同整合物资产业链、价值链与供应链能力偏低。最后，储备仓库的设备设施普遍陈旧，难以适应现代物流的快速发展。尽管已有部分设施经过安全改造，但整体仍面临技术落后、能力不足的问题。特别是众多低等级仓库，以砖木结构为主，防火等级低，且设备设施老化、数量不足，现代化和专业化水平亟待提升。此外，我国物资储备体系在市场机制运用上明显不足。政府储备占据主导地位，行政色彩浓厚，市场机制在收储、轮换、动用等环节未能充分发挥作用。这导致了部分储备库长期空置，布局与规模不合理，缺乏科学预警、控制和反馈机制，整个体系缺乏前瞻性。

六是国家物资储备效能不足。为构建高效储备体系，建议引入市场机制，激发体系活力，降低政府储备成本，减轻国家财政压力。同时，应冲破思维和管理藩篱，推动储备体系向规范化、科学化方向发展。如此，方能更好地应对各种挑战，确保国家物资储备的安全与有效。❷

四、保障体系不到位

一是资金保障不到位。资金保障不到位是国家物资储备体系面临的首要挑战。目前，物资储备资金主要依赖中央财政拨款，缺乏稳定的资金来源和专项法律保障。这种单一的筹资模式使储备物资在调拨使用后难以得到及时

---

❶ 张晶，杜婷婷. 借鉴军民融合思想 完善国家物资储备体系 [J]. 中国经贸导刊（理论版），2017（29）：59-60.
❷ 卢艺. 加快健全我国国家物资储备体系 [J]. 宏观经济管理，2020（11）：51-56.

补充，基层仓库因此出现大量闲置，无法充分发挥其应有的作用。资金保障不到位不仅影响了储备物资的数量和质量，更对国家的安全稳定造成了潜在威胁。在国家面临突发事件或紧急情况时，储备物资的及时供应至关重要。然而，由于资金不足，仓库中的储备物资无法得到有效补充和更新，一旦需要使用时，可能发现物资已经过期、损坏或数量不足，无法满足实际需求。

二是储备管理信息化建设存在明显不足。受管理理念滞后影响，部分仓库尚未实现联网，仍依赖传统方法管理。即使配备了计算机等设备，也仅限于单机应用，未能形成有效的信息化建设。此外，系统内部缺乏统一的网络平台，数据共享和连通受限，上级对下级的监控效率低下，不同单位的信息系统存在技术差异，形成信息孤岛。数据资源开发水平亦较低，国家物资储备在数据获取上的优势未得到充分利用，缺乏相关数据的系统积累，决策科学化难度加大。

三是物资储备数据标准化建设尚不完备。数据对物资储备至关重要，但当前的数据不仅数量不足，且质量参差不齐，难以共享。标准化的缺失导致数据资源无法有效积累和利用。无论是信息系统还是数据标准化，都亟待加强。国家储备系统信息标准化应优先制定关键性、基础性标准，而数据标准化则需同时关注外部标准和内部标准的统一与规范。❶

四是职工队伍专业人才缺乏。21世纪的核心竞争力是人才的竞争，以人为本的管理理念注重人与单位的共同成长，新时期知识竞争、人才竞争日益激烈，知识更新速度加快，提高职工队伍素质已成为单位生存与发展的关键。物资储备系统长期处于封闭状态，人员流动较少，普遍存在子承父业的情况，知识结构不合理，文化素质偏低，虽然从20世纪90年代至今，通过毕业选派、公务员竞争考试和基层单位人才招聘等形式为物资储备系统补充进了新鲜血液，但对处于新时期、面临新发展的国家储备来说，还远远不够，制约着物资储备事业的发展和队伍实力的进一步增强。

---

❶ 王妍，何晓伟. 国家战略储备应积极开展大数据应用[J]. 宏观经济管理，2015（10）：28－29.

五、外部监管不成熟

受制于传统计划体制影响,我国物资储备的外部监管制度还不成熟。具体来说,主要表现在以下几个方面:

一是监管主体多头管理。我国物资储备的外部监管机制尚不成熟,存在多头管理现象。这种多头管理不仅使监管工作变得复杂烦琐,更在一定程度上削弱了监管的效力。具体来说,不同的物资储备分散在多个行政部门或机构的监管之下,如粮食、糖、救灾物资等分别由不同部门负责。这种分散的监管模式导致了监管职责的重叠和交叉,使各个监管部门在履行职责时容易出现混乱和冲突。同时,由于各部门之间的信息沟通不畅,也容易出现监管盲区,使一些关键领域和环节得不到有效的监管。

二是监管内容不完整。当前,监管工作主要聚焦于承储单位的物资数量、质量和储存安全等方面,而对物资的使用情况、是否被侵占或贪污等关键问题的监管力度明显不足。这种监管内容的缺失使物资储备的效益无法得到充分保障,可能对国家安全和稳定造成潜在威胁。特别是对一些高价值的物资,如果不能对其使用情况进行有效的监管,就难以确保其不被滥用或流失,从而影响到国家的利益。

三是监管方式简单落后。目前,监管主体主要依靠书面报告和抽检、检查等间接方式进行监管,这种方式不仅难以真实、全面地反映物资储备的实际情况,而且效率低下,难以及时发现和解决问题。特别是当储备物资分散在各地仓库时,监管难度进一步加大,监管部门往往难以及时、准确地掌握储备商品信息,更难以有效制止违法违规行为。这种监管方式的局限性使物资储备的外部监管机制难以发挥应有的作用,从而影响了国家物资储备的安全性和有效性。[1]

---

[1] 宋龙飞. 国家战略物资储备立法研究 [J]. 北京交通大学学报(社会科学版),2020 (1):123-130.

| 第四章 |

国家物资储备法律体系构建的价值意义

国家物资储备是维护国家安全和社会稳定的重要基石，是强化社会治理的"压舱石"和"稳定器"。完善国家物资储备法律体系对推进物资储备治理现代化意义重大，有助于应对风险、突发事件，有利于宏观调控和参与全球物资治理。新中国成立以来，我国逐步建立了多元物资储备体系，并通过制定文件和内部管理制度进行规范。自 20 世纪 90 年代起，物资储备逐步纳入法治化轨道，为国家安全与发展提供了坚实保障。❶

我国对物资储备和调用的规定广泛分布在相关部门的法规和规范性文件中，尚未制定专门的国家物资储备法律，存在立法缺位等问题。❷ 立法分散也导致各类法律、行政法规、部门规章等文件中的内容整合性程度不高，整体效能的发挥还有很大提升空间。我国现有的国家物资储备法律法规立法位阶相对较低，例如《中央储备糖管理办法》《中央储备肉管理办法》《国家物资储备管理规定》等大多数都是部门规章和规范性文件，层级较低，❸ 难以适应总体国家安全观对国家物资储备提出的新要求。

习近平总书记强调，要健全国家储备体系，科学调整储备的品类、规模、

---

❶ 宋红旭. 国家粮食和物资储备法律法规体系综述 [J]. 中国粮食经济，2023 (3)：63-67.
❷ 晏然. 健全国家物资储备体系 [J]. 红旗文稿，2020 (9)：27-29.
❸ 晏然. 健全国家物资储备体系 [J]. 红旗文稿，2020 (9)：27-29.

结构，提升储备效能。[1] 以保障国家安全为目的，储备各方面物资是国内外普遍的做法，结合当前人工智能时代的来临、政治局势发生巨大变化的现状，国家物资储备体系迎来了转型升级的深水期、攻坚期，当然也是黄金机遇期。因此，在当前境况下，从总体国家安全观的视角出发构建国家物资储备法律体系，对完善总体国家安全观理论，实现国家物资储备治理体系和治理能力现代化，建设法治国家具有十分重要的意义。

第一节　政策价值：落实国家大政方针

一、贯彻落实党中央、国务院的决策部署

党政军民学，东南西北中，党是领导一切的。新中国的成立以及之后所取得的巨大成就，无一不是在中国共产党的领导下，全国各族人民团结奋斗、一往无前的硕果。2018年《宪法修正案》新增党的领导的内容，《中华人民共和国宪法》（以下简称《宪法》）第1条第2款规定："社会主义制度是中华人民共和国的根本制度。中国共产党领导是中国特色社会主义最本质的特征。禁止任何组织或者个人破坏社会主义制度。"这次宪法修改增加了有关党的领导的表述，是对党的领导的规定在原有基础上的进一步加强、深化和拓展。在国家治理体系和治理能力现代化背景下，党的领导更是国家治理的"元治理"。[2] 在国家治理过程中，中国共产党既是国家治理理念的提出者，也是其保证者和领导者。[3] 毫无疑问，国家物资储备体系的法治化构建必然也要在中国共产党的领导下进行。

---

[1] 新华社.习近平主持召开中央全面深化改革委员会第十二次会议强调：完善重大疫情防控体制机制 健全国家公共卫生应急管理体系［EB/OL］.(2020-02-14)［2022-06-21］.https://www.gov.cn/xinwen/2020-02/14/content_5478896.htm.

[2] 马忠,安着吉.本土化视野下构建中国特色国家治理理论的深层思考［J］.西安交通大学学报（社会科学版），2020，40(2)：17-24.

[3] 柳长青.中国共产党领导新时代国家之治的向度论纲［J］.湖南社会科学，2021(2)：27-34.

在中国共产党的领导下，作为最高国家权力机关执行机关的国务院是我国的最高国家行政机关。国家物资储备所涉及的诸多事项必定要按照一定标准对相关部门的职权职责、职能定位等进行规定。在法治国家、法治政府、法治社会一体建设的宏观背景下，要将权力关进制度的笼子里，现代国家建立健全法治的重要目的之一就是规范权力运行，保障各项事业都能规范有效地平稳运行。

为深化依法行政，推进法治政府建设，中共中央、国务院发布《法治政府建设实施纲要（2015—2020年）》，明确法治政府评价标准，强调依法履行职能、完善制度体系、科学民主决策、严格公正执法、规范权力运行、保障人民权益。完善依法行政制度体系是关键任务，旨在提升立法质量，建立完备、规范、高效的依法行政体系，为经济社会发展提供制度保障。2021年，中共中央、国务院发布了《法治政府建设实施纲要（2021—2025年）》，在这部新纲要的总体目标中明确提出，到2025年，政府行为将全面纳入法治轨道，职责明确、依法行政的政府治理体系日益健全，从而确保法治政府建设的持续深化与全面发展，该纲要还指出要"健全依法行政制度体系，加快推进政府治理规范化程序化法治化"。❶ 国家物资储备法律体系的构建是法治国家、法治政府、法治社会建设的应有内涵，在国内、国外面临的风险与挑战愈发增多的大环境下，必须要做到"内安"。一方面，我国在发展、建设的同时，也在不断地进行改革，这必然会触及很多既得利益，引发一些社会矛盾；另一方面，我国自改革开放之后，经济发展取得了举世瞩目的成就，在惠及世界各国的同时，也招致部分国家的不满与忌惮，企图通过各种手段对我国的发展势头进行全方位的打压。为此，对国家物资储备法律体系进行完善极为必要，这是充分发挥国家物资储备重要功能的制度基础。

加速推进国家物资储备立法，是贯彻党的十八届四中全会精神，深化依法行政，规范执行国家物资储备职责，完善国家物资储备制度体系的重要任务。❷

---

❶ 中共中央 国务院印发《法治政府建设实施纲要（2021—2025年）》[EB/OL].（2021-08-11）[2024-02-14]. https://www.gov.cn/gongbao/content/2021/content_5633846.htm.

❷ 宋龙飞. 国家战略物资储备立法研究[J]. 北京交通大学学报（社会科学版），2020，19（1）：123-130.

2018年3月，中共中央印发的《深化党和国家机构改革方案》指出"加强国家储备的统筹规划，构建统一的国家物资储备体系"，这对提升国家物资储备法律地位、整合物资储备效能，提高应对重大风险挑战的能力，全面推动国家物资储备治理体系和治理能力现代化指明了前进方向，发挥了立法的导向作用。2020年2月14日，习近平总书记在中央全面深化改革委员会第十二次会议上强调了国家储备体系的重要性，他指出要健全国家储备体系，科学调整储备的品类、规模、结构，提升储备效能。❶ 2024年3月5日，李强总理在第十四届全国人民代表大会第二次会议上作政府工作报告，强调了我国当前面临的国内国际形势，"从国际看，世界经济复苏乏力，地缘政治冲突加剧，保护主义、单边主义上升，外部环境对我国发展的不利影响持续加大。从国内看，经历三年新冠疫情冲击，经济恢复发展本身有不少难题，长期积累的深层次矛盾加速显现，很多新情况新问题又接踵而至。"❷ 从维护国家安全角度而言，这样严峻的形势对国家物资储备工作以及构建国家物资储备法律体系提出了更加明确的要求。在我国整体战略布局中，物资储备法治化占据重要地位。党的十八大聚焦国家安全战略与工作机制，夯实国家安全基石。随后，党的十八届四中全会倡导总体国家安全观，加快公共安全法治建设步伐，提出立法构想，推动公共安全法治化进程，构筑坚实的国家安全法律体系。此后，中央成立国家安全委员会，党的十八届五中全会进一步要求完善国家安全法治，构建全面安全体系。这些关键决策不仅为国家物资储备法治化提供坚实基础，更助推其持续健康发展。❸

二、适应治理体系和治理能力现代化的需要

2013年11月，党的十八届三中全会首次提出国家治理体系和治理能力

---

❶ 新华社. 习近平主持召开中央全面深化改革委员会第十二次会议强调：完善重大疫情防控体制机制 健全国家公共卫生应急管理体系 [EB/OL]. (2020 – 02 – 14) [2022 – 06 – 21]. https://www.gov.cn/xinwen/2020 – 02/14/content_5478896. htm.

❷ 李强. 政府工作报告：2024年3月5日在第十四届全国人民代表大会第二次会议上 [R/OL]. (2024 – 03 – 12) [2024 – 05 – 27]. https://baijiahao. baidu. com/s?id = 1793327644772425575&wfr = spider&for = pc.

❸ 肖京. 国家安全视角下的战略物资储备立法完善 [J]. 中州学刊, 2016 (11): 51 – 55.

现代化，将其确定为中国共产党的一项重大战略任务。这一举措掀起了有关国家治理体系和治理能力的研究浪潮。学术界对国家治理体系和治理能力的现代化展开了广泛讨论，形成了多种观点。第一，在国家治理体系方面，学者们持不同态度：部分学者认为国家治理体系包括人的治理观念、方法、工具、决策者以及受治理对象等五个要素，这五个要素相互制衡、协调运作。部分学者认为，国家治理体系是指管理国家事务的体制机制，包括政治、经济、文化和党建等多个领域，在党的领导下相互配合，共同致力于国家治理体系的构建。还有学者认为，国家治理体系是在中国共产党领导下管理各项国家事务的一系列制度，包括基础制度、核心制度和关键制度等。这些不同观点为国家治理体系和治理能力现代化提供了丰富的思想资源，也为未来推进国家治理体系改革和建设提供了新的参考依据。❶ 上述观点从不同角度出发，揭示了国家治理体系并非单一的制度体系，而是复合的、涵盖多个领域的体系。第二，就国家治理能力而言，主要存在以下观点：一些学者认为，国家治理能力主要包括对治理制度的执行能力和对各类治理主体的有效管理能力。❷ 此外，还有观点认为，国家治理能力是指运用国家制度、政策和法律等工具来解决国家治理体系中各种问题的能力。有人认为，国家治理能力不仅包括治党治国的能力，还应涵盖运用国家制度推动改革发展、处理内政外交等社会事务的全面能力。❸ 这种多元观点为深入研究国家治理能力提供了丰富思考，也为进一步加强国家治理体系建设提供了新的启示。因此，国家治理能力是在中国共产党领导下的国家对社会各项事务治理水平的反映。从理论上讲，有高低、良莠之别。第三，关于国家治理体系和治理能力现代化的解读，也有多种观点。第一种观点认为，现代化的国家治理体系是指治理主体与治理客体之间治理关系的相互协调；而国家治理能力的现代化则包括国家体制机制以及个体的治理能力的现代化。第二种观点认为，现代化的

---

❶ 张伟峰，李婉琳，徐绍华. 新时代国家治理体系和治理能力现代化研究综述 [J]. 昆明理工大学学报（社会科学版），2021, 21（2）：44-51.
❷ 陈培永. 当代中国推进国家治理现代化的理路考量 [J]. 理论视野，2017（9）：18-20.
❸ 张伟峰，李婉琳，徐绍华. 新时代国家治理体系和治理能力现代化研究综述 [J]. 昆明理工大学学报（社会科学版），2021, 21（2）：44-51.

国家治理体系和治理能力在于在中国共产党的领导下,不断完善国家各项制度体系,提高制度的执行力和效果。第三种观点认为,国家治理体系和治理能力的现代化实质上是民主化和法治化的过程。❶ 2014 年 2 月 17 日,习近平总书记在省部级主要领导干部学习贯彻十八届三中全会精神全面深化改革专题研讨班上,阐述了国家治理体系和治理能力的重要性。总书记指出,这两者是国家制度和制度执行能力的集中体现,相辅相成。习近平总书记强调,我国国家治理体系和治理能力总体上是好的,具备独特优势,符合国情和发展需求。当然,也有些地方需要改进,国家治理体系和治理能力现代化必须以提升党的执政能力为重点,尽快提高各级干部的思想政治素质、科学文化素质和工作本领,尽快提升各机关、企事业单位、人民团体、社会组织等的工作水平,从而使国家治理体系更加有效运转,适应时代发展的需要。❷ 从习近平总书记的论述中,我们可以感知到,国家各项制度的法治化是国家治理体系和治理能力现代化的重要体现。进而言之,即要在法治的轨道上推进国家治理体系和治理能力现代化,这也是习近平法治思想的重要体现。❸

善法立则天下治,法治体系乃大国治理之要,仅依靠行政手段已不足以应对国家物资储备工作,还需运用法治手段,以适应现代化治理之需。《中共中央 国务院关于加强基层治理体系和治理能力现代化建设的意见》强调,增强乡镇(街道)应急管理能力,强化属地责任,构建社会动员体系,健全应急管理组织体系,细化预案,并加强应急物资储备保障,以应对风险挑战。每年组织开展综合应急演练,市、县级政府要指导乡镇(街道)做好应急准备工作,强化应急状态下对乡镇(街道)人、财、物的支持。❹

作为国家储备体系的中心环节,国家物资储备体系在保障国家安全、增

---

❶ 宋世明. 坚持在法治轨道上推进国家治理体系和治理能力现代化 [J]. 中国政法大学学报,2021 (3):19 - 31.
❷ 习近平. 完善和发展中国特色社会主义制度 推进国家治理体系和治理能力现代化 [J]. 党建,2014 (3):5 - 6.
❸ 宋世明. 坚持在法治轨道上推进国家治理体系和治理能力现代化 [J]. 中国政法大学学报,2021 (3):19 - 31.
❹ 新华社. 中共中央 国务院关于加强基层治理体系和治理能力现代化建设的意见 [EB/OL]. (2021 - 07 - 11) [2024 - 05 - 30]. http://www.xinhuanet.com/politics/2021 - 07/11/c_1127 644184. htm.

强应对突发事件能力方面发挥着不可替代的作用。根据党的十九届四中全会精神，我们需注重系统、依法、综合、源头治理，将这些治理理念切实转化为国家治理的实际成效。为完善物资储备体系，应多措并举，协同推进物资储备治理现代化，提高物资储备的综合效能，使其在防范化解重大风险中成为"稳定器"和"压舱石"，进而确保国家的安全与稳定。❶

国家物资储备作为中央政府直接掌控的战略资源，是国家实施宏观调控、备战备荒以及应对各类突发事件不可或缺的重要工具。它承载着保障国家安全和稳定运行的重大使命，为国家的长远发展提供了坚实的物质支撑。完善国家物资储备立法有利于更好地统筹协调各类物资储备，实现各类储备更科学规范的管理，发挥物资储备的保险性和后备性，有效应对预期的风险和损失。

完善的国家物资储备机制是应对突发事件、应对安全风险的重要支撑，是保障人民群众身体健康与安全的重要基础，是健全国家储备体系、提高国家治理能力的必要举措，是维护国家安全的重要战略抉择。❷

三、巩固和落实保障国家各项安全的制度基础

国家安全是民族复兴的坚固基石，党的二十大报告明确指出，"我们要坚持以人民安全为宗旨、以政治安全为根本、以经济安全为基础、以军事科技文化社会安全为保障、以促进国际安全为依托，统筹外部安全和内部安全、国土安全和国民安全、传统安全和非传统安全、自身安全和共同安全，统筹维护和塑造国家安全，夯实国家安全和社会稳定的基层基础"。同时，我们还应完善参与全球安全治理的机制，努力建设更高水平的平安中国，以新安全格局为新发展格局提供有力保障。当今世界正处于百年未有之大变局，国内外风险交织叠加，风浪迭起。如何在纷繁复杂的环境下确保国家安全显得尤为重要。改革、优化、健全我国物资储备体系，是规避风险、应对风险的

---

❶ 晏然. 健全国家物资储备体系 [J]. 红旗文稿, 2020 (9): 27–29.
❷ 于莹, 俞楠. 论我国突发公共卫生事件物资储备机制改革: 对新冠肺炎疫情处置过程中物资供应的思考 [J]. 中国卫生法制, 2021, 29 (1): 51–56.

制度保障。❶

国家物资储备法律体系的构建是积极主动适应总体国家安全观，回应特殊时期新形势、新特征的现实需要。习近平总书记在2020年中央全面依法治国工作会议上强调，要积极推进国家安全、公共卫生、防范风险等领域立法，而国家物资储备法律体系恰恰属于在维护国家安全、调控国民经济以及应急救灾等方面应当重点加强的立法领域。在当下的国际经济环境下，国家物资储备作为捍卫我国经济安全的一道坚实屏障，正面临着前所未有的多重挑战。面对这些严峻的考验，需要从更深层次、更宽广的视野出发，以法律制度为基石，构建一套既稳固又灵活的物资储备长效机制。这样的机制不仅能有效应对当前的新形势、新问题，更能为我国经济安全提供持久而坚实的保障，确保我国在复杂的国际经济环境中立于不败之地。❷

国家物资储备旨在维护国家安全，对军事、经济、社会安全至关重要，意义深远。首先，从军事安全的维度审视，国家物资储备无疑是应对现代化军事战争不可或缺的物质基石。现代化军事战争早已超越单纯的武力对抗，更是一场科技与资源的较量。在这场较量中，战略物资的重要性不言而喻，它不仅是战争机器运转的"血液"，更是国家军事安全的重要支撑。其次，在经济安全领域，国家物资储备同样发挥着至关重要的作用。在全球经济一体化的今天，任何国家都难以独善其身，我国亦不例外。面对全球性经济波动的冲击，国家物资储备犹如一道坚固的防线，能够有效化解负面影响，保持国内经济的平稳健康发展。最后，从社会安全的视角来看，国家物资储备同样具有不可替代的价值。自然灾害的突发性、不可预测性和破坏性常常令人措手不及，这时物资储备就成了我们预防社会灾害、维护社会稳定的重要保障。一旦发生自然灾害，充足的物资储备能够迅速响应，减轻灾害带来的损失，避免社会动荡。❸

---

❶ 卢艺. 加快健全我国国家物资储备体系 [J]. 宏观经济管理, 2020 (11): 51-56.
❷ 张伟峰, 李婉琳, 徐绍华. 新时代国家治理体系和治理能力现代化研究综述 [J]. 昆明理工大学学报（社会科学版）, 2021, 21 (2): 44-51.
❸ 张伟峰, 李婉琳, 徐绍华. 新时代国家治理体系和治理能力现代化研究综述 [J]. 昆明理工大学学报（社会科学版）, 2021, 21 (2): 44-51.

杨子健《储备多元化问题研究》一书中介绍，国家安全体系是集政治安全、国土安全、军事安全、经济安全、文化安全、社会安全、科技安全、信息安全、生态安全、资源安全和核安全为一体的，[1] 由此将国家储备对总体国家安全观的影响进行了细化，具体如表1所示。

表1 国家储备功能细化表

安全领域	功能		
	保险	储蓄	投资
政治安全	阻止或抵御影响价格或供应的单边政治行动	—	提供人道主义援助的物资供应，为邦交国家发生短缺时提供物资支持
国土安全	应对恐怖组织或分裂势力制造社会事件时造成的物资供应紧张	—	—
军事安全	防备多样化军事行动重要物资供应中断	扩充军备，提高军事实力	—
经济安全	阻止或防御影响价格或供应的垄断行为；预防或打击重要商品市场投机行为，避免市场非正常大幅波动；支持国际重要商品市场稳定	调节供求关系，缓冲暂时短缺或过剩	优化国家金融资产结构，分散外汇储备、债券等"纸资产"的持有风险，提高资产安全水平，促进国际收支平衡
文化安全	阻止或防御思想文化领域受到的风险或挑战	—	—
社会安全	应对重大突发事件，保证维持正常生产生活秩序所需的重要物资	—	—
科技安全	保证重要领域尖端技术研发和应用过程中重要物资供应	—	通过定向收储扶持和引导新科技研发和国内生产
信息安全	在信息产生、传输、交换、处理和储存的各个环节中，保证信息的机密性、完整性和可用性	—	通过加大信息安全的宣传教育，提高人民群众应对信息安全风险的能力

---

[1] 杨子健. 储备多元化问题研究[M]. 北京：经济管理出版社，2018：145.

续表

安全领域	功能		
	保险	储蓄	投资
生态安全	—	—	配合环境保护政策，通过定向收储鼓励回收
资源安全	抵御对外依存度较高的重要能源资源供应中断，应对突发情况或季节性重要资源能源供应中断	建立资源地储备，保护稀有资源	提高资源价值，实现生产者剩余
核安全	确保核设备设施关键零部件、核原料等重要物资可靠供应，为消除核事故、核恐怖袭击等带来的影响提供相关救助物资储备	—	—

资料来源：杨子健. 储备多元化问题研究［M］. 北京：经济管理出版社，2018：145.

综上，国家物资储备在保障国家安全方面的重要性不言而喻，国家安全所包含的内容之广泛与复杂，使我们必须开展国家物资储备工作并对国家物资储备情况进行法治化建设。只有在法治状态下，国家物资储备的各项制度才能有序平稳运行。从国家安全的各个不同方向来看，其所涉及的安全领域以及对国家物资储备的潜在要求都有所不同，这也从侧面反映出国家物资储备的法治化构建是一项烦琐的任务。

第二节　理论价值：丰富法治内涵

一、完善国家物资储备的法律依据

（一）建设中国特色社会主义法治体系的必然要求

《法治中国建设规划（2020—2025）》指出，要以解决法治领域突出问题为着力点，建设中国特色社会主义法治体系，建设社会主义法治国家。要坚持问题导向和目标导向，围绕到 2035 年法治国家、法治政府、法治社会基本建成的目标，聚焦党中央关心、社会关注、人民群众反映强烈的突出问题和法治建设薄弱环节，加强顶层设计，加强对本地区法治建设的牵头抓总、运筹谋划、督促落实等工作。❶ 法治中国，是一个内涵丰富、意义深远的命题。从学者们的视角来看，它主要包含四层含义：其一，法治中国以法治精神修饰国家形象，构建特色法治话语体系，为法治话语权的形成奠定基础。这彰显了法治在国家治理中的核心地位。其二，法治中国通过法治定义国家属性和特征，明确其核心含义、原则要求及实现路径，为法治建设提供坚实支撑。这有助于构建完善的法治理论体系，培养法治思维。其三，法治中国用法治视角审视国家现状，化解社会矛盾。通过法治思维和方式，我们能更清晰地认识问题，提出有效解决方案。其四，法治中国以法治为引领，推动国家全面进步。通过实施法治战略、规划，协同推进法治国家、法治政府、法治社会建设，实现治理现代化。❷

法治中国的建设必须有一套完备的中国特色社会主义法治体系。当前，我国已经建成中国特色社会主义法律体系，但是法律体系的建成只是法治体系建设的重要一步。我国已有的储备法律体系同我国所处的储备安全环境与储备事业发展的新要求相比，还远远不够。制定一部应对储备安全存在的各种威胁和风险、统领储备安全与储备体系各领域工作的法律，有紧迫的现实需要。党中央立足我国国情提出的构建统一的国家物资储备体系，是做好新时期国家物资储备工作的根本遵循。为此，有必要以法律的形式确立国家安全在物资储备领域的指导地位，科学界定物资储备的内涵和外延，明确维护储备安全的各项任务，建立健全物资储备制度和储备安全保障措施。为了构建完善的国家物资储备法律体系，我们致力于铺设一条具有中国特色的物资储备发展道路，并为此奠定坚实的法律基石，确保每一步都依法而行，有序而进。

当今世界是一个法治世界，依法治国是新时期我们国家的治国方略。改

---

❶ 中共中央印发《法治中国建设规划（2020—2025 年）》[EB/OL].（2021 - 01 - 10）[2022 - 06 - 23]. https://www.gov.cn/zhengce/202203/content_3635472.htm.
❷ 陈金钊. 关联维度的法治中国及其话语意义 [J]. 法商研究，2021，38（3）：26 - 40.

革开放以来我们国家在法治建设方面取得了巨大成就,为依法治国奠定了良好基础。法治是国家治理体系和治理能力的重要依托,法治体系是国家治理体系的骨干工程。坚持构建中国特色社会主义法治体系,是全面依法治国的核心目标与关键路径。我们要迅速形成一套完整且精良的法律规范体系,确保法治实施的高效与有力;同时,建立起严格且细致的法治监督体系,保障法治运行的公正与透明;此外,我们还应强化法治保障体系的建设,为法治实践提供坚实后盾;最后,不断完善党内法规体系,实现党的领导与依法治国的有机统一,进而推动中国特色社会主义法治建设迈向新的高度。❶ 国家物资储备领域的建设仍然薄弱,国家物资储备发展近80年来,一直没有一套完整的法律体系来规范,到目前为止,国家在物资储备上对储备的品种、规模、地域分布、资金保障收投规则、日常管理等方方面面在法律上都没有系统的规定,可以讲是无章可循、无法可依。市场经济就是法治经济,法治对市场经济发挥着保驾护航的作用,要把国家物资储备工作搞好就必须从源头抓起、抓立法,要明确国家物资储备这项工作、这个机构的法律定位,然后依法行政,否则在市场经济、法治经济的环境下,国家物资储备的权威性、合法性就会遭到质疑,有悖于依法行政的基础。因此,尽快制定国家物资储备法是一项迫在眉睫、势在必行的事。❷

我国作为一个有着960多万平方公里的国土面积、14多亿人口的大国,面对复杂多变的国际局势和周边环境,必须建立起与国情国力相配套的国家物资储备制度。制定国家物资储备法的目的就是要以法律的形式确定国家物资储备的合法地位,规范国家物资储备行为,有效发挥国家物资储备的作用。国家物资储备在国防和经济生活中具有不可替代的作用,其采购和投放往往有牵一发而动全身的功效,因此制定国家物资储备法显得尤为重要。国家物资储备法不仅是维护国家安全和经济稳定的必要手段,更是推动国家治理体系和治理能力现代化的重要举措。立法工作应着重实现以下三大核心目标:

首先,立法必须强化国家物资储备的权威性。国家物资储备是国家安全

---

❶ 徐显明. 论坚持建设中国特色社会主义法治体系 [J]. 中国法律评论, 2021 (2): 1-13.
❷ 佚名. 小议国家战略物资储备立法之我见 [EB/OL]. (2014-07-02) [2021-01-12]. https://www.docin.com/p-851579489.html.

体系的重要组成部分,直接关系到国家的国防安全、经济安全、社会安全和能源安全。通过立法,我们可以明确国家物资储备的地位和作用,确立其不可替代性和权威性。同时,立法还应规范国家物资储备的采购、管理、动用等环节,确保储备物资的数量、质量和结构满足国家安全需求。此外,立法还需明确各级政府和相关部门在物资储备工作中的职责和义务,强化责任追究机制,确保各项物资储备工作得到有效执行。

其次,立法应推动国家物资储备工作的规范化和法治化。规范化和法治化是国家物资储备工作的重要保障,也是提升物资储备工作效能的关键所在。通过立法,我们可以明确国家物资储备的基本原则、管理体制、运行机制等,为国家物资储备工作提供明确的法律指引。同时,立法还应加强对储备物资的监督和管理,确保储备物资的安全、完整和有效使用。此外,立法还应建立健全物资储备的信息公开和社会监督机制,增强物资储备工作的透明度和公信力。通过规范化和法治化的手段,我们可以有效提升国家物资储备的管理水平和运行效率,为国家安全和经济稳定提供有力保障。

最后,立法应促进国家物资储备模式的创新。传统的物资储备模式往往过于注重单一的国防安全需求或粮食安全需求,忽视了储备功能的多元化和市场化需求。随着时代的发展和社会的进步,这种单一的储备模式已经难以适应国家安全和经济发展的新需求。因此,立法工作应积极推动储备模式的创新,探索建立更加灵活、高效、可持续的储备机制。具体而言,我们可以借鉴国际先进经验,引入市场竞争机制,推动储备物资的多元化、市场化运作。同时,我们还应加强储备工作与产业发展、科技创新等领域的融合,推动储备工作的转型升级和提质增效。

由此可见,国家物资储备立法工作应紧紧围绕强化权威性、推动规范化和法治化、促进模式创新三大核心目标展开。通过立法手段,我们可以有效提升国家物资储备的管理水平和运行效率,为维护国家安全和经济稳定提供坚实保障。同时,立法工作应注重与时俱进,不断适应新形势、新需求,推动国家物资储备工作不断向前发展。

(二)国家物资储备立法是国家安全法律制度体系的重要部分

《国家安全法》的制定和出台是贯彻落实国家安全观的重要立法举措。

第四章　国家物资储备法律体系构建的价值意义

2014年，习近平总书记提出总体国家安全观，全面涵盖了内外部、国土与国民、传统与非传统、自身与共同安全等多个维度。基于此，2015年《国家安全法》应运而生，以总体国家安全观为指导，细化了国家安全工作的具体要求，实现了规范化、制度化和法律化，奠定了国家安全工作的法治基础。事实证明，《国家安全法》自颁布施行之日起，全党全社会、各级各部门以总体国家安全观为指导，以《国家安全法》所规定的国家安全法律制度为基础，有效开展维护国家安全工作的各项工作，在维护国家主权、安全和发展利益方面取得一系列重要成果。国家安全领域的立法工作稳步推进，初步形成了以《国家安全法》为基础的国家安全法律制度体系。[1]

国家物资储备立法为维护国家安全和保障物资储备提供全方位的法律保障。国家物资储备法律体系将是立足全局、统领物资储备各领域的基础性、全局性、综合性法律，是国家安全领域相关立法的"法律指南"，将为物资储备领域进一步立法指明方向。国家安全法律制度体系需要不断加强国家安全领域立法工作，构建国家物资储备法律体系，是坚守总体国家安全观、贯彻国家安全法、维护国家安全的法治保障，对实现中华民族伟大复兴具有重要意义。[2] 党的十九大报告提出了建设"国家安全制度体系"的构想，党的十九届四中全会决定更进一步突出了"国家安全法律制度体系"重要地位。如何科学有效地将"国家安全制度体系"建立在法律制度基础之上，这是当下加强国家安全领域立法、不断完善国家安全法律制度体系的重要课题。

当前，国家安全形势日趋严峻，传统安全与非传统安全问题相互交织，给我国主权、安全和发展利益带来了前所未有的挑战。仅依赖国家安全法及少数几部相关法律来维护国家安全，这显然无法全面应对复杂多变的安全环境。事实上，世界上许多大国已经基于国家安全的基础性法律，制定了大量针对具体领域的法律法规，以更加精细和全面地维护国家安全。因此，我国在新形势下亟须进一步健全国家安全法律制度体系，以国家安全法为核心，加强各领域具体法律法规的制定与实施。这不仅是应对当前国家安全挑战的

---

[1] 莫纪宏. 加强国家安全立法 不断完善国家安全法律制度体系 [EB/OL]. (2020-06-30) [2023-08-24]. https://mp.weixin.qq.com/s/B_OgWe5fEEUnuWF u-rmMnA.

[2] 伍爱群，邹贵亮，韩佳. 论中国式现代化安全城市建设[J]. 科学发展，2023 (1)：61-65.

必要举措，也是确保国家长治久安、实现中华民族伟大复兴的重要保障。❶

　　国家物资储备立法是维护国家安全的必要条件。随着全球化和现代化的推进，国际环境日趋复杂，国家间的竞争也愈加激烈。国家经济安全作为国家安全的关键部分，受到各国的广泛关注。在我国，特别是近十年来，国家经济安全已成为亟待解决的重要问题，它关乎人民利益和国家稳定。物资储备作为保障经济安全的重要手段，正面临新的挑战。为应对新形势，我们需从法律层面构建物资储备的长效机制。这不仅有助于提升我国经济安全的保障能力，也是我国在复杂多变的国际环境中保持战略定力、实现可持续发展的关键所在。

二、拓展重点领域立法实践

　　法律，作为治国理政的基石与核心规范，其重要性不言而喻。改革开放四十余年以来，我国法律体系建设取得显著成果，适应改革开放和现代化建设需求，体现党和人民的共同意志。中国特色社会主义法律体系以宪法为核心，涵盖多个法律部门，形成多层次完整法律体系，实现各领域有法可依。习近平总书记对此给予肯定："新中国成立以来特别是改革开放以来，经过长期努力，我国形成了中国特色社会主义法律体系，国家生活和社会生活各方面总体上实现了有法可依，这是一个了不起的重大成就。"❷ 然而，我国立法工作仍存在一些问题，质与量相比仍有提升空间。尽管初步实现有法可依，但重大立法尚待完善，部分法规可操作性、针对性不强。推进国家治理体系和治理能力现代化，需要高质量的立法引领，以满足时代要求。

　　在立法层面，习近平总书记提出，要加强国家安全、科技创新、公共卫生等重要领域立法，加快数字经济、人工智能等领域立法步伐。❸ 此举旨在完善国家治理，回应人民对美好生活的需求。针对民生问题，习近平总书记

---

❶ 莫纪宏. 加强国家安全立法 不断完善国家安全法律制度体系 [EB/OL]. (2020 - 06 - 30) [2023 - 08 - 24]. https://mp.weixin.qq.com/s/B_OgWe5fEEUnuWF u - rmMnA.

❷ 中国人大网. 中国特色社会主义法律体系的形成和完善 [EB/OL]. (2021 - 08 - 23) [2023 - 09 - 28]. http://www.npc.gov.cn/npc/c12434/wgggkf40nlfcjgs/202108/t20210823_313154.html.

❸ 习近平总书记为加快重点领域立法指明方向 [EB/OL]. (2022 - 02 - 17) [2023 - 09 - 29]. http://qstheory.cn/zhuanqu/2022 - 02/17/c - 1128384327.htm.

强调,要聚焦群众最关切的利益问题,完善相关立法,特别是打击电信网络诈骗、新型毒品犯罪,整治娱乐圈乱象,确保监管到位,维护社会和谐与公众利益。同时,针对资本无序扩张、平台经济等问题,习近平总书记指出,应加快反垄断、反不正当竞争等法律的修订,构建公正、公平的市场环境,为经济社会发展提供法治保障。❶ 安全是发展的前提,发展是安全的保障。在这些领域中,国家安全是国家各项事业发展的基础、基石。国家安全需要法治保障,经过持续努力,国家安全立法取得重大进展,先后制定出台基础性、综合性法律如《国家安全法》《网络安全法》等,确立基本制度和规范;制定相关法律如《反间谍法》《反恐怖主义法》等。为填补立法空白,出台《生物安全法》《出口管制法》等,为维护国家安全提供有力法治支撑。面向未来,还需要制定国防和军队建设方面的法律等,完善重要领域法律制度。❷ 我国同样高度重视公共卫生领域立法,制定修改《基本医疗卫生与健康促进法》《中医药法》《药品管理法》《疫苗管理法》等。2021年,全国人大常委会将强化公共卫生法治保障作为立法重点,制订专项立法工作计划,制定修改《动物防疫法》《医师法》等,取得重要成果。加强公共卫生法治保障,还要继续推进《传染病防治法》《进出境动植物检疫法》《突发公共卫生事件应对法》等法律的修改和制定。这些重点领域的立法都需要有一套完整的国家物资储备法律体系来明确相关物资的购买、储备、轮转等各个方面的实践。同时,依据国家物资储备法本身所应具有的应急性、公共性等特点来看,也应当属于重点领域立法的范畴,因此,制定国家物资储备法同样是对党的二十大提出的"加强重点领域立法"的生动诠释。党的十八大以来,我国物资储备体系持续优化,结构更加合理,品种日益丰富。中央政府储备涵盖四大类20余个品类,有力地保障了国家安全。粮食储备数量足、质量好,棉糖储备质量提升,石油战略储备规模扩大,矿产和关键原材料储备也得到充实。中央应急救灾物资储备规模创历史新高,增强了应对重大灾害的能力。地方

---

❶ 习近平. 坚持走中国特色社会主义法治道路 更好推进中国特色社会主义法治体系建设 [J]. 中国人大,2022(4):6-9.
❷ 许安标. 加强重点领域、新兴领域、涉外领域立法 [EB/OL]. (2021-10-25) [2023-02-18]. https://www.thepaper.cn/newsDetail_forward_15059560.

结合实际情况，积极构建与中央储备互补的地方储备体系，重点加强居民生活必需品和重要生产资料应急物资储备，提高了地方应急响应水平。鉴于我国是粮食、能源、矿产资源消费大国，部分物资依赖进口，构建国家物资储备法律体系显得尤为迫切。这要求我们从总体国家安全观出发，完善国家储备体系，特别是在粮食、能源、资源等关键领域加强立法，以应对各类风险挑战，确保国家长治久安。加强物资储备体系建设和立法工作，不仅是推进国家治理现代化的需要，也是维护国家安全和经济社会可持续发展的关键举措。"加强重点领域、新兴领域、涉外领域立法"，在拟定国家物资储备法立法规划时，要对标党的二十大提出的立法要求，深入分析中国式现代化对国家物资储备的立法需求，把国家物资储备同改革发展决策更好地结合起来，及时回应党和国家事业发展要求、人民群众关切期待，用法治方式有效应对挑战、防范风险，维护国家主权、安全、发展利益。

三、助力国家安全学学科的发展

国家安全学，作为探索与维护国家安全的系统性学科，其独特性不仅在于研究对象，更在于其理论与实践的深度融合。这一学科不仅源于实践，更是为了实践而生，体现了哲学中理论与实践的辩证统一。尽管我国对国家安全学的研究起步较晚，但近年来进展迅猛，学科地位逐渐稳固，并向着更加正规化的方向发展。值得注意的是，任何学科的成熟都需要历经岁月的沉淀与磨砺，国家安全学也正处于这样一个不断探索与成熟的阶段。早期，由于研究成果有限，国家安全学在学术界并未引起广泛关注。但随着国家安全日益成为国家发展的重要基石，其研究价值也逐渐凸显。学者们从多个维度对国家安全学进行了深入探索，如内涵界定、培养目标设定、学科性质分析等，使该领域的研究日渐丰富和多元。

当前，高校已成为我国国家安全学研究的主力军。这些高等学府不仅较早地开设了相关专业，还培养了大批优秀人才。尽管高校间的交流合作日益增多，但在国家安全学领域，仍存在一定的研究壁垒和局限性。因此，加强高校间的合作与交流、共享资源，成为推动该领域研究深入发展的关键。值得一提的是，国家安全学的研究主题正逐渐从抽象的理论探讨转向具体实践问题的分析。这种转变不仅使研究内容更加贴近实际，也为其提供了更广阔的应用空间。例如，通过对多国高校国家安全学科的对比分析，我们可以为我国的人才培养和课程设置提供有益参考；借鉴国外先进经验，我们可以更准确地把握国家安全学的学科核心素养，为人才培养提供明确方向。国家安全学作为一门新兴的综合性学科，其发展历程虽短但成果斐然。然而，要想使其真正成熟并发挥更大作用，仍需学界和业界的共同努力与探索。特别是在高校课程建设、学术交流等方面，仍需加大投入力度，以推动国家安全学研究的深入发展。国家安全学学科的发展与国家物资储备法律体系的完善紧密相连，这一关联对深化国家安全理论的系统研究具有不可忽视的意义。在很长一段时间内，国家安全理论的研究主要聚焦于传统安全领域，如国土安全和政治安全。然而，自20世纪90年代中期以来，特别是"9·11"事件发生后，非传统安全因素如社会、生态、经济、信息、科技安全等对国家安全的影响逐渐凸显，成了不可忽视的重要方面。非传统安全理论的出现，为中国学者提供了新的研究视角。从非传统安全的角度出发，研究普遍性安全问题及国家安全的文献不断涌现，标志着中国在这一领域的研究取得了显著进展。同时，一些部门和学者也开始系统地研究国家安全问题，以寻求更为全面和深入的解决方案。例如，国际关系学院的刘跃进教授通过其编著的《国家安全学》和《为国家安全立学》等著作，初步探讨了构建具有中国特色的国家安全学理论体系及学科，为这一领域的研究提供了新的思路和方法。另外，政治学、法学、民族学、宗教学、历史学等学科的理论支持对国家安全学的发展也至关重要。这些学科为国家安全学提供了丰富的外延支撑，共同构成了完整而深入的国家安全学学科体系。通过跨学科的合作与交流，我们可以进一步拓展国家安全学的研究领域，深化对其内在规律的认识，为国家的安全与发展提供更为坚实的理论支撑。❶ 国家物资储备法律体系的构建，能够完善国家安全学学科体系，为国家安全学学科的发展提供新的思路，弥补这些方面存在的一些薄弱之处，有利于明确国家安全学的学科定位。目前，

---

❶ 郭丽辉，崔磊. 构建公安特色国家安全学学科体系及教学科研工作改革初探［J］. 江西警察学院学报，2020（3）：123-128.

对国家安全学的学科定位，学术界仍存在不同观点。有些学者将其视为公安学的分支，而非独立学科，导致鲜有高校设立专门的国家安全学专业，通常将其仅作为反恐研究的一个方向。这种定位限制了相关研究和人才培养，难以全面体现总体国家安全观的指导精神，特别是缺乏综合协调的视角。教育部文件中明确将国家安全学定位为一级学科，但高校实践中普遍将其作为二级学科或方向，理论和实践存在明显不符。为调和这一矛盾，需遵循学科发展规律，推动国家安全学学科的升级与发展。❶ 国家物资储备法律体系的构建在一定程度上丰富了国家安全学学科，使该学科的定位更加明确。

第三节 实效价值：维护国家安全

一、提升国家物资储备的整体效能

在宏观层面，将"国家物资储备"作为一项国家任务以法律的形式确定，能够更好地落实相关政策。其一，国家物资储备立法的根本性质是立法活动，而作为"立法"，这自然就对国家的法律体系的建构有着重要意义；其二，国家物资储备立法的目的是"保障"，是要维护国家主体在各领域的"安全"，以求在任何情况下国家社会都能正常健康地运转；其三，国家物资储备立法由国家强制力保证实施，必然对"国家物资储备"这一行为本身有着巨大的规范意义。立法是指国家权力机关按照一定程序制定、修改、废止法律的行为，事关国家法律体系的建构与健全。国家物资储备立法在现阶段对该领域的规范体系来说是十分必要的。部分学者指出，当前国家物资储备在多部委多线条的管理模式下正面临一系列挑战。政府对社会物资储备的管控存在明显不足，导致在紧急情况下难以进行迅速有效的指挥调度。同时，各储备主体间缺乏有效沟通，资源配置和项目建设出现重复，容易造成资源

---

❶ 陈嘉鑫. 国家安全学学科建设问题检视与发展进路 [J]. 中国刑警学院学报，2021（1）：13-21.

浪费。更为严重的是，物资储备与采购、生产、运输等环节存在脱节现象，这极大地影响了物资储备的时效性和保障效果。在应对重大突发事件时，物资储备调用能力的不足更是暴露无遗，给应急救援工作带来很大困扰。因此，完善国家物资储备法律体系，强化与政府管理体系的协同配合显得尤为重要。我们需要通过明确各方职责、规范物资储备的运作流程，解决当前存在的问题。同时，加强信息共享、资源整合和协同作战能力，进一步提升国家物资储备的效能和应对突发事件的能力。面对日益复杂的国内外形势和不断增多的风险挑战，政府和社会各界需要共同努力，加强国家物资储备的体系建设和管理，以应对未来的挑战，保障国家的长治久安。[1] 国家物资储备法律体系在应对风险与突发事件中扮演着至关重要的角色，它与政府管理体系协同工作，共同构成了国家治理现代化的重要基石。在完善应急管理体系的过程中，我们必须紧密结合突发事件的特性，构建一条清晰的责任链条，确保各级政府和相关部门能够迅速、有效地响应并处置各类紧急情况。同时，借助数字技术的力量，我们可以打造智慧应急体系，通过实时监测和分析突发事件信息，实现物资调配和资源配置的优化，从而大幅提升应急管理的整体效能。因此，我们必须不断推动国家物资储备法律体系和应急管理体系的完善，为实现国家治理体系和治理能力现代化作出积极贡献。[2] 国家物资储备法律体系理所应当属于应急管理体系的重要组成部分，也需要根据不同的情况、不同的功效、不同的保密程度、不同的储备数量和期限等问题构建一套比较完整的法律体系，以达到提升国家物资储备整体效能的目的。需要指出的是，国家物资储备是一个涵盖内容十分丰富的话题，其中涉及的子话题数量很多，要在短期内完成完整的法律制度体系建设，进而达到法治的状态，是不太现实的。因此，必须循序渐进，分阶段地完成，最终达到提升国家物资储备整体效能的目的。例如，在我国广大的基层，尤其是农村地区，缺乏基层物资储备的条件和经验，面对此种情况，在法律中明确规定鼓励基层自治组织、基层群众个体进行物资储备是第一步。在基层，特别是基层群众当中树立牢

---

[1] 徐东，吴量，迟长啸，等. 健全体系提升国家物资储备效能 [J]. 中国应急管理，2021 (4)：52-54.
[2] 邹东升，孙彦博. 完善智慧应急体系建设 提升应急管理整体效能 [J]. 重庆行政，2021 (1)：38-41.

固的风险意识和储备意识,还需要一定的时间成本和配套制度。一方面,在常态下,基于自身利益考量,他们通常不愿意储备太多的物品,因为储备所耗费的时间成本、空间成本、维护成本等是群众必然会考虑的事情,如何平衡常态下国家物资储备同群众自身利益损耗最小化之间的冲突需要进行制度设计;另一方面,在非常态下或者应急状态下,民众也是会基于自身利益考量,而在短期内相对忽略成本进行储备,国家物资储备在基层如何发挥稳定效能,维护市场秩序,维护社会稳定,也是需要考虑的一个问题。

建设法治中国,需要完善的法律体系,同时也需要立法先行。首先,现有的国家物资储备法律体系不够完善,各种类型的储备主体的权力、义务也不够明晰。政府物资储备方面在职权职责等内容上存在诸多不明之处,政府对国家物资储备的重要性认识还不够。通常只有在发生严重的自然灾害、严重的公共卫生事件或者其他引起社会重大问题的事情后,才会引起重视。例如,2003年非典肆虐的时候,民众抢购食盐,随后抢购的物品很快从食盐扩展到大米、食用油、调味品;2019年新型冠状病毒感染疫情暴发的时候,民众抢购口罩、药品等物资。政府也开始意识到一些物资在储备上存在不足,储量的分布也存在不尽合理的情况。事实上,我国法治建设的诸多环节,大多都是由重大社会事件推动的,有的甚至付出了惨痛的代价。例如,2003年轰动全国的"孙志刚案"推动了收容遣送制度的废除,但湖北青年孙志刚付出的却是生命的代价。重庆系列劳教案、唐慧劳教案送了劳教制度最后一程,推动了劳动教养制度的废除。在2013年11月12日召开的中国共产党第十八届中央委员会第三次全体会议上,一项具有深远意义的决策得以通过——废止劳动教养制度。同时,会议还强调要完善对违法犯罪行为的惩治和矫正法律,以更好地维护社会秩序和公平正义。此外,为了加强对犯罪分子的教育改造,会议还提出要健全社区矫正制度,以实现更人性化的管理和更有效的矫正效果。这些决策共同构成了全面深化改革的重要内容,彰显了中国共产党在推进法治建设上的坚定决心。[1] 当然,我们也应当认识到,法律作为一

---

[1] 佚名. 三中全会决定:废止劳教制度 健全社区矫正制度 [EB/OL]. (2013 – 11 – 15) [2021 – 04 – 08]. http://news.sohu.com/20131115/n390232541.shtml.

种规范，具有不可避免的滞后性，在很大程度上必须依附于社会发展而作出相应改变，难以逾越社会发展阶段作出具有前瞻性的规定。因此，我们需要在社会演变发展过程中发现问题后，及时作出法律上的回应，通过立、改、废、释、纂等立法活动回应社会现实。其次，在我国当前的国家物资储备环境下，储备主体同普通民众之间的联系不强，处于一种"脱节"状态，很多人并不知道存在国家物资储备，更不用提国家物资储备的主体、储备的种类、储备的地点等细化的国家物资储备知识。所以每当面临一些突发事件的时候，民众心中缺乏稳定的预期，不知道国家是否有充足的物资储备来保障民生，两者之间存在一定程度上的信息断裂，便出现了"病急乱投医""盲人摸象"等既可笑又无奈地以高价囤积抢购的现象。于是乎，便有人借此赚取巨额利润，引起市场混乱。国家物资储备法律体系的健全有利于提高国家物资储备在政府内部以及公众社会中的重视程度，提高国家物资储备在收储、动用等方面的整体效能。

二、应对重大风险挑战的制度保障

随着风险社会的到来，伴随着公共危险的频发，为有效应对社会中的各类公共风险问题，需要推进法治化治理。当前的中国社会，正面临着日益复杂和多样化的风险挑战，已经深陷于现代风险的大环境之中。我们每日所面对的衣食住行医等各个领域，都可能发生各类风险事件，让我们深切感知到生活中存在着各种各样的风险。这种感受不仅源于外部的风险事件，更源于我们自身的生产与生活。这些经验使我们对风险有了更加直观和深刻的体验，让我们无法回避风险社会所带来的种种挑战。[1] 国家物资储备在应对各类风险挑战中具有重要作用，对其进行法治化构建也是有效应对风险挑战的强力措施。20世纪八九十年代，德国社会学家乌尔里希·贝克（Ulrich Beck）提出"风险社会"这个概念并形成相应的理论。贝克深刻地指出："我们所处的风险社会，实质上已演变为了一个灾难社会。在这个时代，危机事件层出不穷，原本被视为例外的特殊状况，如今却已逐渐成为了生活中的常态。"

---

[1] 杨知文. 风险社会治理中的法治及其制度建设[J]. 法学, 2021 (4): 16-30.

他进一步剖析了现代风险的特征,并强调了其三大显著特点:系统性、不确定性和全球性。现代风险往往不是孤立存在的,而是相互关联、相互影响,构成了一种复杂的系统。同时,这些风险往往难以预测和掌控,具有极高的不确定性。更为严重的是,现代风险的影响范围已经超越国界,呈现出全球性的特征。❶

从现实情况来看,风险社会中的风险至少包含三种类型:第一种类型的风险,是来自自然界的自然风险,例如,处于休眠期的火山、可能撞击地球的太空陨石、可能发生的地震、海啸等。第二种类型的风险,是来自社会方面的风险,如罢工、战争等类型的风险。第三种类型的风险,是突发公共事件的风险,如突发的公共卫生事件,这种风险介乎于自然风险和社会类型的风险之间,兼具两者的属性。该种风险波及范围极其广泛,具有突发性,且不具备可预期性。例如,1986年在英国的阿福什德镇意外发现一头患有疯牛病的牛,但在当时未引起足够重视。疯牛病的病毒因子潜藏于牛体内,潜伏期相当漫长,在人类身上的潜伏期甚至可能延伸至数十年,在这期间病症往往隐匿不显。因此,当人们意识到病情已严重到不容忽视时,往往已经错过了早期干预和治疗的关键时机,使治疗变得异常棘手,甚至难以挽回损失。❷ 国家物资储备法律体系能为经济社会发展行稳致远提供坚强保障,我们要积极推动国家物资储备治理体系和治理能力现代化。为确保国家经济安全无虞,立法保障重要资源的储备显得尤为关键。针对稀有资源的储备机制,在战争等紧急情况下,能够依托国家储备力量,迅速调整供需平衡,确保资源的稳定供应,为国家的发展提供坚实支撑。与之相对应的是,在和平时期,面对市场价格波动等挑战,该机制则依靠市场主体的灵活调整,通过企业储备等手段,有效应对资源的余缺问题,保障资源的持续稳定供应。经济安全和价格稳定,作为资源安全的重要组成部分,关乎一个国家或地区从市场上获取所需资源的能力与成本。在和平稳定的常态环境下,各国虽都能从市场获取所需资源,但经济成本的差异却可能成为制约发展的关键因素。因此,资源

---

❶ 张庆熊. 反思现代风险社会中的危与机 [J]. 社会科学文摘,2021 (6):21-23.
❷ 张庆熊. 反思现代风险社会中的危与机 [J]. 社会科学文摘,2021 (6):21-23.

安全的核心目标，便是以最低的经济成本获取所需资源，实现资源的优化配置与高效利用。❶

国家物资储备法律体系的构建是应对突发事件、参与宏观调控、优化储备资源配置的内在动因。通过法律规范指引国家物资储备参与全球治理，为国内物资供给和国际维和行动提供保障；合理设计收储轮换制度、储备监管制度等以调节市场运行的同时增强市场在储备资源配置中的决定性作用。国民经济要正常运转，必须增强防灾备灾意识。《求是》杂志刊发的习近平总书记的重要文章《国家中长期经济社会发展战略若干重大问题》明确指出，要大力加强防灾备灾体系和能力建设，舍得花钱，舍得下功夫，宁肯十防九空，有些领域要做好应对百年一遇灾害的准备。❷ 在防灾备灾的道路上，我们要坚持多元化、综合化的策略，既要中央储备与地方储备相互配合，也要实物储备与产能储备相互补充，同时还应将国家储备与企业商业储备紧密结合，实现军民储备的深度融合。此外，我们还需不断优化应急物资的种类和储备布局，合理确定储备规模，并全面加大投资建设的力度，确保防灾备灾工作扎实有效，为国家的安全稳定提供坚实保障。

自新冠病毒感染疫情暴发以来，世界粮食安全问题犹如暗流涌动，牵动着各国的"神经"。然而，在这波诡云谲的局势中，我国粮食生产如磐石般稳固，库存充盈，储备雄厚，市场运行如常，价格稳如泰山。实践证明，党中央关于实施国家粮食安全战略的远见卓识和英明决策，如同明灯般照亮我国前行的道路。我们必须时刻绷紧保障国家粮食安全这根弦，不容有丝毫懈怠，以更高的站位、更严的标准、更实的举措，筑牢国家粮食安全的坚固防线。❸ 粮食安全无疑是维护国家安全的坚实基石，它与能源安全、金融安全并驾齐驱，共同构成了经济安全的重要支柱。对于我国这样一个拥有14多亿人口的大国而言，粮食自给自足不仅关乎国家的经济稳定，更是稳定社会大

---

❶ 张平，黎永红，韩艳芳. 稀有矿产资源战略储备立法的价值研究 [J]. 华东理工大学学报（社会科学版），2015, 30 (4)：75-85.
❷ 习近平. 国家中长期经济社会发展战略若干重大问题 [J]. 求是，2020 (21).
❸ 国家粮食和物资储备局. 实施国家粮食安全战略 守住管好"天下粮仓" [J]. 中国粮食经济，2020 (5)：6-8.

局的关键所在。只有确保基本谷物的自给自足和口粮的绝对安全，我们才能牢牢掌握自己的饭碗，确保国家长治久安。

粮食安全的重要性不仅关乎国家安全，更关乎广大人民群众的福祉。充足的粮食供应可以稳定市场价格，使消费者免受粮价波动之苦，从而安定人心。同时，高质量的粮食产品也为城乡居民提供了安全、健康的饮食保障，满足了人民群众对美好生活的向往。此外，粮食安全也对农民的生计和粮食产业的发展产生了积极影响。当粮食生产充足时，农民的收入会随之增加，他们的生活质量也会得到相应的提升。同时，稳定的粮食市场也为粮食产业的创新发展提供了有力支撑，促进了粮食产业的转型升级和提质增效。在当前国际粮食市场波动频繁的背景下，我国粮食生产的连年丰收、充足的储备以及强大的应急加工能力，为我们应对各种风险挑战提供了有力支撑。我们坚信，只要我们始终坚持把粮食安全放在重要位置，加强粮食生产、储备和调控等方面的工作，就一定能够确保国家的粮食安全和人民的福祉。[1]

储备体系不健全会诱发社会不稳定因素，带来许多安全风险，而完善储备法律体系是提升储备安全能力、防范和化解重大风险的重要环节。因此，构建国家物资储备法律体系，从完善储备的收储、轮换、动用和补充的环节，到做好储备的管理保障，完善区域协同体系建设、实现储备监管体系法治化，形成储备资源的网络化协同，实现物资储备体系的闭环管理建设，是应对和化解重大储备安全风险的保障机制。总而言之，构建国家物资储备法律体系，做好物资储备保障，是有效应对经济不稳定风险、粮食短缺风险、社会应急风险等重大风险挑战的重要支撑。

三、应对世界局势变幻的重要保障

2018年6月，习近平总书记在中央外事工作会议上作出了富有洞察力的战略判断："当前，我国处于近代以来最好的发展时期，世界处于百年未有之大变局，两者同步交织、相互激荡。做好当前和今后一个时期对外工作具

---

[1] 国家粮食和物资储备局. 实施国家粮食安全战略 守住管好"天下粮仓"[J]. 中国粮食经济，2020 (5)：6-8.

第四章 国家物资储备法律体系构建的价值意义

备很多国际有利条件。"❶ 在这一大变局中，我们观察到西方发达国家，特别是以美国为首的西方阵营，慢慢开始出现衰落的迹象。与此同时，新兴国家和平崛起的步伐日益坚定，世界格局正展现出一种自西方发展五百年来未曾有过的新态势。这样的大变局无疑增加了世界局势的复杂性和不确定性。当前，世界局势的主要特点是世界经济走向衰退，新科技革命正在积蓄能量，世界格局加速演进，大国关系深刻调整，全球治理需求与供给之间矛盾尖锐。❷ 这给我们的发展直接带来了诸多挑战。面向未来，我们要实现中华民族伟大复兴，其中必然包含着许多艰难险阻，对我们的国家、人民产生挑战。为有效应对这些风险与挑战，鼓足勇气同全国各族人民一道为实现中华民族伟大复兴，我们必须要在各方面予以健全完善。

国家物资储备法律体系的构建是应对复杂多变的世界局势，防范各类风险挑战的制度保障。面对当前动荡不安的国际形势，国家物资储备体系除了发挥最基本的功能外，还应增强向国际领域争取话语权和提升国家影响力、发挥国家储备战略工具的作用。当下，全球安全受到来自各方面的威胁，各种不确定因素增加。可以预见，未来类似于新冠病毒疫情之类的突发公共卫生事件、地震海啸之类的自然灾害、地区甚至世界性的战争等不会就此在地球上消失，人类的未来、世界的未来依旧面临着各种威胁和未知风险。世界形势的不断变化要求国家物资储备法治化，我国必须尽快实现物资储备的科学管理。进而言之，要在国家物资储备领域进行系统改革，尤其要在推进国家物资储备制度化、规范化、法治化方面有所突破。面向未来，有太多未知，为有效应对各种风险，我们有必要进行国家物资储备并且建立相应的制度，尤其是法治体系的建设。国家物资储备法治体系建设是国家物资储备各项制度有序平稳运行的重要基础。

---

❶ 习近平在中央外事工作会议上强调 坚持以新时代中国特色社会主义外交思想为指导 努力开创中国特色大国外交新局面［EB/OL］.（2018-06-23）［2024-05-17］. https://baijiahao.baidu.com/s?id=1604060074048442582&wfr=spider&for=pc.

❷ 王红续，王尧其，郑红婕. 当前世界局势特点及其对全球贫困治理的影响［J］. 内蒙古师范大学学报（哲学社会科学版），2020，49（4）：54-60.

第五章

他山之石：域外物资储备制度体系对我国的启示

第一节 域外物资储备相关经济理论

马克思主义理论体系作为我国坚持和发展中国特色社会主义道路的重要理论基石，深刻揭示了商品流通与储备的内在联系。在《资本论》中，马克思详尽地阐述了商品流通与储备的相互作用，为我们理解现代市场经济中的物资储备问题提供了重要的理论依据。

马克思指出，产品储存是一切社会所共有的现象。即便是在不具备商品储备形式的情况下，产品作为社会财富的一部分，也必然以某种形式存在于社会之中。这种储存不仅保证了生产的连续性，也为商品流通提供了物质基础。与此同时，马克思进一步强调，商品资本在市场上的停留时间显示了商品储备的重要性。他指出，这一过程既是商品流通的必要条件，也是商品流通的最终结果。[1] 没有商品储备，商品流通便无法持续进行。在商品流通的过程中，储备扮演着双重角色。一方面，它是商品流通得以顺利进行的必要条件。只有当市场上存在足够的商品时，商品才能持续不断地被卖出，从而实现其价值。另一方面，储备是商品流通不畅或市场出现过剩时的结果。当市场需求不足或生产过剩时，商品便会积压在仓库中，形成过剩的储备。

---

[1] 卡尔·马克思.资本论：第二卷[M].北京：人民出版社，2004：140.

然而，市场经济并非完美无缺。在实际运行过程中，市场往往会受到各种因素的影响，导致经济波动和周期性变化。在经济繁荣时期，企业和个人可能会盲目扩大投资和消费规模，从而引发经济过热和通货膨胀等问题。而在经济衰退时期，生产和消费活动则会减少，市场陷入萧条状态，可能导致通货紧缩和经济危机。市场失灵便是市场经济体制自身缺陷的集中体现。在某些情况下，价格机制无法有效发挥调节作用，导致资源配置效率低下、收入分配不公等问题。公共产品的存在是市场失灵的一个重要原因。由于公共产品具有非排他性和非竞争性等特点，私人部门往往缺乏提供这些产品的动力和能力。因此，在公共产品领域，市场往往无法达到帕累托最优状态。此时，单纯依靠市场的自我调节机制是难以解决问题的，必须借助政府的宏观调控手段来干预经济，通过提供公共产品或劳务服务来弥补市场缺陷。

政府对重要物资的安全政策和财政政策进行储备，正是基于公共产品的特性。这些政策具有长期稳定性和普遍性，不会因为个别公民的行为而发生改变。因此，政府储备在保障国家安全和稳定方面发挥着重要作用。同时，政府储备还具有非排他性和非竞争性的特点。任何人都可以享受到政府储备带来的益处，而无须支付额外费用。这种特性使政府储备在应对突发事件和灾害时具有独特的优势。例如，在自然灾害发生时，政府可以通过动用储备物资来迅速组织救援和恢复工作，保障人民群众的生命财产安全。然而，并非所有物资都需要由政府进行储备。根据公共产品受益范围的不同，可以将其分为全国性公共产品和地方性公共产品。对受益范围较广的全国性公共产品，应由中央政府负责储备；而对受益范围较窄的地方性公共产品，则可由地方政府负责储备。这种分工合作的方式可以确保物资储备的针对性和有效性。此外，在物资储备的过程中，还需要注意平衡储备与流通的关系。过多的储备可能会导致资源浪费和效率低下，而过少的储备则可能无法满足市场需求和应对突发事件。因此，政府需要根据市场情况和国家安全需要来制订合理的物资储备计划，确保物资储备的适量性和及时性。

综上所述，马克思主义理论体系为我们理解商品流通与储备的关系提供了重要的理论支撑。在市场经济条件下，政府需要充分发挥宏观调控的作用，通过储备重要物资来保障国家安全和稳定。同时，还需要根据公共产品的特性来合理划分物资储备责任范围，确保物资储备的有效性和高效性。

第二节　域外物资储备模式概述

一、立法模式

在国家物资储备立法模式的探讨中，我们可以清晰地看到三种主要模式，每种模式都有其独特的特点和适用范围。

第一种立法模式，即狭义物资储备立法模式，其核心理念在于对狭义的物资储备实施专门的法律调整措施。这种立法模式的特点在于其调整范围的明确性和专一性。这种模式所关注的，主要是那些对于国家安全和经济发展来说不可或缺的物资，如大宗商品、成品油、稀贵金属等。这些物资不仅是国家经济发展的基石，更是国家安全的重要保障，其稳定供应对国家的稳定与发展具有至关重要的意义。在实践中，这种立法模式在一些国家得到了广泛应用。例如，法国通过制定《石油供应安全法》，对石油这一关键物资进行了严格的法律调整。该法详细规定了石油储备的规模以及管理、使用等各个环节，确保在紧急情况下国家能够迅速、有效地应对。同样，日本也通过《石油储备法》等法律法规，对物资的储备和管理进行了明确规定。这些国家通过立法手段，确保了关键物资的稳定供应，为国家的安全和经济发展提供了强有力的保障。然而，这种立法模式的缺点在于调整范围相对狭窄，主要局限于一些特定的物资，难以覆盖所有可能对国家安全和经济发展产生影响的物资。此外，随着社会经济的不断发展，新的物资和新的需求也在不断出现，这种立法模式可能难以适应社会发展的要求。因此，虽然这种模式在特定情况下具有较强的针对性和实用性，但在面对复杂多变的社会经济环境时，其局限性也逐渐显现出来。

第二种立法模式，即统一物资储备立法模式，展现了将物资储备与应急性资源能源进行一体化法律调整的鲜明特点。在这种模式下，法律调整的范围得到了显著的拓展，不仅涵盖了一些关键物资，如军事装备、关键原材料等，还延伸到了其他能够对社会经济发展产生深远影响，以及在战争、自然灾害、经济失调等紧急情况下发挥关键作用的资源能源。美国作为这一立法模式的代表，其《战略物资储备法》堪称典范。该法不仅详细列举了战略物资的种类和储备要求，还根据国家的实际情况进行动态调整，确保物资储备能够紧跟时代步伐，满足不同时期的需求。此外，该法还强调了应急物资储备的重要性，规定了在紧急情况下如何快速、有效地调配和使用这些物资。这种立法模式的优点在于具有强大的灵活性和适应性。它允许国家根据国内外形势的变化，及时调整物资储备的种类和数量，确保国家的安全和稳定。同时，这种模式也能够促进物资储备的现代化和市场化，提高物资储备的效率和效益。

第三种立法模式，即宽泛物资储备立法模式，这种模式的调整范围最为广泛。它不仅包括关键物资和应急性资源能源，还涵盖国家作为备用物资而储存的粮食、棉花、食糖等实物商品。这种立法模式的目标是构建一个全面、综合的物资储备体系，以应对国家在发展过程中可能出现的挑战。俄罗斯就是采用这种立法模式的国家之一，其《国家物资储备法》明确规定了国家物资储备的种类和范围，确保了国家在各种情况下的物资供应稳定。这种立法模式的优点在于全面性和综合性强，能够为国家提供更为坚实的物资保障。

对于我国而言，在选择物资储备立法模式时，需要综合考虑多种因素。虽然第一种模式范围清晰明确，但难以应对复杂多变的社会经济环境；第三种模式虽然全面，但涉及部门较多，改革难度较大。因此，选择第二种模式即统一物资储备立法作为我国战略物资储备立法的调整范围更为现实。这既符合我国当前国情和发展需求，又能够为未来制定更高位阶的一般性立法奠定良好基础。

二、储备模式

（一）美国

美国建立的是"政府型"的石油储备制度。所谓"政府型"石油储备制度,是指不仅石油储备制度的目标、动用均由政府设定,储备行为主体及储备资金来源基本上也是政府的行为。这种模式具有操作相对方便、反应迅速、准确有效等优点,但缺点在于营运成本一般较大,容易造成财政负担。美国选择这种模式,与其具有强大的经济实力以及高度完善的法律制度密切相关。自"二战"开始,美国就逐步开始建立石油储备体系。作为世界上最大的经济体之一,美国拥有雄厚的财政实力和丰富的物质资源,能够承担起石油储备所需的高额成本。同时,美国的法律制度健全,能够为石油储备制度的顺利实施提供有力保障。从当前美国的石油储备模式来看,其主要采用的是政府直接承担型。从储备种类来看,分为原油、成品油、燃料重油等几种类型,原油占据主要比例。从储备形式来看,美国的石油储备采取地下岩洞储备为主、地上油罐储备为辅,分布区域主要为墨西哥湾沿岸得克萨斯州和路易斯安那州。就石油储备的运行与管理来看,美国构建了由联邦政府主导,各级州政府协同配合的管理体系。美国的石油储备管理模式采用的是管理与操作分离的模式,管理层面主要由美国能源部战略石油储备办公室和项目管理办公室负责储备政策、规划以及具体项目的实施、运行等。操作层面主要是对接市场机制,通过市场招标的方式确定石油公司和基地管理公司。在法律制度层面,美国已经形成比较完备的法律体系,先后制定《能源政策和储备法》《能源部组织法》《能源政策法》等法律规范。[1]

另外,美国的战略性国家储备,最初被称为国家药品储备,其储备模式具体表现为:一是预先配置储备,对紧急的物资采取便于移动的集装箱存储方式,全国范围内建立合作经营项目。二是12小时速达应急包,这是一种为应对紧急情况而设计的快速配送的应急物资包。这种应急包通常包含了在灾难或紧急情况下所需的基本生存物资和急救用品,旨在确保受灾者在等待救援或撤离的初期阶段能够有基本的生存保障。12小时速达应急包的特点在于高效的配送机制。在紧急情况下,通过特定的快速配送渠道,这些应急包可以在短时间内送达受灾地区,为受灾者提供及时的援助。这种应急包的设计

---

[1] 张庭婷,王德华."一带一路"与中国石油储备:中国与海湾六国能源合作研究[M].上海:上海交通大学出版社,2018:127.

考虑了不同紧急情况的需求,包含了食品、水、急救用品、保暖设备、照明工具等关键物资,以满足受灾者在短时间内的基本生活需求,其在国家战略储备系统的总库存中占据了约6%的比例。疾病预防控制中心目前建立了12件速达应急包,分别储存在国内不同地点。这些速达应急包的储存和分布策略十分谨慎,它们通过与商业合作伙伴的合作,被安放在未公开的地点,以确保安全。这些地点通常设在交通枢纽附近,便于快速响应和运输。这种布局不仅考虑到了地理位置的便利性,还兼顾了安全性和保密性。三是管理型库存,这是一种特殊设计的应急物资库存模式,其核心在于确保在联邦政府作出调运决策后,相关物资能够在24~36小时内迅速送达事发地点。管理型库存系统主要涵盖政府管理型库存和供应商管理型库存两种形式,它们共同构成了国家战略储备系统总库存的约90%,是应急物资储备的重要组成部分。在这一库存模式下,政府扮演着关键角色,通过积极共享需求信息,与供应商建立紧密的合作关系。这种信息共享机制有助于减少因信息不对称导致的供应商发货延误问题,从而确保应急物资能够及时送达。同时,这也提高了应急医药品供应链的运作效率,使整个系统更加快速、灵活地响应各种突发情况。管理型库存系统不仅是对12小时速达应急包供应的重要补充,而且在许多情况下,甚至可能成为主要的物资供应方式。当速达应急包被调运到事发地点后,管理型库存往往紧随其后,为受灾地区提供持续、稳定的物资支持。这种多元化的物资供应策略,使美国在应对各类紧急情况时能够更加从容、高效。四是政府与供应商之间预先签订合同,这种机制是应急医药物质的重要合同储备方式。在美国,众多医药物质的销售商和制造商都提前与疾病预防控制中心签订了合作协议,以确保在紧急情况下能够迅速、稳定地供应所需的应急医药物质。这种预先签订合同的方式不仅确保了应急医药物质的稳定供应,还提升了整个应急响应系统的效率和可靠性。

在医药储备领域,美国以其先进的体系建设脱颖而出。其医药储备主要涵盖国家药品储备和国家兽医物资储备两大体系,均依据美国国土安全法案纳入国家战略储备计划。国家药品储备,自1999年建立以来,由国家疾病预防控制中心的公共卫生准备和响应部门管理,以集装箱形式灵活存储,确保在神经毒气、生物病原体或化学试剂等恐怖袭击事件发生时,能够快速部署解毒剂和其他医疗用品。其特色在于高度移动性和快速响应能力，通过全美1300多个预先设定的储备点，国家药品储备能够在1小时内为超过90%的人群提供解毒剂。同时，它提供的应急物资不仅限于解毒剂，还包括预包装药物、医疗设备等，确保全方位的医疗支持。管理型库存模式的应用更是其创新之处，政府管理型库存与供应商管理型库存的结合，既保证了库存的稳定性，又提高了应急响应的效率。

国家兽医储备则专注于应对恐怖袭击、灾害等事件对国家农业和食品体系的威胁。自2004年建立以来，其通过储备动物疫苗、抗病毒药物等物资，构建了一道坚实的防线。管理更加精细化，库存分为政府管理、供应商管理和应急支援物资三类，这种分类管理不仅提高了管理效率，还降低了存储和管理的成本。特别是应急支援物资的所有权和管理权归属供货商，但国家兽医物资储备享有合同采购权，这一创新模式有效地避免了因过期造成的损失。❶

在粮食储备方面，美国政府十分注重粮食储备，天然的地理优势使其具备得天独厚的粮食生产条件，成为世界上最大的粮食生产国和粮食出口国。尽管如此，美国政府对粮食储备的重视程度不降反增，每年都有近40%的粮食被纳入粮食储备计划，进一步加强了粮食储备管理。美国粮食储备制度体系建设始于20世纪30年代，当时成立的美国商品信贷公司，在为农民提供过渡性低息贷款的同时，也具备经营国家政策性粮食储备的功能。在将近一个世纪的发展历程中，市场作为"无形之手"，帮助其在调节粮食储备方面发挥了重要作用，与此同时，当地也没有放松对市场环境的监督，通过完善法律规范，从内外两方面把握粮食仓储的合理发展。依据国内粮食生产情况，美国政府动态调整粮食储备规模，鼓励农民和农场增开储备库，扩大社会粮食储备规模。

（二）法国、荷兰

在石油储备方面，法国和荷兰实施"政策型"机制。政府制定法规和政策，设立专门机构指导监督，而具体储备工作由社会商业机构承担。这种机

---

❶ 于双平，王伟，尹志涛，等．透视美国国家兽医物资储备［J］．军事医学，2013，37（1）：74.

制具有低成本与灵活操作的优点,但体系架构较为复杂,因此对管理者的管理技巧和能力要求较高。作为最早建立石油储备的国家,法国是一个石油高度依赖进口的国家,从经营与管理上来看,法国的石油储备管理体系包括国家、石油战略储备委员会以及石油生产商三方。其中,石油战略储备委员会是法国石油储备的主体,作为官方机构,该委员会承担着维持国家战略石油储备安全运营的职责。❶

在粮食储备方面,法国、荷兰等欧盟国家主要采用购买的方式,从农民手中收取粮食。欧盟作为一个联盟,其粮食储备模式采用的是一种联盟大储备的模式,即欧盟掌控着粮食储备权,各储备地国家则享有优先权。众多储备主体会通过招标方式委托给私人企业或合作社。政府与私主体签订储备合同,约定储备期限和补贴费用。私主体管理储备粮通常有两种方式:一种是在合同授权范围内自我管理,灵活储存或销售粮食以赚取差价;另一种则是负责运营管理。法国的粮食储备较为典型,法国政府只会在特定情况下开展粮食储备工作。具体来说,当市场粮食过剩或者市场粮食价格低于欧盟规定的"干预价格"时,政府会参与其中进行粮食储备,代表机关是法国的粮食管理局。❷

(三) 德国、日本

在石油储备方面,德国和日本采纳的是"混合型"石油储备制度,这种制度由政府和社会力量共同协作,共同构建石油储备体系,旨在确保石油供应的稳定与安全。❸ 而德国和日本对制度建设的思路又有着显著的不同,主要体现在两国对主体的侧重方向方面。日本所采用的是以政府储备为主导,辅以民间储备,两者原则上"并驾齐驱",但实际上政府储备往往是制度建设的掌舵人;德国则大相径庭,充分发挥民间储备的优势,将"民"置于优先的位置。这种"官民结合"的储备模式称为联盟储备。"混合型"石油储

---

❶ 张庭婷,王德华. "一带一路"与中国石油储备:中国与海湾六国能源合作研究 [M]. 上海:上海交通大学出版社,2018:137.
❷ 刘颖,等. 新时期我国粮食储备政策与调控体系研究 [M]. 北京:人民出版社,2016:184.
❸ 马波. 论《中国石油储备法》的立法理念 [J]. 北京石油管理干部学院学报,2010,17 (3):5-11.

备制度可以充分激发社会储备与营运潜能,有效减轻政府财政压力,同时实现资源的高效配置和合理利用。但是,如何界定商业储备与义务储备的界限,并对此进行监督和管控尚未有定论,这种局限性成了"混合型"石油储备体制的一大痛点。

德国的石油供需差异大,石油进口量极大。在不断发展过程中,德国逐渐形成了对内集中管理、对外协同应对的石油储备和应急体制。在国内对原油、成品油等进行储备,同时还与其他欧洲国家签订石油储备互助协议,即在紧急情况下,德国石油储备协会可租用协议国的储备设施来储备石油。从石油储备的管理和运行方面来看,德国的石油储备体系是以《石油及石油制品储备法》为核心原则,以石油储备联盟为责任主体,以联邦经济与能源部为监管主体。[1]

由于日本的资源禀赋不足,所以极具危机意识的日本建立了庞大的石油储备规模。日本的石油储备历经了准备阶段、起步阶段、扩展阶段、巩固阶段以及完善阶段五个阶段。20世纪50年代,由于其国内能源市场的开放,日本每年从国外进口大量石油,新的能源结构逐步取代了以往以煤炭为主的能源结构。随后第二次石油危机的爆发为日本敲响了警钟,举国上下认识到能源储备迫在眉睫,特别要加强对石油资源的储备。此前石油储备的主体是民间企业,为进一步扩大石油储备,日本逐步建立起国家石油储备。20世纪90年代,日本初步形成国家储备与民间储备并举的储备格局,其石油储备形式分为地面储备、半地下储备、地下岩洞储备以及海上储备等几种形式。

在管理和运行方面,日本采取的是传统国家直接管理的模式,2004年后,日本成立石油天然气矿产资源机构,并将石油储备业务全交给石油天然气矿产资源机构接管,自此日本石油储备管理体系转变为"委托-代理"体制。这一体制起到政企分开、职责明晰、市场化运作、统一监管的作用,大大提高了储备效率。

---

[1] 张庭婷,王德华."一带一路"与中国石油储备:中国与海湾六国能源合作研究[M].上海:上海交通大学出版社,2018:134.

值得一提的是，日本前首相安倍晋三提出了石油储备的"第三方储备"模式。这种储备模式不同于前述制度从国内寻找第三方进行合作，而是把目光放向了其他国家，即由日本将其国内的储油罐或者资金租借给第三国（这些国家往往是产油国），再由当地的石油公司作为"中间商"，便于其向其他地区进一步出口。此种模式给予日本的好处是对方应当保障随时都有至少一半的石油储量，而且还要保障日本在紧急情况下的优先购买和提取权。❶

此外，在粮食储备方面，日本属于典型的海岛国家，国土面积小且可耕地只占其中的约12%，但人口众多。这种环境使日本成为粮食短缺型国家，粮食自给率较低。因此，日本会将从国外进口的粮食一部分流向市场进行销售，另外一部分会作为储备粮。近些年来，日本逐步形成了一套比较完善的粮食储备体系和监管制度，通过立法规定了储备粮的性质、用途、数量以及管理细则等。20世纪90年代中期，日本制定了《关于主要粮食供求平衡及价格稳定的法律》，明确政府建立粮食专项储备制度，政府在粮食储备中处于主导地位，民间储备机构起到支持协助作用。❷

综上我们基本可知，当前世界上大多数国家都已经建立相应的石油储备制度，以此应对可能出现的各种风险。并且各国的石油储备早已不局限在国家主权范围内，而是出现了国家与国家之间的合作储备，这种储备模式具有节约成本的显著优势。

20世纪70年代上半叶，经济合作与发展组织组建了国际能源署，其成员国共同制定了能源政策，建立了石油储备制度。按照国际能源署与各成员国签署的能源协议条款，除石油净出口国外，其余27个成员国均须建立为期90天的石油净进口储备。这些储备可以通过政府或商业渠道进行积累，以确保能源供应的稳定性与安全性。从各国的石油储备实际情况来看，各国的石油储备规模已经超过90天的要求，其中美国的石油储备规模最大，可满足净进口天数达到数百天。目前，经济合作与发展组织已建立起一套全面且高效

---

❶ 张庭婷，王德华． "一带一路"与中国石油储备：中国与海湾六国能源合作研究［M］．上海：上海交通大学出版社，2018：131．
❷ 刘颖，等．新时期我国粮食储备政策与调控体系研究［M］．北京：人民出版社，2016：186．

的石油储备体系，用以应对地缘政治冲突、自然灾害以及重大技术故障等多种可能引发的石油供应中断情况。自其成立以来，国际能源署在关键时刻已成功三次联合成员国进行石油储备的释放行动，这些行动分别针对1990年的海湾战争、2005年美国的飓风灾害以及2011年的利比亚战争，有效缓解了当时的能源紧张局势。近年来，国际能源署成员国也曾多次进行单独释储，以应对区域性石油供应短缺情形。❶

从粮食储备角度来看，各国粮食储备体系以保障粮食安全、稳定市场、应对危机和提升经济福祉为目标，多由政府主导并辅以市场调节，多方协同参与。具体而言，美国采取联邦、生产者自主和私人企业三种储备形式；澳大利亚设有中央与社会储备；而俄罗斯则包括政府及农业企业、家庭农户、私人农场等社会储备。❷ 以大洋洲的澳大利亚和亚洲的印度为例。澳大利亚是一个人均耕地面积较大的国家，小麦在其粮食作物中占据重要的地位，每年出口到其他国家的小麦量十分可观。主要原因在于澳大利亚建立了比较完备的粮食储备体系和小麦产业服务机构。2007年之前，澳大利亚的小麦出口由政府垄断。自2007年以后，澳大利亚政府结束了这种局面，规定其他公司也可以经营小麦出口业务。此外，澳大利亚政府对公共服务机构的巨大投入也促进了小麦储运体系的发展。印度的耕地面积虽然位于亚洲第一，但是由于印度是一个人口大国，人均耕地面积较小，长期面临农产品短缺的问题。印度的粮食储备主要集中在大米和小麦作物，储备制度分为缓冲库存和经营库存两种形式。前者是指在保留原有储备粮食的基础上，再额外储备一部分，作为保障供给、稳定粮食价格和维护社会稳定的重要支撑。后者是指，一年内由于季节因素，为保障全年粮食供应而储备的粮食。印度的粮食储备制度主要由政府来主导，其具体运作是由中央政府和邦政府委托代理机构进行。❸

---

❶ 王婧，田磊，付晓晴，等. 国外成品油储备建设借鉴与启示 [J]. 中国能源，2020，42（12）：32.
❷ 孙翊，吴静，刘昌新，等. 加快推进我国应急物资储备治理体系现代化建设 [J]. 中国科学院院刊，2020，35（6）：725 – 726.
❸ 刘颖，等. 新时期我国粮食储备政策与调控体系研究 [M]. 北京：人民出版社，2016：189.

第三节 域外物资储备立法经验及其对我国的启示

20 世纪 30 年代，战略物资概念开始出现。"二战"爆发前，许多国家尤其是西方国家吸取"一战"的教训，从扩军备战的需要出发，积极储备或控制铝、铬、石油等重要物资，从而逐步形成了战略物资的概念。最初，战略物资专指用于制造武器装备和军用物资的原材料，随着科学技术的进步和经济的发展，人们确定战略物资的着眼点已不局限于军事方面，而是基于国民经济的总体需要，因而战略物资的种类不断增加，范围不断扩大。❶

一、域外物资储备立法经验

（一）美国

美国通过多次立法确保国家物资储备适应不同时期需求。其储备制度包含四大法案：1946 年《战略物资储备法》明确了战略性物资的购买与储备，旨在减少国家在紧急状态时对海外物资的依赖，并规定物资释放需总统批准，紧急时总统可调整储备量；1950 年《国防生产法》、1954 年《农产品贸易扩大资助法》及 1956 年《农业法》也各自发挥重要作用。❷ 自 20 世纪 70 年代以来，世界各石油进口国都通过立法对石油储备进行保障，美国则制定了《能源政策和储备法》以规范石油储备。❸ 此外，为促进矿产资源合理开发与利用，美国先后制定《通用矿业法》《矿地租借法》《建材矿业法》等法律。值得注意的是，美国尚未制定专项法规来保护其优势矿产资源，然而其相关政策在无形中强化了对这些资源的保护。❹

---

❶ 徐永东. 我国国家战略物资储备创新模式研究 [D]. 天津：天津大学，2007.
❷ 李玉泽. 国家物资储备功能研究 [D]. 天津：天津大学，2008.
❸ 马波. 中国石油储备法的立法理念 [J]. 山西省政法管理干部学院学报，2010，23（3）：7.
❹ 兰平和. 法律规范为主 经济调节为辅：国外优势矿产资源保护策略对我国的启示 [J]. 资源导刊，2012（1）：42-43.

(二) 日本

鉴于资源的匮乏性,日本历届政府均高度重视物资的储备工作。其储备体系既包括法定储备,也涵盖任意储备,同时可以分为国家储备和民间企业储备两大类别。其中,石油储备被视为物资储备的重中之重,因此日本通过立法手段强制推行石油储备制度。1975年,为了应对可能出现的石油危机,日本正式通过了《石油储备法》,标志着其石油储备制度的建立。该法规定,所有从事石油及石油制品进口、提炼及批发的企业,均须按规定储备至少90天所需的石油或石油制品。此外,相关企业还需定期向政府报告其石油及石油制品的储备情况,以便政府及时掌握物资储备动态。为了进一步完善国家物资储备制度,日本于1983年发布了《国家稀有金属储备制度总规划》。此后,又相继出台了《独立行政法人——石油天然气金属矿产资源机构法》和《统计报告调整法》等法律,对国家物资储备与管理工作进行了系统规范。这些法律法规的发布与实施,不仅增强了日本物资储备的系统性和有效性,也为应对未来可能出现的资源危机提供了有力保障。[1]

(三) 法国

法国是石油储备制度的先驱。早在20世纪20年代,石油供应的中断就对法国工业造成了严重冲击,促使社会各界深刻认识到石油供应安全的重要性。为了应对潜在风险和挑战,法国政府于1923年颁布法令,强制要求经营石油产品的企业建立最低石油储备。石油储备的概念,以及国家依靠法律手段建立起来的石油储备制度也由此产生。在此之后,法国不断完善这一制度,在1992年的《石油供应安全法》中,法国政府明确规定了战略储备量,确保成品油的战略储备达到前一年销售总量的27%,海外地区则为20%,从而为国家能源安全提供了坚实的法律保障。[2]

(四) 俄罗斯、加拿大

俄罗斯、加拿大等国根据本国矿产法律框架,对优势矿产资源的保护和合理利用制定了详尽的法律。特别是俄罗斯,自20世纪90年代起,陆续实

---

[1] 张伟峰,李婉琳,徐绍华. 新时代国家治理体系和治理能力现代化研究综述 [J]. 昆明理工大学学报 (社会科学版),2021,21 (2): 44-51.

[2] 李玉泽. 国家物资储备功能研究 [D]. 天津: 天津大学,2008.

施了包括《地下资源法》《石油天然气法》等一系列矿产资源相关法律，并清晰界定了联邦、联邦主体和地方在矿产资源管理方面的权限，旨在减少越权、重复审批现象，避免纠纷。❶加拿大作为资源大国，同样制定了一系列法律，旨在规范矿产资源的开发利用，确保资源环境的可持续发展。

二、域外物资储备立法经验对我国的启示

（一）借鉴国际经验，加快物资储备建设，提升应对外部风险的能力

从国际视角来看，"立法先行"是确保物资储备有序发展的基石。我国在物资储备立法方面相对滞后，因此，政府应在现有的《国家物资储备管理规定》基础上，充分借鉴国际先进经验，结合我国实际情况，进一步完善相关法规，明确物资储备的规模、手段及体系等要素。值得注意的是，多数国家采用国家与企业共同储备的模式，这不仅能提升国家储备能力，还能促使企业从自身经济利益出发，实现成本优化。因此，我国应加快构建多层次的物资储备体系，特别是在石油储备方面，可以借鉴日本的"第三方储备"模式，深化与原油进口国的合作，确保在紧急情况下能优先采购。同时，我国还需强化物资储备的运营、维护、监督与管理工作，借鉴不同国家的成功管理模式，结合我国国情，探索出最适合的物资储备管理路径。最后，要综合考虑经济成本与安全效益，构建包括常年储备、季节性储备和临时专项储备在内的多元化储备体系。❷

（二）完善我国物资储备法律体系

建立健全国家物资储备法律体系有助于明确国家储备在国民经济和社会发展中的功能作用，从而划定国家储备的行为边界；有助于规范国家储备的管理体制和运行机制，明确相关部门权责，进而提高国家储备运行效率。❸当前，为完善我国物资储备法律体系，需紧密结合物资储备管理实际，以

---

❶ 顾海兵，姚佳，张越. 俄罗斯国家经济安全法律体系的分析［J］. 湖南社会科学，2009（3）：54-58.

❷ 张帅，李蕾. 对我国能源经济安全问题的思考［J］. 理论视野，2020（3）：54-59.

❸ 杨子健. 储备多元化问题研究［M］. 北京：经济管理出版社，2018：63.

"顶层统筹，条块分类立法"为原则，加速构建法律框架。首要任务是制定国家物资储备基本法，即依据《宪法》，并参照《国家安全法》等相关上位法，由全国人大及其常委会出台国家物资储备基本法。鉴于目前储备领域尚缺乏一部全面指导的专门法律，导致立法工作缺乏明确方向，因此应加快基本法的制定进程。立法应明确国家储备的基本概念、属性及功能，界定管理体制、各部门权责，规范财权划分，并确立收储、动用等重要活动的指导原则，从而为物资储备工作提供坚实的法律基础与指导。❶ 为健全物资储备法律体系，应确立国家物资储备基本法在物资储备领域的核心地位，统筹《中央储备粮管理条例》等专项法规。同时，遵循条块分类立法原则，针对粮食、石油、有色金属、稀土等战略物资储备，分别制定相应法规，确保各类储备活动均有法可依，推动物资储备管理的法治化进程。❷ 有人则在此基础上主张进一步细化立法，综合运用多种立法形式，构建我国稀土战略储备法律体系，制定战略性矿产资源储备法、稀土国家规划矿区管理办法。战略性矿产资源储备法规定战略性矿产储备的基本原则、矿种与管理体制；稀土国家规划矿区管理办法明确矿区设立变更、管理架构、资金筹措、补偿机制及监督管理措施。❸

（三）引入市场机制

我国物资储备体系的薄弱之处在于市场机制的欠缺，从长期发展角度来看，物资储备改革的最终方向是逐步市场化。我国的国家储备脱胎于市场经济，带有较强的行政管理色彩，并形成了较强的政策惯性，但随着中国特色社会主义市场经济体制的确立和逐步完善，如何处理国家储备与市场这一"无形之手"的关系，成为各储备部门无法回避的问题。❹ 物资储备体系涉及多方主体，包括政府、企业、社会组织及家庭；操作层面则包括收储、轮换

---

❶ 杨子健. 做好新时代国家储备工作 更好防范化解风险挑战 [J]. 中国经贸导刊（中），2019（6）：124－127.
❷ 马波. 中国石油储备法的立法理念 [J]. 山西省政法管理干部学院学报，2010，23（3）：7－9.
❸ 王世进，刘振华. 稀土国家规划矿区资源地储备的法律政策研究 [C] //中国环境资源法学研究会. 生态文明法制建设：2014年全国环境资源法学研讨会（年会）论文集（第一册），2014：5.
❹ 杨子健. 储备多元化问题研究 [M]. 北京：经济管理出版社，2018：64.

第五章　他山之石：域外物资储备制度体系对我国的启示

与动用，并依赖于仓库、管道、交通设施等基础设施的支撑。为进一步提升该体系的效能，需要积极引入市场机制。

一是在物资储备主体层面引入市场机制。在主体层面，政府直接储备虽能确保掌控与调用的便利性，但也存在资金占用大、效率低下及监管难度高等问题。目前，我国物资储备以政府为主导，但国有储备机构数量有限，难以覆盖多品类、全方位的储备需求。因此，我们需将储备范围扩展至高科技及相关重大物资，并借鉴现有模式，成立更多国有企业来负责管理和运营。

与此同时，为丰富储备方式，还可与企业和社会组织展开合作，实施合同储备与生产能力储备。特别是合同储备，它主要针对需求量大、市场供应充足且不宜长期存放的物资，如饮用水、速食品等。通过与企业和社会团体签订合同，国家可在紧急情况下迅速调用这些物资。例如，与京东等大型企业的合作，能够利用其广泛的仓库资源，确保物资的快速调用和有效配置。合同储备的适用范围广泛，不仅政府可与企业、社会组织之间建立合作关系，政府间以及企业间同样可通过签署协议实现物资共享。在生产能力储备方面，政府积极寻求与具备生产、转产及研发能力的企业建立合作关系，通过签订协议确保在国家紧急需求时，能够快速响应并生产出所需的储备物资。为激发企业参与合同储备和生产能力储备的积极性，国家将提供相应的财政和税收支持措施。需要强调的是，引入市场主体参与储备的同时，需要有效发挥政府在规划引导和监督管理方面的作用，从而确保储备这一公共服务被有效提供。❶

二是在物资储备操作层面引入市场机制。在物资储备的操作层面，引入市场机制是提升整体效率的核心举措。《国家物资储备管理规定》明确指出，国家储备物资的收储、动用与轮换一般应通过市场化方式进行。当前，我国物资储备以政府为主导，收储环节主要依赖政府采购，但在成本效益考量上，政府仍有优化空间，高价采购现象仍须得到有效控制。因此，必须加大对政府收储行为的监督与审计力度，确保采购价格的合理性。在动用储备物资时，我们应严格遵循市场交易规则，确保有偿使用原则的落实，并严格遵循"谁

---

❶ 李玉泽. 国家物资储备功能研究［D］. 天津：天津大学，2008.

使用、谁付费"的财务核算原则。这样的做法不仅有助于保障储备物资的高效利用，防止资源的无谓浪费，更能确保国家物资储备的可持续性和长期效益。在轮换储备物资的过程中，我们需要精准把握市场动向，科学研判出库的最佳时机，并采用竞价销售的方式，以实现资源的最优配置。这种方式不仅能够增强国有物资储备企业轮换的灵活性和主动性，还能进一步提升资源配置的整体效率，确保国家物资储备体系的稳健运行。通过这些举措，我们将能够更好地应对各种风险和挑战，确保国家物资储备的安全和稳定。同时，不应局限于国内市场，而应积极开拓国际市场，寻找更多的交易机会。加强与国际社会的合作，维护世界粮食和物资储备安全，是我们的共同责任。作为负责任的大国，中国应积极推动企业参与国际合作，探索新的合作模式，为构建更加安全、稳定、合理的国际储备安全体系贡献中国智慧和中国力量。

三是在物资储备基础设施建设层面引入市场机制。物资储备体系的建设离不开基础设施的支撑，包括存储设施、运输设施及互联网手段。在基础设施建设方面，可以引入市场机制，通过国家财政引导或政府和社会资本合作模式吸引民间资本参与。同时，与国内物流企业合作，利用其优势提高配送效率。在大数据、云平台建设上，国有物资储备企业可与互联网企业合作，共同推进相关基础设施建设，从而强化物资储备体系的整体效能。

（四）拓展资金渠道

目前，我国物资储备资金主要依赖财政拨款，然而，财政拨款的灵活性和市场敏感性相对有限。鉴于此，我们提议设立专项的国家物资储备基金，并由专门的国家物资储备基金管理委员会负责其管理、运营与监督，确保基金的保值增值。该基金的资金来源应多元化，包括但不限于财政拨款、储备物资轮换过程中的价差盈利、储备资产的经营收入以及国家物资储备企业的营业收入等。[1]

此外，为了进一步提高资金利用效率并丰富储备基金，可以探索物资储备基础设施的商用租赁模式。通过将部分基础设施以租赁形式提供给商业企业使用，我们不仅可以获取稳定的租赁收入，还能提升基础设施的使用效率。

---

[1] 杨子健. 储备多元化问题研究 [M]. 北京：经济管理出版社，2018：169.

这一做法也借鉴了国际上的先进经验，如美国战略石油储备基础设施的商用租赁模式，有效地增加了战略储备账户的资金来源。

在推行基础设施商用租赁时，必须确保国家物资储备的安全与高效。因此，与承租企业签订事前合同至关重要，合同中应明确约定，一旦国家需要动用相关基础设施，承租企业必须在约定时间内将使用权归还国家。这样既能保证国家的物资储备需求得到满足，又能确保企业的合法权益不受侵犯。

（五）建立健全多元化储备制度

首先，需要构建一套政府与企业并行的多元储备制度。这一制度旨在结合政府储备的掌控和调用优势以及企业储备与生产流通的紧密结合特点，进而提升整体的物资保障能力与运作效率。政府储备在宏观调控和应急响应方面发挥着关键作用，而企业储备则能更灵活地适应市场变化，实现资源的优化配置。通过政府与企业之间的协同合作，可以更好地应对各种复杂多变的物资需求场景，确保重要物资的稳定供应。同时，还应积极鼓励村（居）委会、家庭等基层单位进行必要的应急救灾物资储备。这些基层单位作为社会的基本细胞，对于应对突发事件和灾害具有不可替代的作用。通过加强基层单位的物资储备工作，能够在灾害发生时迅速响应，减轻灾害带来的损失，保障人民群众的生命财产安全。

其次，为了进一步提升储备体系的效率和灵活性，需要推动储备投资主体的多元化。这意味着需要引导更多的企业、社会机构、家庭或个人参与到储备工作中来，共同承担储备责任，整合社会资源。多元化的投资主体可以实现储备资金来源的多样化，降低财政压力，同时激发社会各方面的积极性和创造力。

最后，军民融合是我国经济建设和国防建设协调发展的重要战略。在储备领域，也应吸收军民融合发展战略的精髓，实现各类储备功能的融合。军队储备、政府储备、国防动员等不同类型的储备在功能上具有相通性，如"平时服务、急时应急、战时应战"。通过加强军民融合，可以实现储备资源的共享和优化配置，降低社会成本，提升安全保障能力。这不仅是国家战略的需要，也是提升我国综合国力和国际竞争力的重要举措。[1]

(六) 灵活选择储备模式

当前，我国战略物资储备体制主要有三种模式：第一种是政府直接管理的模式，即政府直接负责储备物资的采购、存储和调配。第二种是国有企业管理模式，这是我国战略物资储备的主要形式。在这种模式下，国有企业如中国储备粮管理总公司、中国储备棉管理总公司和国家石油储备中心等，负责具体的储备管理工作。这些企业凭借其专业性和规模优势，在保障国家物资安全方面发挥着重要作用。第三种是政府委托企业管理模式。针对具体的物资储备要合理选择储备模式，上述储备模式各有其不足之处。以石油储备为例，若选择政府直接管理的模式，该模式本身所涉规则较为复杂，同时需要相当程度的运作成本，若是不结合国内实际情况，不加调整直接采用，会破坏现阶段市场运行的合理秩序，更不利于储备石油的轮换更新。基于此，如何能够兼顾经济秩序和国家安全，便成了当下确立合适的石油储备制度模式的重要着眼点。学者研究建议，我国石油储备体系的建设应分阶段有序进行。初期阶段，主要依赖政府储备，同时辅以商业储备作为补充；随着体系的发展，过渡到中期阶段，政府和企业法定储备将占据主导地位，商业储备继续发挥补充作用；到了体系成熟阶段，最终将建立起以政府储备为引领，机构储备为核心，商业储备为辅助的完整石油储备体系。这样的分阶段建设策略，有助于逐步构建和完善我国的物资储备体系。[2]

(七) 重点领域物资储备专门立法

全球众多发达国家对石油、粮食、矿产等关键物资储备实施了专项立法。在石油储备领域，美国、法国、德国、日本和韩国等国家都制定了相关法律，如美国的《能源政策和储备法》等，这些法律详细规定了石油储备工作的各个环节。在矿产资源储备方面，美国通过《战略与关键矿产储存法》等法律，日本则借助《金属矿业事业团法》等，对稀土和重要金属矿产资源的储

---

[1] 杨子健. 做好新时代国家储备工作 更好防范化解风险挑战 [J]. 中国经贸导刊 (中), 2019 (6): 124-127.
[2] 刘颖, 等. 新时期我国粮食储备政策与调控体系研究 [M]. 北京：人民出版社, 2016: 186.

备进行了系统规范。同时，英国、法国、韩国等国也建立了相应的矿产品储备法律制度。至于粮食储备，美国制定了《仓储法》等法律，对粮食仓储的各个环节进行了细致规定；澳大利亚则通过法律对粮食从生产到销售的整个过程进行了全面规范；日本则通过立法确保粮食的供需平衡与价格稳定。此外，加拿大在谷物储备方面的法律也相当完善，数量众多。这些立法举措共同确保了国家重要战略物资的安全储备与稳定供应。❶ 我国在吸收借鉴域外经验的基础上，极有必要对石油等能源资源、稀土资源等重要资源储备进行专门性立法。

---

❶ 张伟峰，李婉琳，徐绍华. 新时代国家治理体系和治理能力现代化研究综述 [J]. 昆明理工大学学报（社会科学版），2021，21（2）：44–51.

第六章

国家物资储备法律体系的构建思路

第一节　国家物资储备法律体系的构建理念与原则

一、全生命周期管理的国家物资储备

在 2020 年的全国两会上,"全周期管理""全生命周期管理"等成为代表委员们议论的热词,习近平总书记也强调了完善城市治理体系和树立"全周期管理"意识的重要性,要求将全生命周期管理理念融入城市规划、建设、管理的各个环节,探索现代化治理新途径。[1] 这些论断明确了治理体系完善的路径。既凸显了加强全生命周期管理的紧迫性,还提供了相关的行动指南,对增强治理效能、维护社会稳定具有深远影响。国家物资储备体系的构建应当以习近平新时代中国特色社会主义思想为指导,全面贯彻党的二十大和二十届历次全会精神,立足新发展阶段,贯彻新发展理念,理清、捋顺储备职责,建立国家物资储备的全生命周期管理体系,进一步提升储备效能,促进国家物资储备迈向更高水平,更大程度贯彻总体国家安全观理念,为市场活力和社会创造力提供物质保障,为全面建设社会主义现代

---

[1] 王昊魁,李苑,王斑,等."全周期管理":探索城市现代化治理新路子[N]. 光明日报,2020-05-26(7).

化国家保驾护航。

"全周期管理"是管理学概念,指产品从导入到衰退的全程管理,类似于人的生命周期。它强调全程跟踪与介入,确保产品质量,进而提升企业市场竞争力。"全周期管理"旨在全面整合系统要素、结构与机制,确保预警、执行、总结各环节高效协同,实现管理体系整体优化。❶ 从概念与内涵上看,全生命周期管理,即在产品从规划到回收的完整生命周期中,根据各阶段实际需求,实施精准的管理措施。这一管理方式旨在深度优化产品使用效能,增强其可操作性,进而稳固和提升企业的经济效益。构建国家物资储备体系,涉及不同种类、不同数量的大宗物资的仓储、轮换和管理,基于每个发展时期,如何科学调配物资,最大限度发挥储备物资的效能,就需要建立国家物资储备的全生命周期管理体系,以维护国家安全为主线,以持续发挥储备物资的效能为核心,提出国家物资储备的全生命周期管理模式,历经"储备物资管理—数字化管理机制—区域规划—责任机制"四个阶段,实现对储备物资的科学调配,实现储备物资的科学轮换。其中,储备物资管理主要包括制定储备物资品种目录、明确物资储存数量、选定仓储地址、确定轮换周期及储存方式;数字化管理机制主要包括搭建地方物资储备信息平台、储备物资信息查询系统、国家物资储备共享信息库;区域规划主要包括划分不同等级的储备区域以及明确物资调配的运行机制;责任机制主要包括中央储备责任、地方储备责任、社会储备责任、家庭储备责任。如图4所示。通过全生命周期管理体系的实施,可以实现体系化、信息化构建国家物资储备工作的目的,为地域之间共享物资储备信息提供运行机制,同时明确各方主体的储备责任,最大限度地提高国家物资储备体系的效能、增强国家物资储备法律体系的适用性。

---

❶ 常保国,赵健."全周期管理"的科学内涵与实现路径[N].光明日报,2020-09-04(11).

```
                    国家物资储备全生命周期管理体系
        ┌──────────────┬──────────────┬──────────────┐
    储备物资管理      数字化管理机制      区域规划         责任机制
   ├─制定储备物资     ├─搭建地方物资储备信息  ├─划分不同等级的    ├─中央储备责任
   │  品种目录        │  平台            │  储备区域
   ├─明确储存物资数量  ├─搭建储备物资信息查询 ├─明确物资调配的    ├─地方储备责任
   │                 │  系统            │  运行机制
   ├─选定仓储地址     └─搭建国家物资储备共享信息库              ├─社会储备责任
   │
   └─确定轮换周期及储存方式                                 └─家庭储备责任
```

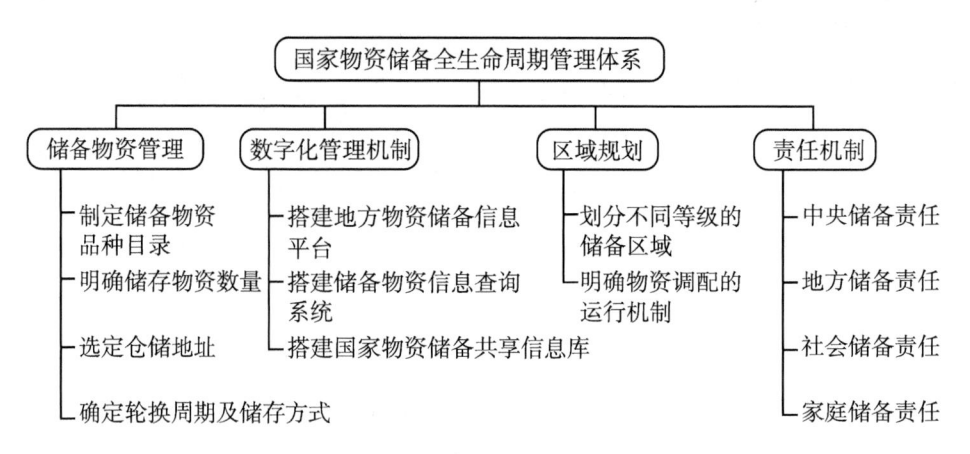

图 4　国家物资储备全生命周期管理体系

二、树立大安全大应急理念

习近平总书记在党的二十大报告中强调，坚持安全第一、预防为主，建立大安全大应急框架，完善公共安全体系，推动公共安全治理模式向事前预防转型。❶ "党的二十大报告提出的建立大安全大应急框架要求，将应急管理工作的定位提升到了更高的层次，也为我们进一步做好应急管理工作指明了方向、提供了遵循。"江苏省淮安市应急管理局综合监管处处长说，新时代面临的形势更复杂、挑战更严峻，要更好地承担时代赋予的使命，坚决守好守牢安全底线。❷

传统意义上的安全主要指军事、政治、外交等方面的安全。党中央为适应新时代安全形势变化，积极应对复杂安全挑战，提出总体国家安全观，推动传统安全观念向更全面、更宽广的大安全理念转变。根据 2020 年 12 月习近平总书记在中央政治局第二十六次集体学习上的重要指示，我们必须高度重视新时代的国家安全工作。在此过程中，坚守总体国家安全观至关重要，它要求我们将国家安全理念深深植根于我国经济社会发展的每个环节，确保

---

❶ 习近平. 高举中国特色社会主义伟大旗帜 为全面建设社会主义现代化国家而团结奋斗：在中国共产党第二十次全国代表大会上的报告 [R/OL]. (2022 - 10 - 25). [2023 - 12 - 09]. http://www.news.cn/politics/2022 - 10/25/c_1129079429. htm.

❷ 赵莲. 树立大安全大应急理念凝神聚力守牢安全底线 [N]. 中国应急管理报, 2022 - 10 - 28 (1).

国家安全与经济社会发展的步调一致、和谐共生。"大安全"格局的构想，深深植根于我国新时代的蓬勃发展需求之中。它应运而生，旨在应对新时代传统行业在数字化转型过程中所面临的种种挑战，以确保我们能够在激烈的市场竞争中稳步前行。大安全观的"大"字，可谓意蕴深远，它超越了传统安全观念的局限，将其触角延伸到了信息传播和网络信息安全领域。众所周知，人类诞生初期，面临的最大威胁是饥荒、自然侵袭、病害以及与其他族群的斗争，在启蒙之前，人们的认识局限于"生命＝安全"。自人类文明的曙光初现以来，人类社会长时间被农耕文化所笼罩，因此生产方式与生活模式并不是十分复杂多变。然而，随着生产力的不断跃升，特别是工业革命的兴起，安全问题也在日益更新，不再在常规领域发生，而是开始向前人想象不到的其他领域出现，现阶段比较显著的是科学技术领域。这一阶段，人们对安全的认识扩展至科技带来的技术安全问题。生命安全的理解深化，包括科技导致的生命与健康安全问题，均属安全范畴。大安全观的提出与形成，是安全理念逐步拓展与充实的体现。当前，安全问题已不再局限于传统的生产领域，而是日益渗透到生活的方方面面，展现出更加广泛和复杂的特征。

"大应急"中的"应"字，承载着应付与对待的深刻内涵；而"急"字，则传达出紧急与危急的强烈意味，它们共同构筑了这一理念的基石。突发事件因其紧急性，成为应急管理的重心，政府等主体需全面应对，包括预防、准备、监测、预警、处置、救援及恢复等环节。作为促进发展安全的中心工作之一，不断强化应急管理工作，对促进人民群众生产生活安全、平稳发展具有深远意义。面对新变化、新局面、新问题，我国不断推进应急管理体系和能力现代化，提升我国应急管理水平，既是当前面临的重大课题，又是长远发展必须持续努力的重要任务。新中国成立以来，随着经济社会不断发展，我国在应急管理方面取得了重大成就。具体表现如图5所示。❶

---

❶ 吴波鸿，张振宇，倪慧荟. 中国应急管理体系70年建设及展望 [J]. 科技导报，2019，37（16）：12－20.

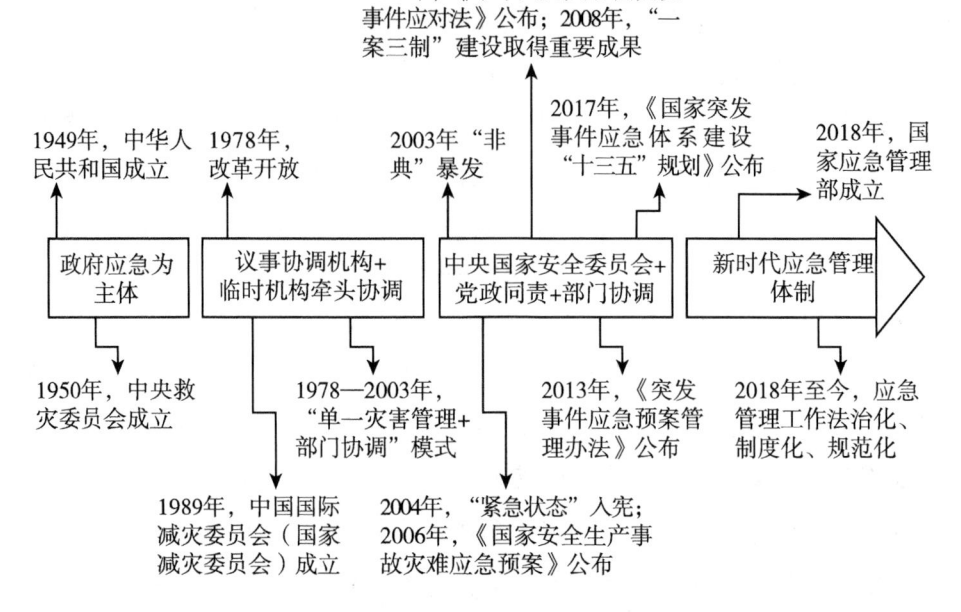

```
1949年，中华人    1978年，    2003年"非    2007年，《中华人民共和国突发
民共和国成立      改革开放    典"暴发      事件应对法》公布；2008年，"一
                                          案三制"建设取得重要成果

                                          2017年，《国家突发
                                          事件应急体系建设          2018年，国
                                          "十三五"规划》公布        家应急管理
                                                                    部成立

┌──────────┐  ┌──────────────┐  ┌──────────────┐  ┌──────────┐
│政府应急为 │  │议事协调机构+ │  │中央国家安全委员会+│ │新时代应急管理│
│主体      │→ │临时机构牵头协调│→│党政同责+部门协调│→│体制        │→
└──────────┘  └──────────────┘  └──────────────┘  └──────────┘

1950年，中央救    1978—2003年，   2013年，《突发      2018年至今，应急
灾委员会成立      "单一灾害管理+  事件应急预案管      管理工作法治化、
                  部门协调"模式   理办法》公布        制度化、规范化

                  1989年，中国国际  2004年，"紧急状态"入宪；
                  减灾委员会（国家  2006年，《国家安全生产事
                  减灾委员会）成立  故灾难应急预案》公布
```

图5　中国应急管理发展阶段与重要节点

　　大数据产业的不断发展，为政府推进各项事业提供了多种支持。国家物资储备体系包括关键性矿产品、原材料、成品油以及具有特殊用途的其他物资。在"大安全、大应急"的格局之下，构建国家物资储备法律体系，运用大数据收集国家物资储备品种、规模、储存地、轮转等信息，在网络平台构建储备物资的信息查询系统，利用大众网络、传感器等多种手段开展数据收集工作，当突发事件、紧急事件发生时，对相关的信息和数据进行收集并作出反应，可以迅速查询当地物资储备的数量能否应对该事件，提高国家物资储备法律体系的响应能力。同时，可以构建国家物资储备共享信息库，各地的储备物资信息平台应与中央连接，全国通用一套信息查询系统，在储备物资数量不足以应对一定规模的事件时，及时查询周边地区的储备物资，由国家对物资进行异地调配，最大限度地保障安全。信息时代下，媒体、社交网络等领域均成为数据开发者，利用大量数据获取收益。国家物资储备直接关系到群众的切身利益。如果政府在应急决策中独自掌控所有数据，不仅会妨碍科学决策的形成，还可能带来不利后果。因此，民众与社会组织必须更加紧密地协作。民众有权了解国家物资储备信息的现状，并且应当拥有对这类

信息的知情权。这样的做法可以确保决策过程的透明与科学，进而防范潜在的风险和损失。因此，在构建国家物资储备法律体系的过程中，必须坚持"大安全、大应急"的理念，打破传统的方式，建立一个数据共享平台，通过此举，我们可以构建一个完善的数据网络，为开展国家物资储备管理工作提供有力支持，从而不断增强人民群众对政府各方面工作的支持与信任。同时，借助大数据共享模式，我们能够吸引更多公众参与国家物资储备工作，共同为国家的安全与发展贡献力量。

三、贯彻全过程人民民主

全过程人民民主根源于社会主义制度的土壤，产生于中国的民主实践，是充满生机活力的社会主义民主。党的二十大报告指出，只有把马克思主义基本原理同中国具体实际相结合、同中华优秀传统文化相结合，坚持运用辩证唯物主义和历史唯物主义，才能正确回答时代和实践提出的重大问题，才能始终保持马克思主义的蓬勃生机和旺盛活力。在中国特色社会主义新时代，以习近平同志为核心的党中央，既创造了中国式现代化道路、创造了人类文明新形态，也推动和拓展了中国式民主，丰富了人类政治文明形态，为在新时代新征程更好保障人民当家作主，坚持人民主体地位，充分体现人民意志、保障人民权益、激发人民创造活力提供了强大理论支撑和坚实制度保证。❶全过程人民民主不仅深化了马克思主义民主理论，更是新时代中国民主政治理论与实践的卓越创新，展现了最广泛、最真实且最高效的特质。它作为社会主义民主政治的核心属性，彰显了我们党在民主理论、制度及实践创新上的卓越成就。改革开放以来，我们在基层社会治理中不断探索创新基层群众自治的实现途径，全过程人民民主能够不断激发人民群众参与基层社会治理的内生动力，促进基层社会和谐稳定，推动基层社会治理水平明显提升。在总体国家安全观下构建国家物资储备法律体系，应当贯彻社会主义民主政治理念、遵循社会主义法律制定程序，将全过程人民民主理论作为制定国家物资储备法的指引，强化其实体和程序上的正当性。我国的全过程人民民主理

---

❶ 吴庆华. 中国式民主的文化基因［N］. 光明日报，2022-12-29（6）.

论呈现出过程的完整性与民主的真实性两大特征，故而国家物资储备法也应当以这两点作为指引。

首先，全过程人民民主制度完善，实践全面，实现了过程与成果、程序与实质、直接与间接民主的统一，展现了全方位、全覆盖的民主特色，是最广泛、最真实且最高效的社会主义民主典范。[1] 从过程上来看，虽然国家物资储备体系的构建由国家和政府主导，但是国家物资储备法律体系在构建过程中也应当建立民主运行机制，在各个环节充分听取群众意见。按照全过程人民民主的内涵，"全过程"可以从全链条、全方位、全覆盖三个角度理解。全链条是以民主选举、民主协商、民主决策、民主管理、民主监督"五大民主"为核心的全链条，这"五大民主"是全过程人民民主理论对民主形式多样性提出的要求；全方位是从主体角度要求各个国家机构协同发力，以党委、人大、政府、政协四套班子为架构，全方位推进民主进程；全覆盖是从范围上表明中国民主的运行范围包括政治、经济、文化、社会、生态文明建设等各个领域，形成了对中国社会的全覆盖。全链条、全方位、全覆盖展现了我国"民主"过程的完整性，从主体到范围再到具体形式都应当贯彻民主理念，这就意味着在国家物资储备运行的过程中，除了涉及国家秘密的内容，有关国家物资储备体系的运行也应当向社会公开，只有这样才能保证国家物资储备法律体系在实践中能够发挥最大效用，鼓励全体社会成员作为国家物资储备的社会主体与国家积极配合，形成国家和社会调配资源的良性互动，加快构建国家物资储备法律体系，落实国家物资储备法律体系的实效性。同时，按照"全过程"的要求，国家物资储备法律体系还应当包括社会主体与国家之间的沟通机制，在国家对物资储备进行自我监督的同时，将相关物资储备信息向社会公开，加强对物资储备的监督，确保国家机关在国家物资储备法律规定的范围内行使职权、履行职责。

其次，全过程人民民主体现了我国民主政治的真实性。党的十九届六中全会通过的《中共中央关于党的百年奋斗重大成就和历史经验的决议》强调坚持党的领导、人民当家作主、依法治国相统一，发展全过程人民民主，完

---

[1] 王晨. 全过程人民民主是社会主义民主政治的本质属性 [N]. 人民日报，2022-11-03 (6).

善制度，构建多样、畅通、有序的民主渠道，丰富民主形式，确保制度与治理体现人民意志、保障人民权益、激发人民创造。2019 年 11 月 2 日，习近平总书记在上海考察时指出，人民民主是全过程人民民主，重大立法决策须民主酝酿、科学民主决策。[1] 这凸显了"以人为本"的核心要义，是习近平总书记第一次提出"全过程人民民主"的理念，后来在"七一讲话"和中央人大工作会议上，习近平总书记又对全过程人民民主予以强调并深入阐述。从目的上来看，国家物资储备法律体系作为中国特色社会主义法律体系的组成部分，最终要维护的是最广大人民群众的利益。无论是从其对国家安全的保障，还是从其应急性、战略性、调配性的性质上来看，国家物资储备都是为了提高国家应对战争、传染性疾病、自然灾害等突发性事件的能力，以保障国家的安全、维护社会的稳定，从而最大限度地保护本国国民的生命健康与财产安全。因此，将全过程人民民主理念作为国家物资储备法律体系构建的指引，可以彰显我国法律体系"以人为本"的价值理念。

第二节 国家物资储备法律体系的构建逻辑

一、国家物资储备法律体系的实践逻辑

在当前这个瞬息万变的世界格局下，地区国家之间冲突或摩擦时有发生，我国在发展过程中，也一直受到国内外诸多影响，加强国家物资储备对维护国家安全具有重要作用，为我国迎接挑战奠定坚实基础。

（一）党和国家的重视

首先，在不断总结经验教训的基础上，党和国家对国家物资储备的重视力度不断增强，为国家物资储备制度的发展提供了重要支撑。就病毒危机而

---

[1] 习近平. 中国的民主是一种全过程的人民民主 [EB/OL]. (2019 - 11 - 03) [2023 - 02 - 20]. http://news.cnr.cn/native/gd/20191103/t20191103_524843014.shtml.

言，从世界范围看，病毒每隔几年就会出现，因此不能对传染病的防控麻痹大意，应早做筹谋。例如，美国为预防 H5N1 型禽流感在人与人之间传播，美国食品药品管理局在 2007 年 4 月核准了国际上首支人用 H5N1 型禽流感病毒疫苗的生产，但未将此疫苗上市，而是先将其纳入国家储备掌控，计划将储备至 2000 万人的用量。[1] 我国虽有"非典"期间的疫情处理经验，但是新冠病毒感染疫情在凸显我国制度优势的同时，也让我国物资储备体系存在的问题得以暴露。国家物资储备工作在新冠病毒感染疫情暴发的同时也引起了全国上下的高度重视。2020 年 2 月 14 日，习近平总书记强调，要健全统一的应急物资保障体系，把应急物资保障作为国家应急管理体系建设的重要内容，按照集中管理、统一调拨、平时服务、灾时应急、采储结合、节约高效的原则，尽快健全相关工作机制和应急预案。要建立国家统一的应急物资采购供应体系，对应急救援物资实行集中管理、统一调拨、统一配送，推动应急物资供应保障网更加高效安全可控。[2]

其次，我国各类资源基础较好。我国国土面积广阔，各类资源储量较多、种类较为齐全。以重要战略资源稀土为例，现在世界稀土矿产资源主要集中在中国、俄罗斯、美国、澳大利亚和印度等国。我国稀土储量虽然由于早期的各种低价出口、不规范开采、违法开采等行为遭受严重损失，但是当前我国仍然是稀土拥有量占比较大的国家。据美国地质调查局 2015 年资料显示，世界稀土储量为 1.3 亿吨（以稀土氧化物计），其中，中国为 5500 万吨、巴西 2200 万吨、澳大利亚为 210 万吨、印度为 310 万吨、马来西亚为 3 万吨、美国为 1300 万吨，其他国家合计有 4100 万吨。[3] 我国矿产资源基础也较好。截至 2018 年，主要矿产中有 37 种查明资源储量增长，11 种减少。其中，煤炭查明资源储量增长 2.5%，石油剩余技术可采储量增长 0.9%，天然气增长

---

[1] 于双平，姜晓舜，王松俊. 美国的灾害救援应急医疗物资国家战略储备 [J]. 中国急救复苏与灾害医学杂志，2008（4）：228-229.
[2] 新华社. 习近平主持召开中央全面深化改革委员会第十二次会议强调：完善重大疫情防控体制机制 健全国家公共卫生应急管理体系 [EB/OL]. (2020-02-14) [2024-03-24]. https://www.gov.cn/xinwen/2020-02/14/content_5478896.htm.
[3] 张召忠. 没有中国稀土，美国真的就完了吗 [EB/OL]. (2019-05-27) [2021-02-22]. https://known.ifeng.com/a/20190527/45534288_0.shtml.

4.9%，铜矿增长 7.9%，镍矿增长 6.2%，钨矿增长 4.0%，铂族金属增长 9.8%，硫铁矿增长 4.0%，锂矿增长 12.9%，萤石增长 6.4%，晶质石墨增长 19.0%，硅灰石增长 35.2%。全国探明地质储量超过亿吨的油田 3 处、超过 3000 亿立方米的天然气田 1 个。❶

最后，我国几十年的国家物资储备经验为今后的国家物资储备体系的健全完善提供了丰厚积淀。我国的国家物资储备体系始建于 20 世纪 50 年代初，经过 70 余年的发展，早期形成国家物资储备局、储备物资管理局（办事处）和基层单位的三级垂直管理体制，建设了完善的储备仓库体系，储备了一定规模的国家物资，在支持国防建设、经济建设、抗灾救灾等方面作出了积极贡献，同时也积累了大量经验教训。2018 年，党和国家机构改革，组建国家粮食和物资储备局，根据国家储备总体发展规划和品种目录，组织实施国家战略和应急储备物资的收储、轮换、管理等，提升国家储备应对突发事件的能力。国家组建国家粮食和物资储备局，并将其主要职责予以明晰，同相关部门的职权职责进一步划分，同时出台制定了一系列制度规范，这些举措都为我国今后物资储备工作的发展完善奠定了坚实基础。

（二）保密工作的完善

国家战略物资储备具有很强的"保密"性质，任何泄露储备方式、储备布局、储备品种和储备原则的行为都可能对国家利益造成损害。因此，国家物资储备系统作为国家战略储备物资的相关管理机构，一直严格遵守国家的保密制度，又受到三级垂直管理结构模式的影响，减少了各省储备物资管理局与所在地之间的横向联系。2019 年 10 月，国务院新闻办公室发布《中国的粮食安全》白皮书，明确指出，我国粮食安全取得了举世瞩目的巨大成就，但是面对新形势带来的挑战，粮食安全问题依然一刻都不能放松。❷ 随着国家储备系统进入物流市场，显现出新矛盾，具体表现在以下三方面：（1）保密要求与功能发挥之间的矛盾。国家物资储备作为保障国家经济安全的重要部门，其作用和价值不言而喻，但是，之所以近年来未见其发挥明显

---

❶ 中华人民共和国自然资源部. 中国矿产资源报告 (2019) [M]. 北京：地质出版社，2019：1-2.
❷ 国务院新闻办公室. 中国的粮食安全 [EB/OL]. (2019-10-14) [2024-03-24]. https://www.gov.cn/zhengce/2019-10/14/content_5439410.htm.

的经济调节作用，与现行的"与世隔绝"的保密制度要求是分不开的。市场经济是"需求"经济，只有"被需要"的部门和职能才能在市场调节中发挥作用，而国家储备的尴尬并不是不被需要，而是不被知晓，当国家相关部门在调节经济、国家重点企业发生生产危机、国家重点保障性产业需要扶持，甚至是国家发生严重自然灾害需要调节物资时，基本没有运用到国家储备的物资、仓库、资源和人力，由此可见，现有的保密要求影响了我们国家储备的功能发挥。(2) 封闭管理与系统发展之间的矛盾。国家物资储备系统近年来面临着改革与发展的问题，在系统发展的谋划中，树立"国储"主业意识与参与市场竞争都是发展的方向，可无论哪种发展方向，必要的"开发"都是不可或缺的，因为任何一个现代市场经济中的系统，都不能孤立地实现发展，都需要融合与开发的过程。(3) 自成体系与区位划分之间的矛盾。各省储备物资管理局在现行的管理模式中与地方政府在业务内容上不发生横向联系，但是由于区位划分很多日常事务又与所在地政府息息相关，在发展上更是需要地方政府的大力支持，如土地置换、项目审批、消防管理等。这样，就形成了各省管理局既在服务地方政府的职能上欠缺，又需要地方政府提供支持的"两难"局面。

国家粮食和物资储备局党组书记认为："保密工作事关党和国家安全和利益。要以习近平新时代中国特色社会主义思想和党的十九大精神为指导，深入学习领会习近平总书记关于加强保密工作的重要指示批示精神，认真贯彻落实全国保密工作会议部署，全面做好粮食和物资储备系统保密工作。"要结合实际情况，推进保密工作，完善体制机制，强化责任意识，开展保密教育，加强定密、涉密人员和网络保密管理，提升保密管理的法治化、科学化和规范化水平。❶

自机构改革以来，国家粮食和物资储备局办公室肩负起了新的使命，致力于全面提升保密工作的规范化、科学化和制度化水平。经过深入研究和实践探索，其对现有的保密制度进行了全面梳理和修订，共计完善了31项保密制度，这些制度涵盖了保密工作的各个方面，从定密管理到责任追究，都作

---

❶ 王婉. 国家粮食和物资储备局：大国粮仓 保密守护 [J]. 保密工作, 2020 (6)：21-22.

出了详细的规定和明确的要求。同时，始终把"人"的管理作为保密工作的核心，积极开展保密宣传教育活动。通过举办保密知识讲座、开展保密知识竞赛等多种形式，不断提升全体干部的保密法治意识和红线意识，确保他们充分了解和掌握保密工作的要求和规定。

二、国家物资储备法律体系的规范逻辑

当前，中国客观存在的几种规范体系是法律规范、党内法规、党的政策、国家政策、社会规范。法律规范来自有立法权的国家机关；党内法规及其政策来自执政党组织；国家政策来自国家行政机关；社会规范来自社会自身以及各种各样的社会组织机构。❶ 截至2021年2月21日，在北大法宝以"全文＋附件：物资储备"为检索条件进行检索，共在中央层面获得1334项数据，地方层面获得19881项数据，另有立法资料116条、立法计划10项、中外条约3份❷、法律动态211项。

（一）中央层面关于物资储备方面的法律法规规章及规范性文件

目前，我国物资储备领域已经出台《中央储备粮管理条例》《中央储备肉管理办法》《中央储备糖管理办法》《国家物资储备管理规定》等一系列规范。

国家物资储备领域涉及物资品目繁多，制度体系建立完善需要一定时间和经验积累。以公共医疗卫生领域物资储备制度体系来说，自"非典"疫情发生以来，我国逐渐形成了包括医疗物资储备制度在内的成熟的应急物资储备制度。2003年，《突发公共卫生事件应急条例》要求各级政府及相关部门根据预案储备应急物资。随后，各地制定了实施办法和预案。次年，《传染病防治法》修订，明确了政府储备传染病防治物资的职责。2015年，多部委联合指导自然灾害救助物资储备体系建设。2020年，国家发展和改革委员会等多部门强化防疫物资供应，包括医用防护服、N95口罩等。文件明确，收

---

❶ 刘作翔. 当代中国的规范体系：理论与制度结构［J］. 中国社会科学，2019（7）：88.
❷ 分别是《东盟与中日韩抗击新冠肺炎疫情领导人特别会议联合声明》《"一带一路"国际合作高级别视频会议联合声明》《中国关于联合国成立75周年立场文件》等三份条约。

· 169 ·

储物资由国家统一管理和调拨,优化资源配置。政府兜底采购目录中企业生产的重点医疗防护物资,消除企业增产滞销风险,鼓励企业增产。同时,实施目录动态管理,加强公共卫生应急物资保障能力建设。文件的及时出台保障了企业生产,彰显政府在应急物资储备工作上的决心。未来,政府将持续强化相关工作,确保物资迅速有效调配,保障人民健康安全。

(二) 各地方关于物资储备方面的法规规章及规范性文件

21世纪以来,各地方相继出台制定了关于物资储备方面的制度规范。例如,《北京市储备粮管理办法》《天津市粮食流通管理办法》《河北省粮食流通管理规定》《内蒙古自治区粮食流通管理办法》《吉林省〈粮食流通管理条例〉实施办法》《江苏省地方储备粮管理办法》《浙江省实施〈粮食流通管理条例〉办法》《浙江省地方储备粮管理办法》《安徽省省级储备粮管理办法》。以公共卫生领域为例,具体到湖北省,2006年该省原卫生厅制定的《湖北省应对突发公共卫生事件应急处理物资储备指南(试行)》(以下简称《指南》)规定,各级卫生行政部门按照指南规定的储备物资品种与数量,在卫生应急工作经费中安排专项资金,确保突发公共卫生事件应急物资储备到位;各级疾控中心负责卫生防疫应急物资采购、保管与更新,卫生行政部门指定的医疗救治定点医院负责本辖区内的救治药品、器械的采购、保管与更新。这份《指南》还规定,储备物资种类包括:预防性消毒、杀虫、灭鼠药剂;现场采样用品;个人防护品等八大类,并对应急储备物资品种与数量,以及省、市(州)、县(市、区)三级卫生行政部门储备的数量,都给出了明确规定。例如,对防护服储备要求,省、市(州)、县(市、区)卫生行政单位分别为200套、50套、50套;对防护口罩储备要求,省、市(州)、县(市、区)卫生行政单位分别为400个、300个、200个。此后,湖北省卫健委制定了《湖北省省级卫生应急物资储备管理办法》(以下简称《办法》),明确了卫生应急物资的储备方式,即"按照《湖北省突发事件卫生应急物资储备目录》中规定的品种目录,根据各类物资的特点分别采取卫生计生行政部门实物储备、卫生计生行政部门应急资金储备和国药控股湖北有限公司实物储备、国药控股湖北有限公司合同储备、国药控股湖北有限公司生产能力储备等储备方式"。该《办法》提出,湖北省卫生计生委依托国药控股湖北有限公司在武汉及全省其他地区的14个医药仓库,建立卫生应急物资储备库,加挂"湖北省卫生应急物资××储备库"标牌。根据区域范围和地理特点,14个卫生应急储备库负责不同地区发生突发事件时卫生应急物资的调用。该《办法》附录"省级卫生应急基本物资储备目录"中,防护服的要求储备量为150套,防护眼镜/眼罩为200副,医用防护口罩为200只,N95口罩或FFP3口罩为500只。但若从疫情防控的实际出发,该《办法》中所列的相关常用防护物资储备量显然不足。但值得注意的是,在应急物资储备体系中,现有库存量的大小并非应对突发事件的唯一要素,其他因素同样重要。

(三) 其他类型的规范

1. 在立法计划方面

《湖北省人民政府办公厅关于印发省人民政府2020年立法计划的通知》(鄂政办发〔2020〕25号)将"湖北省医疗应急物资储备管理办法"(省经信厅起草)作为2020年湖北省的立法计划项目。《上海市人民政府办公厅关于印发2020年市政府规章立法工作计划的通知》(沪府办〔2020〕15号)将"上海市市级储备粮管理办法"(市粮食物资储备局起草)作为2020年上海市政府立法的预备项目。《安徽省人大常委会2020年立法计划》将"安徽省粮食安全保障条例"(国家粮食和物资储备局安徽局起草)作为调研论证项目。

2. 在中外条约方面

2020年4月14日,中国、日本、韩国以及东盟各国元首/政府首脑通过视频方式召开东盟与中日韩(10+3)抗击新冠肺炎疫情领导人特别会议。会议签订《东盟与中日韩抗击新冠肺炎疫情领导人特别会议联合声明》(以下简称《声明》),该《声明》的其中一项决定是:"考虑建立10+3重要医疗物资储备,确保快速满足紧急需求。鼓励利用包括东盟人道主义救援协调中心(AHA)管理的仓库在内的现有区域应急储备设施,进一步考虑动用10+3大米紧急储备机制(APTERR)。"2020年6月18日签订生效的《"一带一路"国际合作高级别视频会议联合声明》指出,卫生产品的公平可及是全球的首要任务。在全球化的今天,任何国家都无法独善其身,卫生产品的短缺或分配不均都可能对全球公共卫生安全构成威胁。因此,加强质量可靠的卫生产品的供应和分配,确保每个人都能公平地获得所需的卫生产品,已成为全球社会的共同目标。疫苗不仅是一种商品,更是一种全球公共产品。在全球疫情面前,任何国家都不能独善其身,疫苗的使用应该超越国界和地域的限制,以公平、公正、透明的方式分配给全球各地的人们。2020年9月10日签订的《中国关于联合国成立75周年立场文件》中指出,新冠疫情暴露出公共卫生安全治理的短板,亟待完善体系,筑牢防线。为加速应对突发卫生事件,建立全球和地区防疫物资储备中心至关重要,确保关键时刻物资供应,高效防控疫情。同时,强化政策对话与交流,确保人民生命安全和健康成为国际优先议题。我们携手共建人类卫生健康共同体,共同追求全球公共卫生安全的共同目标。

3. 在行业规定方面

《中国铁路总公司关于印发〈铁路防洪工作管理办法〉的通知》(铁总运〔2017〕8号)第17条规定:铁路局"应本着分散与集中相结合的原则,及时将防洪料具存放在便于装卸的地点。汛期,有关站段、采石场和各级材料厂要有一定的物资储备。铁路局主要防洪储备料具的数量、地点报总公司防洪办备案。"《中国农业发展银行关于印发〈中国农业发展银行国家专项储备贷款管理暂行规定〉的通知》对国家专项储备贷款的对象、条件等内容作了规定。

三、国家物资储备法律体系中行政法原则的适用逻辑

(一) 比例原则的适用逻辑

比例原则萌芽于19世纪普鲁士高等法院对预防警察权力扩张侵害社会公众利益的十字架山判决。[1] 我国台湾地区著名行政法学者陈新民教授认为,"比例原则是拘束行政权力违法最有效的原则,其在行政法学中所扮演的角

---

[1] 梁超. 比例原则应否引入民法: 与郑晓剑先生商榷 [J]. 山东大学法律评论, 2018 (00): 102.

色，可比拟'诚信原则'在民法中居于'霸王条款'之地位，所以，吾人称比例原则是行政法中之'帝王条例'，当不为过"。❶ 比例原则作为行政法的基本原则之一，对依法行政、合理行政具有重要的指引作用。行政法语境下的比例原则，是指行政机关实施行政行为对行政相对人合法权益产生的不利影响限制在最小限度的范围内。

将比例原则适用于国家物资储备法律体系的构建中是有意义且必要的，主要体现在实体和程序两方面。就实体而言，国家储备物资的行为与结果，不能给社会公众利益产生不合理的影响。储备物资虽然是为了应对未知的风险，但储备应当有计划，包括储备物资的种类、数量；等等。这种有计划的安排实际上就是比例原则的体现，它可以防止中央或地方在常态化情况下对物资的过度收储，否则极易导致常态化下社会公众无法正常购买、使用物资，或者产生供不应求情况下的物价上涨问题，进而对社会公众合法权益造成不合理影响。就程序而言，储备物资的实体效果都需遵循既定流程而实现，这离不开严谨程序的遵循。程序合比例是确保实体合比例得以达成的基石，它为结果的产生提供了有序且合理的路径；而实体合比例，作为程序合比例的最终展现，确保了结果的公正与有效。两者相互依存，共同确保结果的正确性和可靠性。在国家物资储备法律体系构建中，要全面考虑物资储备的各项法定程序，这些程序需要通过合宪性审查，最终实现以程序保障实体，切实维护社会公众合法权益。

（二）行政效能原则的适用逻辑

以最小投入获最大收益，被视为高效追求。2020年2月14日，习近平总书记提出，健全国家储备体系，科学调整储备的品类、规模、结构，提升储备效能。❷ 行政效能原则已应用于国家物资储备法律体系构建，这正是习近平总书记强调的储备效能问题。在此要求下，笔者认为国家物资储备法律体系的构建应当从以下几个方面适用行政效能原则。

---

❶ 陈新民. 行政法学总论 [M]. 9版. 台北：三民书局，2015：67.
❷ 新华社. 习近平主持召开中央全面深化改革委员会第十二次会议强调：完善重大疫情防控体制机制 健全国家公共卫生应急管理体系 [EB/OL]. (2020-02-14) [2024-03-24]. https://www.gov.cn/xinwen/2020-02/14/content_5478896.htm.

第一,物资储备主体或组织的形态,是否符合物资储备目的。首先,物资储备的主体应当包括哪些,是否必须由国家所承担,或者在国家之外是否还包括其他主体,这是提升储备效能应当回答的前提性问题,也是检验储备效能的第一向度。这个问题实际上可以转化为在物资储备中哪个主体的行为会更有效。从国家物资储备的现状来看,我国采用的是多维主体共同参与储备的模式,包括国家储备、企业储备、个人储备等,这是国家"大储备"格局的重要表现之一,在专门的国家物资储备法律体系构建中,应当不断完善储备主体,充分发挥"大储备"模式的功能优势。其次,储备主体的结构形态,对储备目的的实现也是有影响的。这一方面体现在中央储备主体与地方储备主体在物资储备中的任务和作用,另一方面体现在公法主体和私法主体在物资储备中的任务和作用。不同级别、不同性质的主体在物资储备中具有不同的职能和作用,国家物资储备法律体系的构建必须将其考虑其中,这样才能实现物资储备中各主体的扬长避短,更大限度提升储备效能。

第二,储备的行为或手段,是否符合储备目的。在行政法上,关于行政任务与行政手段之间的关系处理,也是衡量行政效能的重要标准。以效能达成为核心目标,对行政任务与行政手段之间的契合度进行评估,构成了规制及其法制化研究的关键组成部分。国家物资储备法律体系中,应当在确定储备主体的基础上,对不同主体的储备手段进行规制,同时在其中也要关注比例概念,即规制的成本应当与收益相当。❶

第三,储备目的实现的程序是否合适。为了高效完成行政任务,组织在构建时既要考虑组织形态、行政资源和手段等运行体制的建立,也要重视办事流程等运作机制的设计。办事流程的合理性对组织执行效率至关重要,是高效完成任务的关键所在。在国家物资储备法律体系构建中,应当从以下几个方面考虑程序问题。首先,储备行为的程序是否合适,这一点与比例原则的适用是有重合的,也即物资储备尤其是国家物资储备的行政行为,应当与保护社会公众利益之间达成平衡,要避免出现因物资储备而产生的干扰社会

---

❶ 安东尼·奥格斯.规制:法律形式与经济学理论[M].骆梅英,译.北京:中国人民大学出版社,2008:345.

秩序的情况。其次，储备的程序应当符合既有的一般性法定程序装置和要求，即一般情况下不能违背既定的有效规则。但这是有例外情况的，一是一般性程序缺失；二是需要在一般性程序的基础上增加特殊程序；三是个别情况下针对特定需求，我们必须设计出区别于常规的程序。在此过程中，程序设计不仅应紧扣物资储备的初衷，还需深入考量对物资储备效能的具体要求，确保程序的实用性和高效性。

（三）行政公开原则的适用逻辑

行政公开原则是社会主义事业发展的重要内容，是行政法的一项基本原则，行政公开有利于提高政府工作的透明度、强化对权力的监督、保障人民群众的宪法权利。行政公开原则强调政府行为在保密前提下应公开透明，保障公众知情权。相关法规、政策及其执行需依法公开，公众可查询、复制信息。行政会议、决策及工作动态等应接受媒体监督，提升透明度与信任度。随着相关法规实施和政府建设推进，行政公开原则备受关注。

关于行政公开原则在国家物资储备法律体系中的适用，应当首先从国家物资储备相关事宜公开的必要性入手。这些事宜是否有必要对社会公众进行公开，是行政公开原则在国家物资储备法律体系构建中适用的基本前提。应当明确的是，国家物资储备的有关事宜对社会公众具有重要影响，应当属于政府信息。根据《中华人民共和国政府信息公开条例》（以下简称《政府信息公开条例》）第 1 条，政府信息公开不仅是政府的一项基本职责，更是为了保障公民、法人和其他组织依法获取政府信息，增强政府工作的透明度，推动法治政府建设，从而充分发挥政府信息在促进经济社会发展、服务人民群众生产生活中的积极作用。因此，国家物资储备相关事宜的公开显得尤为重要。这不仅能够保障公众的知情权，提升储备的透明度，还能有效预防和应对突发事件带来的社会不稳定因素，增强社会的稳定性和和谐性。例如，2018 年，国家粮食和物资储备局开通了 12325 全国粮食流通监管热线，这不仅拓宽了社会监督的渠道，增强了公众的参与度和监督力度，还有效提升了监管效能和储备管理的透明度，为构建更加安全、高效、透明的物资储备体系奠定了坚实基础。这一举措充分展示了物资储备领域信息公开的积极成果和深远影响。因此，我们需要进一步深入思考和探讨哪些物资储备相关事宜应当公开，通过立法手段明确公开的内容和要求，制定更加具体、可操作的公开标准和程序，从而更好地实现储备目标，提高储备效能。同时，在公开过程中，我们也应严格遵守法定程序，确保公开工作的规范性和有效性，实现储备目的与公开程序的有机统一，为构建更加公开、透明、高效的政府治理体系贡献力量。

第三节　国家物资储备法律体系的基本制度

一、国家储备物资的收储、动用、轮换制度

我国的物资储备工作由国家发展和改革委员会主导。国家发展和改革委员会下属的国家粮食和物资储备局及其各级管理机构，负责物资储备的管理与监督。财政部则负责物资储备的财政管理和国有资产管理，与国家发展和改革委员会协同合作，确保国家物资储备工作的有序进行。

在国家储备物资的收储问题上，这一流程通常由国家发展和改革委员会牵头，会同财政部等有关部门共同进行初步规划。规划完成后，将提交至国务院进行审批。待国务院批准后，国家发展和改革委员会将依据已获批的国家物资储备发展规划，再次与财政部等部门合作，制订年度国家储备物资的收储计划，并再次上报国务院进行审批。经过国务院的审批后，具体的收储工作将由国家粮食和物资储备局负责实施。国家粮食和物资储备局将严格按照国务院批准的年度收储计划，开展国家储备物资的收储工作。此外，为了更有效地支撑国家储备物资的收储与动用决策，国家粮食和物资储备局还建立了监测预警机制，提供及时、准确的数据支持。

在国家储备物资的动用问题上，当面临特别重大或突发事件，急需调用物资以应对紧急状况时；或国家宏观调控政策需要动用储备物资以平衡市场供需时；以及依据法律、行政法规规定或国务院的特别决定，国家粮食和物

资储备局会主动向国家发展和改革委员会与财政部提出动用储备物资的建议,并提请国务院进行审批。在此过程中,储备局还需负责制订详细的国家储备物资动用预案,并预先做好物资调配、运输协调等准备工作,确保在关键时刻能够迅速而有序地动用储备物资。通过这一系列措施,才能确保国家储备物资在紧急情况下能够迅速、有效地发挥作用,为维护国家安全和稳定提供有力保障。同时,这也体现了我国在储备物资管理上的高效性和前瞻性,为应对各种突发情况提供了坚实的物质基础。

在国家储备物资的轮换问题上,国家发展和改革委员会与财政部携手合作,共同建立起一套科学、规范的轮换机制。这一机制不仅明确了轮换的条件、程序等核心要素,还充分考虑了物资的特性、市场需求以及国家战略需要等因素。在此基础上,国家粮食和物资储备局作为国家物资储备的管理和执行机构,根据国家发展和改革委员会与财政部确立的轮换机制,结合国家物资储备发展规划的具体要求,精心制订年度及中长期的国家储备物资轮换计划。这一计划旨在确保储备物资始终保持良好状态,满足国家应急需求和战略需求。

在制订轮换计划时,国家粮食和物资储备局会综合考虑物资的品种、规模、储存时间、品质状况等多种因素,确保轮换计划的合理性和有效性。同时,轮换计划的制定还会紧密结合国家经济社会发展需要和国家安全战略,确保国家储备物资能够在关键时刻发挥应有的作用。在实施轮换计划时,国家粮食和物资储备局会遵循市场化原则,通过公开招标、竞争性谈判等方式选择合格的供应商和承运商,确保轮换工作的公开、公平和公正。同时,国家粮食和物资储备局还会加强与相关部门的沟通协调,确保轮换工作的顺利进行。

需要指出的是,国家储备物资的收储、动用和轮换都是关系到国家安全和战略利益的重要环节。因此,在轮换过程中,任何组织和个人都不得以任何方式侵占、破坏和挪用国家储备物资。同时,交通运输部门也会优先安排国家储备物资的装卸和运输,确保物资的安全、及时到达指定地点。

此外,国家储备物资的收储、轮换计划与部门预算紧密相连。国家粮食和物资储备局在制订轮换计划时,会充分考虑财政资金的安排和使用情况,确保轮换工作的经济效益和社会效益。经财政部依法核定后，轮换和动用过程中产生的盈余将上缴中央财政，而发生的亏损则由中央财政进行补贴，从而保障国家物资储备管理工作的稳健运行和持续发展。

二、国家储备物资的储存管理制度

国家储备物资的日常储存与保管工作，主要由国家物资储备仓库承担。在得到国家发展和改革委员会与财政部的批准后，国家粮食和物资储备局也可选择委托其他专业机构来负责此方面工作。国家粮食和物资储备局应当依据相关法律法规及其他有关规定制定各项管理制度，并依此对国家储备物资进行有效监管，从而确保账目与实物相符。

国家储备物资的储存管理原则是布局合理、经济便捷、安全适用。国家粮食和物资储备局应严格选择承储单位，确保其承担储备物资的数量、质量和安全责任。承储单位须遵守国家法规，执行指令，并接受监督。相关费用纳入中央预算，有计划安排基建投资和改造资金。应探索政府购买服务的新机制。储备物资和资金不得用于担保或债务清偿，未经批准不得用于投资、出租等经营活动。

在加强国家储备物资管理的同时，我们还应着眼于储备物资的有效利用，以确保国家物资储备的安全稳定。通过科学合理的物资轮换和更新，我们可以提高储备物资的使用效益，满足国家发展和应对突发事件的需要。因此，我们需要建立健全监测体系，及时了解国家储备物资的库存状况和使用情况，并制订相应的调度计划，以确保储备物资的及时供应和有效利用。在未来的发展中，我们还可以进一步优化国家储备物资管理的技术手段，借助物联网、大数据和人工智能等技术，提升储备物资管理的效率和精确度。同时，加强与各相关部门和单位的合作，共同推动国家物资储备管理体系的现代化建设，为国家安全和发展提供坚实的物资保障。

三、国家储备物资的目录管理制度

国家储备物资的目录管理制度，已在我国有关立法中予以明确规定。2015年，国家发展和改革委员会与财政部颁布的《国家物资储备管理规定》第 4 条要求,国家储备物资实行目录管理,明确品种和规模,定期评估,动态调整。在确定储备物资目录、品种和规模时,根据该规定第 5 条,应综合考虑国家发展战略需要、资源状况、供应风险、经济风险以及其他相关因素。

在当前我国不断强调推行政务工作规范化、标准化的背景下,为了更好地应对突发事件,满足处置需求,我们对国家储备物资实施目录管理。此举旨在便于更加严密、高效、规范、准确地开展应急保障重点物资的组织调配、资源调整以及储备管理等基本工作。同时,对储备物资进行目录管理,对国家物资储备工作也具有重要的指导意义,便于及时检查、评估目录库中的物资情况,确保储备物资的充足。

四、国家储备物资的监测预警制度

随着农业供给侧结构性改革的深入推进,粮食流通形势出现新的变化,对粮食市场监测预警工作提出了更高的要求。❶ 对储备物资进行监测预警是有效发挥储备物资功能的必要手段。当前,由于在物资储备中我国储备管理部门和相应的行业管理部门是相互分离的,对储备相关领域及重点工作的跟踪不及时、研判不准确、反应不及时等,影响了储备物资功能作用的有效发挥。近年来,国内国际一些突发事件发生时物资供应中存在的一些窘境,更是提醒我们需要加强对储备物资的监测预警,监测预警在政府工作中也屡次被强调。物资储备是防范化解重大风险的重要政策工具,因此,应当加大相关领域的监测预警工作力度,及时发现和防范化解风险,提高应对各项政策决策的针对性和精准度。

随着互联网、大数据等信息技术的广泛推广和应用,监测预警技术和设备也在不断更新升级,通过信息化手段,不断优化物资市场监测点布局、提升市场监测信息化水平,并在特殊情况、特殊领域开展重点监测等,通过这样的信息化、系统化手段和整体性思维构建国家安全风险以及储备物资的监

---

❶ 国家粮食和物资储备局.2019 中国粮食和物资储备发展报告 [M]. 北京:经济管理出版社,2019:34.

测预警制度，强化不同主体在监测预警工作中的协调联动，提升信息收集、分析、分享和处理能力，对提升物资储备效能意义重大。

五、国家储备物资与财政预算的衔接制度

预算，深刻体现了国家的战略意图和政策导向，它清晰地勾勒出政府的活动范围和行动方向。作为国家治理体系和治理能力现代化的重要基石，预算在推动国家治理进步中发挥着不可替代的作用。此外，预算还是宏观调控的得力工具，为国家经济的稳定发展提供了重要保障。自党的十八大以来，我国积极贯彻党中央、国务院的决策部署，持续深化财政预算管理制度的改革与完善工作。这一系列的改革措施旨在更好地适应经济社会发展需要，提升预算管理效率，为国家长治久安提供坚实的财政保障，其中关于国家储备物资与财政预算的衔接机制也不断被予以重视。在我国，物资储备资金主要来源于政府，物资储备资金与储备物资量的联系非常紧密，如果国家财政预算充足，那么储备物资量就比较充足，反之则会出现国家物资储备量相对较为匮乏的情况。因此在我国，国家储备物资一定是与财政预算相互衔接、互为影响的。另外，根据国家物资储备的既有制度，国家储备物资的收储、动用、轮换，一般应当通过市场化方式进行，在国家物资储备实行政府计划的模式下，通过市场化的方式对物资进行收储、动用、轮换等，是需要国家采用财政预算的方式进行的，因此，有关国家储备物资与财政预算的衔接是非常必要的。

关于国家储备物资与财政预算的衔接制度，根据《国家物资储备管理规定》第15条，国家储备物资的收储、轮换计划应当与部门预算相衔接。一旦经过财政部的合法核定后，国家储备物资的轮换和动用所产生的盈余将上缴至中央财政，而亏损则由中央财政进行补贴。这一规定旨在确保国家储备物资管理运作的透明度、合规性和财务稳健性，以更好地保障国家储备物资的安全和稳定。在国家物资储备法律体系构建中，这一制度应当被纳入立法内容，通过立法平衡储备物资与财政预算之间的关系，规范解决预算约束力度较大、物资收储或配置效率较低等显著问题，实现财政资源在提升国家储备效能中的统筹力度和可持续性，并推动财政预算在国家物资储备中实现规范

管理、提高效率、挖掘潜力、释放活力的效果。

六、国家物资储备的安全保障制度

在国家物资储备安全保障中，我们坚守"安全第一"原则，预防为主，综合治理。国家粮食和物资储备局需建立健全安全责任制，强化重大事项报告机制，实时监控储备物资及仓库安全，确保物资储备万无一失，并根据需要设定重点保护区域和范围。为了有效处理突发事件，强调大应急、大安全理念，粮食和物资储备局还应建立预警机制，完善应急预案和应对体系，以确保国家物资储备的安全。

在国家物资储备仓库的安全保卫与生产工作中，地方政府与上级主管部门共同承担领导职责，其中地方政府发挥主体作用。在此过程中，公安、安全生产等相关部门将提供必要的指导和监督。为确保物资安全，国家物资储备仓库应在地方政府的统一部署下，积极联合政府部门与周边单位成立联防机制，并组建专业的守卫队伍，共同维护仓库的安全稳定。符合规定的国家物资储备仓库应按要求申请派驻武警部队进行守卫，并提供相应支持。

国家物资储备仓库及其工作人员承担着重要的职责和使命，他们必须严格按照规定和要求，认真履行自身的职责，确保国家储备物资的安全和完好。为了应对可能发生的突发事件和紧急情况，仓库方面需要精心制定应急预案，并定期进行演练，以提高应对能力和水平。同时，仓库的运输工作也需严格遵守相关规定，确保物资在运输过程中的安全和稳定。此外，为了保障仓库周边的安全，需要依法确定并备案周边安全距离，防止因外部因素而引发的安全风险。

七、国家物资储备的监督检查制度

国家物资储备的监督检查工作主要由国家发展和改革委员会与财政部或其委托机构负责，旨在全面监督和管理储备物资。国家粮食和物资储备局作为具体实施单位，不仅负责建立统计报告和内部监督检查制度，还需定期向国家发展和改革委员会与财政部汇报储备物资的最新情况。监督检查内容涵盖储备物资的数量、质量、储存安全状况，以及计划的执行情况与财政资金的使用效果等方面,以确保国家物资储备的安全、有效与合规。在具体操作中,监督检查机构会核查各承储单位的物资清单,进行抽样检测,确保储备物资的数量与质量达到规定的标准。同时,他们也会审查储存设施的完整性,防火、防爆、防潮等措施的有效性,确保物资不受损坏、丢失或被盗。

此外,监督检查还涉及计划落实和指令执行情况的审查。监督检查机构会核实指令的传达和执行情况,确保承储单位按照国家的计划要求进行物资储备,并依法履行相关指令。同时,他们也会审查承储单位使用财政资金的情况,确保其使用符合相关规定,不发生挪用、侵占等违法行为。在监督检查过程中,承储单位有责任积极配合监督检查工作,如实提供相关信息和材料,并且不能拒绝、阻挠或干涉监督检查人员履行职责。监督检查机构也要依法行使职权,确保监督检查工作的公正性、客观性和有效性。通过加强国家物资储备的监督检查工作,可以及时发现和纠正问题,确保储备物资的安全性、可靠性和有效性。这有助于保障国家经济的稳定运行,应对紧急情况和突发事件,以及满足人民群众的基本需求。国家将继续加大对国家物资储备的监督力度,不断完善相关法律法规和制度,确保国家物资储备体系的健康发展和稳定运行。

八、国家物资储备的追责制度

对违反《国家物资储备管理规定》第 28 条的行为,将根据《中华人民共和国治安管理处罚法》等相关法律法规,依法予以处理。涉嫌犯罪的,将移送司法机关处理。承储单位不得有下列行为,包括拒绝执行国家储备物资入库、出库指令和有关管理规定;未经批准擅自使用国家储备物资或变更储存地点;虚报、瞒报国家储备物资数量;因管理不善造成国家储备物资缺失、质量明显下降;拒绝、阻挠、干涉监督检查人员依法履行职责,造成严重后果。如发生上述行为,国家发展和改革委员会、财政部将根据《中华人民共和国行政处罚法》等相关法律法规,予以警告、罚款,并责令改正。在国家物资储备管理和监督活动中,任何单位和个人若骗取、截留、挤占、挪用国家财政资金,将根据《财政违法行为处罚处分条例》等规定进行处理。对在国家物资储备管理和监督活动中玩忽职守、滥用职权、徇私舞弊的行政管理部门工作人员,将依法给予行政处分;若涉嫌犯罪,将移送司法机关处理。

国家物资储备的重要性不言而喻,它直接关系到国家经济稳定、应急保障以及人民群众的生活福祉。因此,确保国家物资储备的安全、有效管理至关重要。各承储单位必须严格遵守相关法规和规定,加强内部管理,确保储备物资的完整性和可持续供应能力。同时,加强监督检查,及时发现问题并采取有效措施加以解决,防范各类风险,确保国家物资储备体系的稳定运行。

国家在建设和管理国家物资储备方面不断加大力度,完善相关法律法规和制度,提高管理水平和效率。只有通过严格管理、有效监督和及时处置违规行为,才能确保国家物资储备体系的稳定运行,为国家的经济发展和社会稳定提供坚实的后盾。愿我们共同努力,来维护国家物资储备的安全与稳定,为实现国家繁荣富强、人民安居乐业作出应有的贡献。

第四节 国家物资储备法律体系的基本内容

国家物资储备立法后可以改变我国在国家物资储备管理方面的模式,实现法治化、科学化管理,通过进一步减少冗余和不必要的人为干预,能够更加坚实地筑牢物资储备的根基,从而显著提升国家物资储备工作的整体运作效率。这不仅符合当前社会发展和国家治理现代化的趋势,也紧密契合了依法治国、建设法治国家的战略部署。同时,这一举措也可以确保物资储备的决策更加科学、合理,管理流程更加规范、透明,解决因收储管理调控不力、自然灾害、医疗卫生事件突发等造成的物资短缺和准备不足问题。国家物资储备立法对提升我国整体实力具有显著意义。通过立法手段规范和保障物资储备工作,使我们不仅能够增强应对各种挑战的能力,还能够为国家的长远发展和繁荣稳定奠定坚实基础。

制定物资储备立法需要总结经验,找出问题,并克服对国家物资储备体制和机制的限制。我们应通过体制改革和制度创新来促进发展。在重新审视国家物资储备的地位和功能时,需要站在总体国家安全观的高度上。为适应现代化国家的发展需求，我们必须对过时或不适应当前形势的管理体制和储备模式进行调整与改革，这样不仅能够更好地满足国家发展的多元化需求，还能在保障物资储备安全的同时，实现管理的高效性与经济性，从而推动国家现代化建设的持续健康发展。

制定国家物资储备基本法是很多国家的选择，例如，美国有《战略物资储备法》和《国防生产法》，芬兰有《国家战略储备法》。这些法律的出台旨在确保国家具备足够的物资储备来面对各种挑战。

类似地，我国的国家物资储备基本法也应扮演类似的角色。它不仅具有宣示性意义，强调国家对物资储备的重视，还能够统领相关的法律、法规和规章。国家物资储备基本法具备统揽全局的功能，为国家物资储备工作提供了整体性的指导，以确保国家在面对各种挑战时能够妥善应对。构建国家储备管理法律规范能实现该领域综合法律调整。国家储备管理法律制度涵盖了公私法领域的众多交叉点，还有粮食储备管理的细则等，所有涉及国家储备管理的法律规范都应被纳入一个统一的法律框架。这种整合将确保国家储备管理在法律层面上的连贯性和一致性，为有效执行国家储备战略提供有力的法律支撑。我国制定国家物资储备基本法具备坚实的理论基础与实践操作性。尽管物资形态各异，但共性显著，制定基本法在理论上完全可行。同时，我国物资储备工作积累了丰富经验，为制定国家战略物资储备基本法提供了有力支撑。已经出台的规范在推动国家物资储备体系法治化建设的同时，也为我国国家物资储备基本法的制定提供了大量先期实践积淀。

一、国家物资储备立法的理论依据、主要内容及目的等

国家物资储备立法事项是学界探讨的焦点问题。于双平等人的早年研究指出，国家储备立法是储备法规体系的核心，其应当明确定义国家储备的基本政策，包括储备的目的、作用、性质和原则。❶ 这意味着国家需要清晰规定储备的宗旨，即保障国家安全和人民生活的需要；阐明储备的功能，即在

---

❶ 于双平，姜晓舜，王松俊. 美国的灾害救援应急医疗物资国家战略储备[J]. 中国急救复苏与灾害医学杂志，2008 (4)：228–230.

紧急情况下快速提供必要物资支持；界定储备的性质，即具有战略性和长期性；以及确立储备的原则，以维护国家持续供应的能力。这些规定将为建立完善的储备体系提供指导，确保储备工作的有效运作。杨子健指出，我国制定国家物资储备基本法要对国家物资储备的基本属性、目的作用、管理体制、权责关系、资金来源与使用等、物资收储及动用等内容作出规定。❶ 肖京认为，推进我国战略物资储备法治化，需要制定一部具有基本法性质的国家战略物资储备法来规范战略物资储备的基本问题，并对粮食、石油、矿产等若干重要战略物资的储备进行专门立法。他进一步指出，制定国家战略物资储备基本法要将其定位于国家战略物资储备法律体系中的一般法，且该法内容要具有宏观概括性。❷ 上述研究为我国国家物资储备立法工作提供了理论支撑，我国国家物资储备立法应定位在全国人民代表大会制定的基本法律层面。总体而言，我国国家物资储备立法应包含立法目的、调整对象、适用范围、基本原则、储备主体、储备对象、权（事权、财权）责划分、收储动用、鼓励倡导、监督管理、法律责任等内容，做到国家物资储备建设的全过程、全体系有法可循，依法实施，有法律保障。

国家物资储备的立法目的是确立物资储备的权威，规范我国物资储备工作，确保国家物资储备规模投放合理，立法宗旨是服务国防建设，应对突发事件，参与宏观调控，维护国家安全，而制定国家物资储备法的意义也就在于实现这一目的，因此制定国家物资储备法应当基于以下几个方面考虑：第一，在制定国家物资储备法时，必须充分结合我国发展实际。因此，我们不能简单地照搬其他国家的法律，而是应该结合我国的实际情况，制定具有中国特色的国家物资储备立法。这样的立法才能更加贴近我国的实际需求，确保物资储备工作能够为我国的发展提供有力保障。第二，要保证国家对战略物资储备的有效控制性和不受干预性。国家物资储备是国防安全和经济安全的重要保障，国家物资储备的用途必须严格限定在法律所界定的范围内，任何个人或组织不得以任何理由干预国家战略物资储备工作。这有利于确保物

---

❶ 杨子健. 做好新时代国家储备工作 更好防范化解风险挑战 [J]. 中国经贸导刊（中），2019（6）：124-127.
❷ 肖京. 国家安全视角下的战略物资储备立法完善[J]. 中州学刊，2016（11）：51-55.

资储备的合理使用和有效管理,以维护国家的安全和稳定。任何违反这一规定的行为都将受到法律的制裁。第三,要确立国家战略物资储备的非营利性。国家物资储备不同于经济生活中的一般物资购销、经营行为,国家物资储备投放的目的不是一般的经营活动,不能以营利为目的,也不能用是否营利来评价。❶

二、明确规定存储数量、轮换周期、储备方式

在进行应急物资储备时,各级政府应结合历史经验和潜在需求,科学评估所需储备物资的种类和数量。一方面,应建立实物储备,将其存放于储备库中;另一方面,可以通过与企业签订合同的方式,确保在紧急情况下能够获得足够的物资供应。物资储备既包括实物储备,也包括生产能力储备。为增强应急生产供应能力,建议建立健全应急物资政府采购和定点生产制度,引导社会资源投向物资储备和生产,推动专业化、市场化和规模化,以确保应急生产供应能力。同时,可建立应急物资储备库,选择交通便利、辐射范围广的地区,政府投资建设或与大型仓储企业签约,引入现代物流管理,实现仓储资源和应急物资的整合、共建共享和快捷调运,提高应急响应效率。

J. E. 博伊尔曾指出"一个显然的历史教训是:应该把粮食看作商业问题,而非行政问题"。从该观点可知,政府应当在供过于求时储备商品,在有需求时再将其投入市场,刺激消费。但是这种貌似简单的问题背后,实则包含着一个看似简单却难以实践的问题,那就是政府、社会应当储备哪些物品?在何时、以何种价格储备物品?在处理这些物品的时候又应当依据什么样的政策?如何处理才能符合市场经济规律?物品保存期限有多长,代价几何?这一系列问题都需要进行考量。❷ 很显然,国家物资存储数量、轮换周期、储备方式等属于前述问题的探讨范畴。

---

❶ 佚名. 小议国家战略物资储备立法之我见 [EB/OL]. (2014 - 07 - 02) [2021 - 01 - 12]. https://www.docin.com/p - 851579489.html.
❷ 本杰明·格雷厄姆. 储备与稳定 [M]. 译科,张卓飞,译. 北京: 法律出版社,2011: 21.

三、优化储备物资品种

储备物资品种的选择,需综合考虑国内物资禀赋、供求关系、经济发展需求、国防安全重要性以及国际物资市场的可得性等因素,这些因素共同决定了物资的价值。因此,在科学分析国内外形势的基础上,我们需不断优化储备物资的品种结构,并根据国家安全的实际需要,适时调整储备物资的品种与规模,以确保储备物资的合理性与有效性。在选择储备物资时,我们应确保基本生活物资的充足供应,如粮食、石油和石化产品。同时,大宗商品的储备也应考虑,如橡胶和橡胶制品、钢材等。在国防安全领域,关键军民物资的储备尤为重要,如特种钢材和稀贵金属、先进电子元器件。此外,我们还需评估国际物资的可得性,以应对供应中断或价格波动的风险。[1] 储备物资品种选择的原则与标准通常从商品的需求量、供求弹性、对外依赖度等角度考量。具体而言,当谈及物资储备时,我们不仅要考虑各种商品的重要性和供需关系,还需要思考如何在不同层次上建立起稳健可靠的储备体系。首先,粮食作为最基本的生活必需品,其稳定供应直接关系到国家粮食安全和人民生活水平。因此,建立高效的粮食储备体系至关重要,应根据产量、消费情况和市场需求等因素进行科学规划和管理。其次,石油和石化产品的储备也是不可或缺的。作为支撑国家工业生产和交通运输的关键能源资源,石油和石化产品的供给稳定性对经济发展至关重要。因此,建立完善的石油储备机制,确保在国家面临能源危机或外部影响时能够有效调剂资源,显得尤为紧迫。最后,棉花和纺织品作为满足人民基本着装需求的重要物资,其储备也应受到重视。在促进纺织行业发展的同时,建立合理的棉花和纺织品储备体系,保障原材料供应,维护纺织产业的稳定增长,助力国家经济持续发展。

通过以上的物资储备规划和措施,我们可以更好地应对各种不确定性因素和突发事件,保障国家的经济发展和社会稳定。只有建立起全面且有效的物资储备体系,我们才能时刻坚定不移地守护国家的繁荣与安定。

---

[1] 唐珏岚. "大储备":国家战略物资储备体系的重构 [J]. 治理研究, 2021, 37 (1): 109-116.

四、建立储备资金保障体系

为确保国家物资储备体系的完善，资金保障显得尤为关键。在国家进行储备立法时，建议明确规定每年从国家财政收入中提取一定比例，作为国家储备资金积累，以应对可能出现的紧急情况和突发事件。这样的做法不仅有助于提高国家储备资金的灵活运用性，还能够有效增强国家在应对危机时的应变能力。为了确保物资储备的稳固发展，国家可以通过财政拨款、贷款贴息等方式为收购物资提供充足的资金保障。同时，需要明确规定资金的使用范围和管理程序，以保证资金使用的透明度和合理性。此外，在国家储备物资的出库和轮换过程中，应建立健全资金的监控机制，确保资金的安全流转和有效利用。在资金盈亏方面，国家应当加强对储备物资资金盈余和亏损的管控与处理。对盈余资金，国家可以予以妥善缴纳和运用，而对亏损资金，则应及时进行弥补和回收，以维护国家储备资金的持续稳健增长。随着国家储备体系的不断加强，财政部门应当确保仓库运行资金逐年增长，以满足国家物资储备体系的持续发展需求。这样的举措将有助于提高国家的安全防范能力，稳定国家经济发展，以及保障国家在重大灾害和突发事件中的安全和稳定。国家物资储备作为国家储备的一种重要形式，建议与黄金储备、外汇储备等放在一起统筹考虑。我国作为全球第一大外汇储备国，通过利用外汇在全球范围内采购所需的物资，不仅可以实现外汇储备的多元化运用，还能够提升国家在物资储备方面的实力，进而保障国家的安全。《国家物资储备管理规定》第6条规定："国家发展改革委负责国家物资储备工作。国家发展改革委国家物资储备局（以下简称储备局）及其所属储备物资管理局、办事处具体履行国家物资储备管理和监督职责。财政部负责国家物资储备财政管理及相关行政事业单位国有资产管理，配合国家发展改革委开展国家物资储备有关工作。"财政部的具体职责包括监督国家物资储备的财政收支、资金使用等方面，以确保国家储备物资的安全和有效利用。根据《中央储备粮管理条例》，中国农业发展银行负责按照国家规定，及时、足额安排中央储备粮所需贷款，并对发放的中央储备粮贷款实施信贷监管。同时，该条例还规定，任何单位和个人不得以任何方式骗取、挤占、截留、挪用中央储备粮贷款或者贷款利息、管理费用等财政补贴。这些规定严格保障了国家储备粮资金的安全使用，防止了潜在的财务风险和腐败行为。此外，《中央储备糖管理办法》规定，财政部负责中央储备糖财政财务管理，安排和管理中央储备糖财政补贴资金，组织指导财政部各地监管局开展财务秩序和财政资金监管，定期清算并根据需要开展绩效评估评价。同时，中国农业发展银行负责根据国家信贷政策和中央储备糖计划，及时发放和回收中央储备糖贷款，并对贷款实施信贷监管，确保资金安全。

综上所述，当前我国国家物资储备资金主要来源于储备贷款和财政补贴等途径。财政部在国家物资储备领域的财政管理工作中扮演着重要角色，为国家物资储备提供了稳固的财政支持和保障。这些举措有助于确保国家储备物资的供应充足、管理高效，为国家经济发展和社会稳定提供坚实基础。

第七章

对国家物资储备体系的多维规制

第一节 立法规制：基于制定基本法的角度

一、构建协同高效的指挥协调机制

经过政府的几次机构改革，我国大部分的物资现由国家发展和改革委员会下属的国家粮食和物资储备局负责，物资主要按照专业化管理的原则划分到相应的部门。需要说明的是，目前中国的物资储备工作涉及多个部门，在紧急情况下，由于材料种类繁多，备用材料的使用通常需要多部门协调和操作，且往往也可能涉及多个不同的环节。在部门多、种类多、环节多等情况下，构建协同高效的指挥协调机制是提高物资储备效能、发挥物资储备价值的关键所在，这就要求必须树立"大储备"意识，以"大储备"意识为指引强化国家物资储备。

在紧急情况发生时，国家储备物资的投放会带有明显的应急性特征，也即在紧急情况下，物资调动的任务必须快速响应，及时满足因突发事件而对各类物资产生的现实需求。快速响应体现在当国家需要时，能拿得出、用得上，任何地方、任何时间需要的物资都能够及时进行调拨。调动储备物资往往涉及不止一个部门，并且涉及的环节较多，储备物资品种繁多，这样的现实状况需要国家建立一套能够调动各部门的物资储备协调运转机制，在全国上下树立储备一盘棋的"大储备"意识。在协调运转机制建立过程中，需要注意要由中央领导层面建立协调运转指挥机构，对物资储备工作进行统一协调指挥，进而提高国家物资储备工作的协同性、整体性以及系统性。供应链中的信息流是指贯穿于整个供应链信息的流动，如商品供求、交易以及管理等信息的传输。一个好的信息流应该能够实现供应商和用户之间的双向、实时的信息交互、流通。

以美国战略性国家储备体系为例，其最初被称为国家药品储备库，是美国国家级的抗生素、疫苗、化学消毒剂、抗毒素和其他重要医疗用品的储备库。其计划旨在紧急情况下补充和补给国家和地方的药品和供应品清单。管理体系十分精简、功能相对健全，部门之间分工明确，同时，完善的国家应急医药品法律法规，也使其指挥更加科学与高效。应急物资储备合同管理平台需要依靠多方主体，其中合同主体既包括政府和企业等主体，也包括上下级政府，还包括不同社会主体，储备合同的意义重大。例如，2008年初，江苏常州遭遇百年不遇的雪灾，由于此前工业和信息化部门代表政府与企业签订了储备合同，这些企业提供的除雪设备发挥了重要作用。政府储备的方式不应当是单一的，而应当注重多元化方式推进，也即政府既可以自行直接储备，将物资引入库存，也可以通过多元化方式引入第三方主体，最常见的就是通过政府购买方式引入第三方储备企业，这需要应急需求信息及时透明，以便企业有充分的时间准备和生产。

此外，在物资储备物流方面，我国可以借鉴美国的经验，在储备物资的存储点和调配中心方面加大投入力度，在调配或运送方式上加大投入力度，以有偿的方式进行全天候调配和运送，以提高调配和运送能力水平。努力在建构国家物资储备物流体系中实现军民共享，发挥军队在物资储备工作中的优势功能与作用。除了国家层面的物资储备经验外，第三方供货商的物资储备经验也可以使用。第三方供货商既包括生产层面的供货商，也包括合同管理层面的供货商。对于生产层面的供货商而言，其物资的所有权享有主体是国家，供货商只是负责代为储备和管理，这样可以很大程度上保证储备的物资不被浪费；对于合同管理层面的供货商而言，其物资的所有权享有主体是供货商，国家通过与供货商签订采购合同，可以在需要时通过合同采购权行使相应权利。笔者认为，以2∶3∶3的比例来安排政府的实物库存、供应商库存以及合同库存较为合理,这样既可以提高紧急情况下药品的供应效率和数量,又可以降低政府库存成本、增加库存的流动性。

二、提高储备应战应急转换效率

提高储备应战应急转换效率,主要是从物资储备以及军民融合共同参与物资储备的角度而言的。军队在国家物资储备尤其是战略物资储备中具有显著资源优势和作用,军民融合对推动我国经济发展和国防军队建设起到重要作用。习近平总书记指出:"正确把握和处理经济建设和国防建设的关系,使两者协调发展、平衡发展、兼容发展。"❶ 军队物资储备、政府物资储备,或者国家国防动员物资储备,从品种构成上看有所重合,从储备管理所需的设施设备看也可以共享共用,更重要的是各类储备在功能上大致相同,即"平时服务、急时应急、战时应战",❷ 只是各有侧重。因此,可以将军队物资储备、政府物资储备以及国防动员物资储备这三种储备方式加以融合,从而实现各类储备物资品种的集约,使各类储备物资配置更加优化,进而降低物资储备的各类社会成本,提升储备效能和安全存储能力。就军民融合层面的物资储备而言,其发展的好坏需要衡量,而衡量的标准是物资应急效率转换能力,确保在平时、急时、战时都能够有效发挥保障作用,其关键是建立有效的协调机制。为此,首先应当有一个强有力的决策和协调机构,建议在中央国家安全委员会、中央军民融合发展委员会等机构下作出制度安排:第一,在现有管理格局下实现跨部门联席会议常态化,通过各部门有效沟通推动融合;第二,建立和完善运行机制和军民融合发展机制,明确管理要求和部门职责。❸

三、培育多元储备主体

《国家物资储备管理规定》第12条明确规定:"国家储备物资的收储、动

---

❶ 陈振凯. 军民融合发展战略 既是强军之策,又是兴国之举 [N]. 人民日报海外版, 2018 - 01 - 16 (5).
❷ 任民. 国防动员:平时服务·急时应急·战时应战 [J]. 国防, 2007 (4): 14 - 17.
❸ 杨子健. 储备多元化问题研究 [M]. 北京:经济管理出版社, 2018: 169.

用、轮换，一般应当通过市场化方式进行。"因此，如何在收储、动用、轮换过程中最大化发挥市场等社会主体的作用至关重要。❶

目前，在我国的物资储备体系中，各类物资储备所具有的功能和所占据的地位是不同的，其中占主导地位的是政府物资储备，而社会物资储备在其中则起着不可或缺的辅助作用。常用、需求量大且难以通过市场快速获得的，关系国家安全、国计民生的物资一般需要由政府储备，而那些高市场流通性的物资可"藏储于民"，利用社会力量进行储备。❷ 从企业物资储备的角度而言，实质上其在当前我国社会中发挥作用时还存在很多问题，因为企业毕竟是营利性的市场主体，而物资储备则在很大程度上具有公益性或者非营利性的特点，这样的状况势必导致两者之间存在矛盾。我们可以通过法律手段来处理这一矛盾，对有关企业的法定储备数量加以明确。❸ 同时，政府在资金等方面也需要为企业提供支持。

为适应"大储备"模式，提升总体国家安全观视域下国家物资储备效能，就必须注重培育多元储备主体，国家物资储备立法也要考虑政府储备与社会（如企业、组织、家庭等）储备的统一。外国高度重视能源储备的市场运作，例如，美国 2005 年的《能源政策法》便是将公共政策措施与市场措施相结合的典范，而德国的战略能源储备也是在市场经济框架下实现的。有学者认为，就我国的国情而言，最理想的选择是加强政府主导和市场运作的融合，将政府储备体系与社会储备体系结合起来，实现储备体系的统一。❹ 为推动社会物资储备的发展，有研究者提出对企业法定储备给予支持，他们认为企业因承担国家业务而额外增加的法定储备，会增加企业的成本，政府应给予一定支持，并提出以日本经验为借鉴的建议，即为企业购买储备用油提供低息贷款，免征储备油进口环节税，鼓励国家开发银行为企业储备设施

---

❶ 卢艺. 加快健全我国国家物资储备体系［J］. 宏观经济管理，2020（11）：51-56.
❷ 唐珏岚. "大储备"：国家战略物资储备体系的重构［J］. 治理研究，2021，37（1）：109-116.
❸ 例如，日本 1975 年通过的《石油储备法》规定，日本所有从事进口石油及石油制品的商社和从事石油提炼、批发的企业必须储备 90 天所需的石油或石油制品。
❹ 杨子健，达世亮. 论国家储备管理法律规范系统的构建［J］. 中共青岛市委党校（青岛行政学院）学报，2017（1）：66-67.

建设提供低息贷款。❶ 国家发展和改革委员会等 14 个部门联合印发的《近期扩内需促消费的工作方案》（发改综合〔2020〕1565 号）指出，在秋冬季推出全国家庭应急物资储备建议清单。目前，北京等地已经推出以家庭为单位进行物资储备的做法，北京市（省级）层面可以制定家庭物资储备的基础清单，各地在省级清单基础上可以根据实际情况适当调整清单范围，最主要的是要在省级层面的清单上对其进行扩充，这是一种社会共建共治共享理念的具体体现，目的在于引导社会主体积极做好物资储备工作，共同应对突发事件。

为更好配置国家储备资源，最大限度地发挥物资储备效能，要建立储备动用协调机制，促进中央储备、地方储备与社会责任储备功能互补、协同高效，共同担当国家物资储备安全应有之责。❷ 健全完善社会责任储备制度，按照社会共担储备责任的原则，建立社会责任储备制度。省级人民政府具体核定社会责任储备规模、布局，并可通过支持仓储设施建设、给予贴息贷款、优先委托承担政策性储备物资购销、适当给予企业储存轮换费用补贴等方式，对承担社会责任储备的主体予以支持。社会责任储备动用后，地方人民政府应当及时给予合理补偿。❸

四、明晰央地事权

关于中央和地方事权的划分一直是理论界和实务界关注的焦点问题，本质上属于国家治理的重大命题。正如党的十九届四中全会通过的《中共中央关于坚持和完善中国特色社会主义制度 推进国家治理体系和治理能力现代化若干重大问题的决定》所指出的，要完善中央和地方的关系，关键在于"理顺中央和地方权责关系"。而要理顺中央和地方权责关系，关键是要明确划

---

❶ 国务院发展研究中心"我国国家石油储备体系研究"课题组，金三林，米建国. 我国国家石油储备体系的基本构想［J］. 经济研究参考，2007（57）：2-11.

❷ 《粮食储备安全管理条例（征求意见稿）》第 15 条规定：中央储备规模、品种、总体布局方案和地方储备总量计划，由国务院发展改革部门、国家粮食和物资储备行政管理部门会同国务院财政部门提出，报国务院批准。省级人民政府按照国家下达的总量计划落实地方储备规模，按照省级储备为主、市县储备为辅的原则组织实施。第 16 条规定：国家建立政府储备规模动态调整机制，统筹粮食供需形势、调控和应急需要、财政承受能力等因素，合理确定政府储备规模。

❸ 佚名. 我国粮食安全进一步升级［EB/OL］.（2020-12-04）［2021-02-24］. https://mp.weixin.qq.com/s/pD0AFnNRHk UFWE0G79JLxA.

分各级政府在不同事务上的权责关系。❶ 在国家物资储备领域，也需明晰中央和地方之间的事权划分，即中央只承担战略储备任务，负责应对战争、重大自然灾害和事关全局突发性事件的粮食储备，其储备规模为全国全年城镇人口（包括进城务工人员）的口粮需求量。省级承担后备储备，负责维护区域内粮食供求平衡的职责，并严格按照"产区三个月、销区六个月"的标准落实。❷

五、完善监督检查制度

为提升物资储备监督和管理的效率与透明度，关键在于全面优化监督检查体系。

首先，完善内部监督。具体来说，应构建一套以专业化为核心的物资储备标准体系，明确规定各级政府物资储备的类别、规范、时间节点以及数量等关键参数，并通过定期的考核与检查确保这些标准得到监管。特别是在粮食储备库管理上，加强常态化监管，并对投机取巧等不正当行为实施严格处罚，旨在缩小投机空间，提高监督效能。此外，提升粮食管理部门的监督效率，这既包括降低监督成本，也涉及提高监督质量。提高监督质量的路径包括：对员工进行持续的职业培训及技术支持，并吸引该领域专业人才，以提升监管团队的整体能力。在提升内部人员素质的基础上提高监督效率，也能长期降低监管成本。❸

其次，完善外部监管。监管，即监督、管理与评估。整个监管体系，应当明确：谁监督、监督标准是什么、监督后如何处理等问题。建立完善的监督机制不仅需要覆盖食品管理领域，更应该建立起公众和内部人员参与的监督机制。随着监督力度的加大和对粮食行政管理部门惩罚措施的增强，将激励粮食行政主管部门更主动地执行监督职责，能够有效遏制涉及粮食储备库的不当行为。信息技术的进步促进了信息流通的透明和开放，有助于加强粮

---

❶ 宣晓伟. 治理现代化视角下的中国中央和地方关系：从泛化治理到分化治理[EB/OL].(2019-10-25)[2022-03-19]. https://www.aisixiang.com/data/118713.html.

❷ 谢洪燕,贾晋. 新时期我国国家粮食储备目标、功能的调整与优化[J]. 宏观经济研究,2013(12):9.

❸ 刘佳,朱忠贵. 基于国家粮食储备监督的博弈分析[J]. 长江大学学报（自然科学版）,2011,8(3):252-255.

食管理部门与储备库之间的有效沟通,确保监管者能够及时了解粮食储备和流通的最新情况。在强化物资储备监督和管理体系的过程中,不仅要注重监管机构的整合和优化,还需着手提升监管技术和方法的现代化水平。制定相关法规和政策时,一个关键步骤是合并和优化现行监管机构,创建一个更加独立和有效的监督实体。实践证明,在我国物资储备管理中,监管机构的地位不够独立和缺乏统一性,往往容易受到内外部因素的干扰,这严重影响了监管的效能。为了有效提升监管效果,确保监督工作的独立性和统一性,迫切需要通过整合现有的监管资源,建立一个具有权威性、能够独立行使监督职权的综合监督机构。这样的机构不仅可以集中监督力量,形成强大的监督合力,而且能够充分发挥外部监督体系的整体效应和功能。

再次,应当建立和完善物资储备的监管程序。强化基于程序的立法,以增强行政流程的有序性和效率,并对行政权力进行适当的制约。具体的策略包括建立监管流程的核心准则,例如,透明性、公正性、参与性、高效性、审查机制和信赖保障等;制定储备物资随机抽检和审查的明确流程,以保障物资的数量和品质受到有效监督,并避免不当的市场操纵行为;确立政府与企业之间关于储备物资的合同签订和执行流程,以确保委托活动的合法性和实效性,避免国家资产的损失;制定关于物资采购、储存、轮换和使用的详细管理流程,并依据法律法规进行规定的步骤和时间限制内的操作;明确战略物资储备的资金和费用使用流程,以防止贪污;并设立对违规行为的处罚和补救措施,以确保规定具有法律约束力。[1]

最后,强化立法监督和备案审查制度的实施是至关重要的。物资储备法规的成效,取决于它们是否能够贴合物资储备构建的实际需求并实现预定的目标。因此,在法规开始执行一段时间后,负责物资储备的立法机构需对执行成效进行审查。这需要备案审查机构对法律执行的成效进行严格的质量检验,并通过制定一整套法规执行质量评估指标来深入掌握法规的应用与执行情况。该流程的目的是收集反馈,以调整未来的物资储备立法,提高立法的

---

[1] 宋龙飞. 国家战略物资储备立法研究[J]. 北京交通大学学报(社会科学版),2020,19(1):123-130.

科学性、系统性及实用性，进而提升物资储备法规的总体质量。❶

总体而言，这一系列的改进措施，不仅能够增强内部和外部监管的有效性，还能确保监督过程的合法性和透明性。通过提升监督标准、强化监管机制、优化监督程序以及增强立法监督和备案审查制度的实施，可以有效降低物资储备管理的风险，提高物资储备系统的整体效率。这样的改革，将为确保国家物资安全提供坚实的基础，同时也有助于提升公众对物资储备管理体系的信任度和满意度。

六、明确法律责任

法律责任不仅在确保法律义务得到履行和纠正违法行为方面扮演着关键角色，在立法体系中的位置也极为重要。1997年，中国共产党第十五次全国代表大会将"依法治国"定位为国家治理的基本方略；1999年，"依法治国，建设社会主义法治国家"正式写入《宪法》；2004年，国务院出台了《全面推进依法行政实施纲要》；2014年，党的十八届四中全会通过《中共中央关于全面推进依法治国若干重大问题的决定》；2018年，党的十八届三中全会提出推进国家治理体系和治理能力现代化的目标。这一系列法治建设的里程碑事件，意味着依法治国、依法行政、行政法治化的理念已深植人心，也成了行政机关在工作中行使行政权的基本原则。由此观之，国家物资储备立法也需要跟进现实需求，并确保其有效执行。本书主张，为确保该法律今后得到有效执行，物资储备相关法律应专设一章，清晰界定违法违规行为所应承担的法律后果。这应涵盖所有责任方，包括管理部门及其员工、储备机构及其职员，以及第三方实体。举例来说，若第三方的行为对储备物资造成了损失或损害，他们必须负法律责任。关于责任的种类，应覆盖从民事责任、行政责任到刑事责任的全范围。对行政部门的员工，还应当规定具体的行政纪律处罚措施。通过这种方式，法律可以全面覆盖并明确各类违法行为的后果，确保物资储备的安全与稳定。❷

---

❶ 王丰，李守耕，赵吉敏，等.新时期战备物资储备研究［M］.北京：中国财富出版社，2019：327.
❷ 宋龙飞.国家战略物资储备立法研究［J］.北京交通大学学报（社会科学版），2020，19（1）：123-130.

在当前的物资储备法律责任制度中，实践方式主要分为三类：第一种方式，一些法规通过设定专门的章节来明确责任，但由于适用主体不同，这些章节的名称并不一致。例如，《国家厂丝储备管理暂行办法》中设置"厂丝储备的纪律"章标题，而《中央储备粮管理条例》和《中央储备糖管理办法》则分别使用"法律责任"和"罚则"作为章标题。第二种方式，是将法律责任的规定分散在各个章节中，而不是集中在一个单独的章节里。例如，《边销茶国家储备管理办法》和《国家化肥商业储备管理办法》将相关规定分别放在了"储备管理"和"储备监督管理"章节。还有一些物资，如防汛抗旱物资、烟叶、蚕丝等，其法律责任规定也采取了这种分散的模式。第三种情况是，一些储备物资，如石油和羊毛等，完全没有专门的法律责任规定。

2021年修订的《粮食流通管理条例》，凸显了问题导向和创新思维的融合，其核心在于强化政策性粮食的管理。特别是明晰了政策性粮食经营中的禁止行为，并大幅提升了违法行为的处罚力度，使违法者面临更高的经济代价。相较于过去的20万元上限，如今处罚金额最高可达500万元，或涉案粮食货值的1倍至5倍。国家粮食和物资储备局全面推广该条例，组织专项粮食行政执法活动，采取更为严格的监管与执法手段。通过查处粮食领域的违法案件，确保监管的高压态势得以持续，为粮食市场的健康发展提供有力保障。这些措施的目的是释放加强对国家物资储备监管的信号，确保政策性粮食得到有效管理和优化，全面实施国家政策。这样的努力旨在更好地保障种粮农民和消费者的权益，同时确保国家粮食安全。这种全面而细致的法律责任设定，不仅体现了法治国家的基本原则，也是国家治理现代化的具体实践。通过明确规范责任主体和责任类型，加强法律的执行力，这些措施共同作用于提升法治在国家治理中的核心地位，促进社会主义法治国家的建设与发展。在这一法律框架下，每个责任主体的行为都将受到法律的严格监督，确保法律不仅在理论上完备，而且在实践中得到有效执行，为社会的和谐与进步提供坚实的保障。

第二节　行政规制：基于国家储备现代化的角度

一、健全物资储备的管理体制

（一）提升物资储备的动态化管理水平

储备物资的收储、动用、轮换等方面的管理能力和水平至关重要。同时我们还应当注意到，要保证储备物资在突发事件发生时能够做到及时响应，还需要提升物资储备的动态化管理水平，这就需要大数据的广泛应用。要发挥大数据等信息平台或技术在物资储备动态化管理方面的优势功能，则应当注意从物资储备的标准化流程方面入手，实现流程的信息化管控，进而提升物资储备的动态化管理水平。杨子健认为，储备管理部门对信息的收集和掌握属于信息储备，而信息储备是一种无形储备。这其实与建立大数据储备的信息管理系统是有重合或者交叉之处的。他认为储备信息包括属性特点信息、生产库存信息、物流信息、消费信息、人才和技术信息等。属性特点信息，包括商品的理化性质、种类、应用范围等。生产库存信息，包括主要生产企业名称、地理分布、现有产能和生产潜力、资金和技术实力、联系方式、库存量等。物流信息，包括包装特点、运输方式、运输周期、相关物流企业信息等。消费信息，包括主要消费企业（或区域）、需求规模等。人才和技术信息，包括行业知名专家信息（擅长领域、联系方式）、主流技术工艺、新技术和替代技术发展情况等。在开展信息储备过程中，应当加强与相关企业、行业协会的沟通与联系，定期或不定期检验相关信息的正确性和有效性，动态更新调整。此外，还应定期开展应急演练，确保突发或紧急情况下信息储备向实物储备的有效转化。

（二）加快推动储备管理标准化

当前，各储备部门标准化发展水平差异较大。在新一轮体制改革中，我国储备管理体制也进行了改革,成立了国家粮食和物资储备局,规定由其统一负责我国应急物资储备。这一体制改革意义重大,加快了储备标准化的发展步伐,并为其提供了坚实的制度和组织基础。同时,管理标准化要求储备管理部门尽快组建国家粮食和物资储备标准化委员会,从而建立健全标准化组织和运行机制、技术标准和管理中重要标准的研究制定,加强标准的培训和执行。❶

（三）整合物资储备资源

物资储备资源包括设备设施网络资源、信息网络资源、组织网络资源等。设备设施网络资源整合就是要科学规划储备设施、配备先进仓库设备和增加仓库物流功能,搞好地方物流资源动员检查,统筹使用区域内物流设施。信息网络资源整合是对储备信息以及与储备信息内容相关的资源,如设备、设施、人员等进行管理的过程。信息网络资源整合的实质就是要形成一种协同作用。在物流信息系统下,建立统一的物资储备信息管理平台,达到互联互通、信息共享。通过有关储备信息的共享与交换,来形成和释放物资储备资源,促使物资储备资源与需求相协同。从系统论的视角看,就是以物资储备的信息资源为要素,连接整个物资储备网络中的各个节点,使之成为一个有机整体。❷

二、整合管理主体，优化管理结构

2018年,国家粮食和物资储备局成立,这个机构不仅负责粮食、棉花和食糖等物资的储备管理,还融合了民政部、商务部和国家能源局在紧急物资储备管理方面的相关职责。这项改革的目标是克服以往跨部门的分散管理和低效率问题。在这种体制改革的基础上,进一步优化内部结构变得既可能又必要,例如,通过建立一个更加明确的"决策－执行－监督"模型来提升管理效率。

具体来说,建议设立一个决策中心来负责全面规划和评估物资储备政策,根据国家的需求和现有物资储备情况进行统一的规划与调控。同时,为了支

---

❶ 杨子健. 储备多元化问题研究 [M]. 北京:经济管理出版社,2018:177.
❷ 王丰,李守耕,赵吉敏. 新时期战备物资储备研究 [M]. 北京:中国财富出版社,2019:16.

持决策中心的工作，应当成立专项监管机构和辅助机构，如负责信息和资产管理的部门。在具体执行方面，可以考虑成立专门的部门，如国家粮食储备司和能源储备司，这些部门将遵循决策中心的指导，负责资源的合理调配和管理。此外，根据经营与管理分离的原则，可以设立针对不同物资类别的中央储备经营管理公司，负责各自领域物资的具体操作。

在立法领域，必须跟进"大储备"体系的改革动向，加快立法过程，将已经取得的改革成果和成熟的规划方案纳入法律体系，以适应机构改革后的新需求，确保物资储备机制能够高效运作，从而保障国家的经济、社会和政治安全稳定。这种做法不仅体现了体制改革的方向，而且为国家粮食和物资储备局内部结构的进一步优化提供了方向，保障了国家物资储备的有效管理与运营。

2018年6月，国务院召开了"全国深化'放管服'改革改变政府职能电视电话会议"，对"放管服"改革作出进一步部署。各储备管理部门要认真贯彻会议要求，加快转变观念，理顺储备与市场的关系，减少对储备物资储存保管等微观事务管理，强化决策、监管、储备法治建设等管理职能，提升储备在应对突发事件、维护国家安全等方面的公共服务水平。❶

党的十九届三中全会审议通过的《中共中央关于深化党和国家机构改革的决定》，对加快推进事业单位改革作出进一步全面部署。各储备行政管理部门及其所属事业单位，要深入贯彻中共中央、国务院关于事业单位改革相关文件和会议精神，一方面要深化储备仓库等事业单位收入分配、社会保障、经费保障等制度改革，完善事业单位法人治理，激活事业单位自身发展的内生动力，提高服务储备能力；另一方面要进一步完善所属事业单位管理体制，创新监管模式，加大监督管理力度，更好发挥各类事业单位推动储备改革发展的积极作用。❷

增强物资储备干部风险应对意识，习近平总书记多次提出"增强忧患意识""提高风险化解能力"的要求。以当下世界形势与发展趋势来看，未来

---

❶ 杨子健.储备多元化问题研究［M］.北京：经济管理出版社，2018：111.
❷ 杨子健.储备多元化问题研究［M］.北京：经济管理出版社，2018：113.

有很多的战争，可能并不是由战备人员发动的有准备之战，而是在匆忙之中发动的全民总体战。对于这种无法提前备战的"全民战"来说，我们要想取得成功，必须依靠全党、全社会的共同担当，而领导干部作为全党、全社会的核心与关键，只有充分发挥模范作用，才能激发全党、全社会共同担当的主动性与积极性。[1] 虽说"不打无准备之仗"，但对可能发生的安全风险，不可能做到全知全测，因此，运用风险应对意识，以应对风险的担当，快速掌握应对风险的方法，是做好物资储备工作的保障。

三、坚持市场化改革方向，创新物资储备模式

从长远考虑，国家物资储备模式的改革方向应该是市场化取向。我们要搞好搞活储备物资市场流通，着力增强粮食供应链韧性。面对未来的挑战和需求，国家物资储备系统的改进和创新势在必行，其中市场化改革成为核心方向。这一转变的目标是激活储备物资的市场流动性，同时提升粮食供应链的适应性和弹性。为此，必须顺应趋势，加速物资流通的现代化步伐，构建一个链条完善、连接流畅、运作高效、保障力强的综合储备物资管理体系，即"生产、采购、储存、加工与销售"的一体化系统，以此提高储备体系对各类风险的抵御能力。具体到实施策略，建议根据物资类别的不同，设立专门的中央储备企业。这些企业应在国家宏观政策的指引下，依法自主经营、自负盈亏，确保国家储备物资的安全存储及高效调配等，同时实现国有资产的保值增值，并肩负起维护国家安全、应对紧急救援及实施宏观经济调控的重要职责。这些企业应在相关宏观调控部门的指导下运作，并接受国家相关部门的严格监督和科学评估，以不断优化企业运营。

这样的改革可以清晰地划分行政职能与决策职能，实现管理与运营的分离，明确界定政府与企业之间的权责边界，进而降低管理成本，提升管理效率和质量。目前，众多物资储备主体已积极探索企业化运营的路径，这些宝贵的实践经验和成果应当得到立法的认可，以推动整个行业的健康持续

---

[1] 周小兵，颜晓峰. 领导干部应对突发公共卫生事件的风险意识与应急处置能力提升 [J]. 天津大学学报（社会科学版），2021，23（1）：31-37.

发展。

在优化传统政府储备模式的同时,创新社会储备模式也同样重要。社会储备,即利用企业和社会其他组织资源,加强物资储备,以提高对突发事件的响应能力。社会储备主要分为两种基本形式:一是企业和各类社会组织基于《国防法》规定的义务进行的储备;二是公民家庭对关键物资的自助储备,主要用于应对灾害。例如,日本虽无专门战争物资储备法,但针对地震、海啸等自然灾害有详细的物资储备规定,强调"自救"和"互救"的理念,并建议家庭和机构储备必需品,以及民间组织储备救灾设备。这种公民自助储备是国家战略物资储备的重要补充,其价值和实践在我国的相关立法中应得到充分借鉴和吸纳。❶

四、加强物资储备机制建设

在强化物资储备各项工作的同时,应当注重突发事件应急救援工作中各项机制的建立,要通过强化机制运行的各项规则,实现物资储备动态的程序性工作。在程序方面要注重闭环式管理,即要注重风险研判和评估、各类风险防控以及风险防控过程及结果的责任追究机制。强化物资储备和突发事件的监管机制,监管机制的强化要注重从监管手段、监管方式、监管重点等方面共同发力,对标对表实现精准监管、高效监管。为了提升应对自然灾害和突发事件的能力,必须进一步加强自然灾害监测预警,确保及时、准确掌握灾害动态,并通过信息共享机制,使相关部门和公众能够迅速作出反应。同时,优化应急物资调配机制,完善应急物资管理流程,确保在灾害发生时能够迅速调运和高效利用应急物资,有效处置各类重大灾害事故和突发事件。提升防灾减灾能力和信息化水平,利用先进科技手段提高预警准确性,加强全民防灾意识教育,确保公众具备应对灾害的基本知识和技能。❷ 因为我国自然灾害等的发生存在一定的规律性,总会在一定方向或一定区域内发生,

---

❶ 宋龙飞. 国家战略物资储备立法研究 [J]. 北京交通大学学报(社会科学版),2020,19(1):123-130.
❷ 陈健. 打造储备国家队 当好应急主力军 [J]. 中国粮食经济,2020(3):59-63.

我们可以根据这些信息因素，科学配置储备需求和储备资源。❶ 探索建立风险监测预警体系，加快建设应急保供网点，提高应急处置效率。❷ 修订完善各类应急预案，开展应急演练，确保储备物资关键时候调得出、用得上。❸

进一步优化政策制定与实施，强化绩效评估体系，并重视储备绩效评估的重要性。政策评估是由不同组织和个人对政策方案、执行过程及最终成果进行全方位的评价活动。评估可以对政策的未来发展趋势作出初步判断，并以此为依据，对现行政策进行必要的调整与修正，同时为制定新的政策提供有力的支撑和参考。❹ 杨子健认为，储备绩效评估既包括对储备相关政策的评估，又包括对承担储备工作的政府部门是否有效履行职责的评估。加强各储备部门工作绩效评价，是提升政府效能的关键环节。在此过程中，第一，需彻底转变传统观念，摈弃不良作风，确保绩效管理不沦为简单的排名与奖惩工具。第二，推动绩效评估走向制度化、规范化，明确各项评估要素，确保评估结果的有效运用。不断完善政府绩效评估机制，特别是目标管理机制，以实现储备部门工作的持续优化。❺ 第三，促进绩效评估主体多元化，完善绩效评估的组织体系和绩效奖惩机制。❻

进一步完善国家物资储备资金补偿机制。建立信息共享的大物资储备体系。创新国家物资储备管理的理念，建立国家储备物资统一调配组织。调整、补充我国国家物资储备品种和规模。进一步调整物资储备仓库布局，实现现有资源的有效合理配置。❼

明确储备的功能作用或政策目标，完善储备需求形成机制。储备需求的形成机制应当是一个动态优化的过程，也即必须定期对急需、关键、紧缺的

---

❶ 王丰，李守耕，赵吉敏. 新时期战备物资储备研究 [M]. 北京：中国财富出版社，2019：7.
❷ 国家粮食和物资储备局. 2019 中国粮食和物资储备发展报告 [M]. 北京：经济管理出版社，2019：4.
❸ 国家粮食和物资储备局. 2019 中国粮食和物资储备发展报告 [M]. 北京：经济管理出版社，2019：4.
❹ 赵海娟，包蕴涵. 建立公共政策评估制度是大势所趋 [J]. 工会信息，2014（26）：12 – 14.
❺ 杨子健. 做好新时代国家储备工作 更好防范化解风险挑战 [J]. 中国经贸导刊（中），2019（6）：124 – 127.
❻ 杨子健. 储备多元化问题研究 [M]. 北京：经济管理出版社，2018：171.
❼ 冉岚. 从汶川地震看国家物资储备建设 [J]. 宏观经济管理，2008（9）：60 – 62.

物资等这些重要领域物资开展评估，根据评估结果对储备需求进行及时调整。在机制的运行过程中，大数据等现代技术手段发挥着不可或缺的作用。它们能够实时监测机制的运行状况，为决策者提供及时准确的数据支持。同时，通过对物资的精准跟踪与分析，能够快速掌握物资储备的动态变化，确保供需平衡。此外，加强与行业主管部门、行业协会及重点企业的沟通协作，有助于精准把握行业发展趋势，为机制的持续优化提供有力支持。❶

创新强化粮食执法监管。一是注重从国家层面支持各地制定物资储备的各项规范，强化物资储备工作的立法保障支撑，各地立法可在不违背上位法的基础上，适时根据本地实际情况进行内容调整。二是各地要注重建立物资储备监管体制，这一体制的建立当然要与国家关于物资储备的管理体制相适应，以管理体制为载体提升物资储备方面的行政执法能力和水平。三是注重构建关于物资储备监管的新型监管模式，主要是注重对物资储备的信用监管，这是监管的基础要求。为了强化信用监管，必须强化信用监管平台建设，在监管的基础上进行联合惩戒。四是强化物资储备动态监管信息化水平，通过在线监测、远程实时监测等方式，真正实现物资储备监管到"最后一公里"。

必须健全完善供应服务网络，进一步提高物资储备应急保障能力、不断增强物资储备在紧急状况下的保障能力。进一步强化组织领导，提升监测预警和应急响应效率。同时，需要完善区域物资储备应急预案，确保中央和地方预案的协调统一。❷ 此外，需强化地方政府在物资应急中的主体责任，构建逐级响应机制，确保小灾情时省域内能够自救，大灾情时区域间能够互助，从而实现自救与互助相结合，建设统一的粮食和物资储备应急指挥中心，强化协同联动，加快形成逐级保障、层级响应、小灾省域内自救、大灾区域间互助的物资储备应急保障机制。❸

---

❶ 杨子健. 储备多元化问题研究 [M]. 北京：经济管理出版社, 2018：172.
❷ 中共国家粮食和物资储备局党组. 积极应对疫情影响 扛稳国家粮食安全重任 [J]. 中国粮食经济, 2020 (7)：7-11.
❸ 中共国家粮食和物资储备局党组. 积极应对疫情影响 扛稳国家粮食安全重任 [J]. 中国粮食经济, 2020 (7)：7-11.

五、加强储备信息化建设

加强国家物资储备信息化，便于国家实时掌握物资储备状况，构建最佳的物资储备规模，保证资源调拨及时准确，实现国家物资储备治理体系和治理能力现代化。一是构建物资储备信息系统，首先依托信息化技术实现储备资源的网络化、智能化、精确化并充分运用物联网、大数据、云计算、区块链、自动跟踪技术等现代化科技手段，实时掌握物资的储存信息、在途信息和需求信息，并将详细、准确、实时的物资信息传递给储备管理部门，储备管理部门根据这些信息及时作出决策；❶ 其次形成适应现代技术特点的物资储备信息再生机制和各种物资储备单元共用的公共操作环境，形成物资储备信息安全屏障。二是夯实物资储备信息基础设施建设，保障物资储备信息化各要素的有机融合。三是尽快培养高素质的研究、开发、应用和管理的信息化人才队伍，适应物资储备信息化建设的需要。四是完善物资储备信息化规范，制定具有前瞻性的政策法规和标准规范。五是建设"规划－实施－监控"全过程评价体系，及时弥补各环节漏洞，实现评价闭合。六是建设信息化安防系统，加强网络系统维护及管理，避免因网络故障影响物资储备管理业务活动。❷

（一）依托大数据推动国家物资储备"一盘棋"改革

当前，数据俨然成为重要的生产要素，❸ 并能创造生产价值。它的价值在于能够为生产和决策提供关键支持。《中共中央关于坚持和完善中国特色社会主义制度 推进国家治理体系和治理能力现代化若干重大问题的决定》明确提出，要健全包括数据在内的各种生产要素的市场评价机制，这强调了数据在现代化经济体系中的重要地位。因此，利用大数据技术优化国家物资储备管理，不仅是顺应时代发展的必然选择，也是提升国家应急管理能力的关

---

❶ 王丰，李守耕，赵吉敏. 新时期战备物资储备研究［M］. 北京：中国财富出版社，2019：6.
❷ 蒋宁，汪贻生，王锐淇，等. 战备物资储备信息化概论［M］. 北京：中国财富出版社，2018：10.
❸ 《中共中央关于坚持和完善中国特色社会主义制度 推进国家治理体系和治理能力现代化若干重大问题的决定》强调，健全劳动、资本、土地、知识、技术、管理、数据等生产要素由市场评价贡献、按贡献决定报酬的机制。可见，数据与劳动、资本、土地等同为生产要素。

键措施。大数据技术的应用可以实现对国家物资储备全面、实时的监控。这包括对中央和地方储备的全覆盖，以及政府、企业和仓库等不同储备形式的全面整合。通过要求与国家物资储备有关的企业定期上报物资储备数据，可以构建一个标准化、数字化、动态更新的全国物资储备数据库，实现数据在国家物资储备系统内的共享与互通。

（二）依托大平台服务国家物资储备"一盘棋"改革

构建一个统一的物资储备信息平台是实现"一盘棋"改革的关键环节。这个平台将整合各行业、各地区关于战略物资的生产、存储、流通和市场信息，实现与国家公共安全网络和应急管理部门的连接，为突发事件的应对、市场调控和社会服务提供有力的物资支持。为了保障这些海量数据的安全，建设稳定可靠的信息平台是必不可少的。这些平台的建设应涵盖政务服务、管理监督等多个方面，涉及从国家到地方、政府到企业多个层级，其互联互通是实现数据资源整合和共享的基础，实现与国家公共安全网、应急管理部门的互联互通，为突发事件应对、宏观市场调控和社会公共服务提供物资保障支撑。❶ 获取海量的物资储备数据后，必须为这些数据找到安全可靠的容身之所。因此，作为承载大数据信息的平台建设不可或缺。

（三）依托大系统统筹国家物资储备"一盘棋"改革

构建一个高效的数据分析与处理大系统是实现对大规模数据集深度应用的关键。该系统作为国家物资储备管理的中枢神经，将通过对数据进行深入分析和运用高级算法进行迅速处理，为物资储备决策过程提供坚实的科学基础。这一基于数据驱动的管理策略，能够使国家物资储备的风险评估和预警机制变得更为精确和科学，进而显著提升国家物资储备的管理效能，并更有效地支撑国家安全战略的实施。通过这种高级系统技术的运用，国家将能够对物资储备实施更为精准的管理和优化配置。这不仅增强了国家面对各种风险和挑战的应对能力，同时也是推动国家治理体系和治理能力现代化进程的关键步骤。通过这种高级的分析和处理框架，国家不仅能够在物资储备方面

---

❶ 陈伟. 新时代我国战略物资储备应急保障能力提升研究 [J]. 中国粮食经济, 2020 (4): 48-49.

作出更加明智的决策，还能在预防和应对潜在危机时提供更为有效的策略。这种系统不仅是一个数据处理工具，更是一个全面的决策支持系统，能够在确保国家物资安全储备充足的同时，确保这些储备能够在需要时被迅速、高效地调配和使用。

六、加强物资储备监督管理

（一）坚持法治原则

全国的粮食和物资储备机构应当以正确平衡政府与市场的关系为重点，实行适当的放权与加强监管的策略。通过实施更加高效的行政执法措施以及制定具有约束力的法律责任措施，增加粮食业务主体面临的非法操作成本，确保关键事务得到有效管理，合理权利得到完全保护。目的在于促成从政策引导到法治化管理的深刻转变，利用法律手段保障国家粮食仓库的安全无虞，用法治的方式守住管好"天下粮仓"。❶

（二）要坚决落实责任制度，明确党和政府在保障粮食安全上的共同责任

这不仅包括加大省长责任制在粮食安全方面的执行力度，还需综合评估中央储备粮的管理情况和中央粮食政策的执行效果。通过这些措施，我们能够有效提升各级政府和相关部门在地方层面的监督责任。同时，我们必须确保政策性粮食的执行主体和各种储备企业的直接责任人能够切实承担起责任，实现政策性粮食内部控制管理与行政监督责任的有效对接，确保这些责任真正落到实处。❷ 2021 年 4 月，国家发展和改革委员会、国家粮食和物资储备局等部门联合印发《关于进一步强化国家政策性粮食日常管理和依法监管有关问题的通知》。该通知旨在提升各机构政治站位，深化对政策性粮食管理与监管职责的理解，强化潜在风险防范，确保政策性粮食数量精准、质量优

---

❶ 王小萱. 国家粮食和物资储备局：持续释放"大国粮仓"强监管信号 确保国家政策性粮食管得住管得好 [N]. 中国食品报，2021 – 04 – 16 (3).
❷ 王小萱. 国家粮食和物资储备局：持续释放"大国粮仓"强监管信号 确保国家政策性粮食管得住管得好 [N]. 中国食品报，2021 – 04 – 16 (3).

良、存储安全。这些措施为国家政策性粮食的规范管理和高效利用奠定坚实基础。

(三) 确保政策的精准执行与高效执行

粮食经营者须严格遵循国家粮食收储政策,确保惠农政策落到实处。在收购环节,粮食经营者应遵守"五要五不准"规则,保障农民粮食销售安全、透明、满意。在销售和出库环节,粮食经营者应担起管理职责,严格执行检验制度,对粮食数量、质量及政策执行情况负全责。同时,在粮食调用和处理时,需按规定执行出库指令,防止未授权使用,确保政策性粮食规范使用,并严防不符合食品安全标准的粮食进入市场。这些措施将促进粮食市场健康发展,实现国家粮食政策目标。[1]

(四) 强化库存的管理

政策性粮食承储企业需在日常库存管理中加大投入力度,确保管理流程的规范化和有序性。全面推行粮食储存与生产的安全责任制度,严格监控粮食品质,及时发现并消除潜在的安全风险。同时,积极利用科技进步,推动政策性粮食库存管理信息系统的快速建设,实现对储备点的远程和实时监控。通过人力与技术的双重保障,确保政策性粮食库存的安全与高效管理,从而牢牢守住并管理好政策性粮食库存。[2]

第三节　司法规制:基于检察机关法律监督角度

《宪法》第 134 条规定:"中华人民共和国人民检察院是国家的法律监督机关。"《中华人民共和国人民检察院组织法》第 2 条第 1 款规定:"人民检

---

[1] 王小萱. 国家粮食和物资储备局:持续释放"大国粮仓"强监管信号 确保国家政策性粮食管得住管得好 [N]. 中国食品报,2021-04-16 (3).
[2] 王小萱. 国家粮食和物资储备局:持续释放"大国粮仓"强监管信号 确保国家政策性粮食管得住管得好 [N]. 中国食品报,2021-04-16 (3).

察院是国家的法律监督机关。"检察机关的检察职能、检察权,即"法律监督职能"和"法律监督权"。检察机关具有法律监督和司法监督双重职能。❶

新时代下,检察机关的法律监督职能也发生了一些变化,国家监察体制建立,检察工作范围做了相应调整,将检察机关的部分侦查权转隶于监察机关,虽然有人认为这削弱了检察机关的法律监督权能,但是也有人认为这样的职权变动使检察机关在今后的工作中更加集中和纵深发展法律监督主业,从而促进了各方面检察工作的有效配合、平衡发展。❷ 有人将诉讼监督等同于法律监督,❸ 显然是将法律监督作了过于狭义的理解。法律监督包含诉讼监督,诉讼监督有特定的场域,即刑事诉讼、行政诉讼和民事诉讼三大诉讼制度。在新时代背景下,检察机关的法律监督职能绝不仅包含对诉讼活动的监督,而是多维度、全面性的法律监督。

回归国家物资储备领域,国家物资储备体系在维护国家安全、国计民生等领域起着至关重要的作用,其所涉事务繁杂,关联主体多元,牵扯利益多元且重大,必须有强有力的督促保障机制推动国家物资储备体系中的各个环节健康运行,以确保在关键时期拿得出、用得上,而检察机关的重要使命和价值内涵便是维护国家安全和国家利益。检察机关履行职能是以维护国家利益为宗旨的,同时,这也是检察职能活动的强制性和效力的来源和根据。检察机关应坚定地站在国家的立场上,捍卫国家安全与利益,对任何损害国家安全和国家利益的行为都要坚决予以打击,决不姑息。❹ 因此,在新时代下,必须加大检察机关在国家物资储备领域的作用力度,充分行使法律监督职能。

国家物资储备涉及部门繁杂,利害关系重大。检察机关必须充分发挥职能,对国家物资储备领域的贪腐渎职等行为依法提起诉讼。近些年来,随着互联网、自媒体等不断发展,越来越多的涉及国家物资储备领域的违法犯罪案件暴露在公众的视野中,成了人民群众关注的焦点。根据国家粮食和物资

---

❶ 谢鹏程. 新时代检察机关的功能定位 [N]. 检察日报, 2020 - 08 - 05 (3).
❷ 曾珍, 张晓媛. 新时代检察机关法律监督职能的发展路径研究 [J]. 湖北师范大学学报 (哲学社会科学版), 2020, 40 (4): 60 - 63.
❸ 秦前红. 两种"法律监督"的概念分野与行政检察监督之归位 [J]. 东方法学, 2018 (1): 170 - 189.
❹ 谢鹏程. 新时代检察机关的功能定位 [N]. 检察日报, 2020 - 08 - 05 (3).

储备局公布的数据，2020年至2021年4月，全国粮食和储备部门已对342起违法违规案件进行查处，并对其中319起案件给予警告以上的行政处罚。同时，12325监管热线共接收到涉粮案件举报382件，具体案件情况如表2所示。❶ 对违法违规企业，依据条例规定进行严厉处罚，情节严重的，列入严重违法失信名单，禁止从事国家政策性粮食收储，并责成有关部门单位对违法违规企业负责人和直接责任人给予行政处分，构成犯罪的，移送司法机关依法追究刑事责任。❷ 这些行动充分展现了国家对粮食流通领域违法违规行为的坚决打击态度，特别是对擅自动用、以陈顶新、拖欠售粮款、未执行质量标准和"出库难"等典型案件的严肃处理，有效阻止了违法行为的蔓延，为确保国家粮食安全筑起了坚实屏障。

表2 粮食流通领域行政执法典型案例

序号	典型违法行为	典型案例
1	个别企业擅自动用政策性粮食	案例1：湖南省某米业公司擅自动用省级临时储备粮案。湖南省某米业公司因擅自动用省级临时储备粮被严肃查处。2020年8月，湖南省相关部门在日常巡查中发现问题线索，随即对该公司的省级临时储备粮库存进行了核查。核查结果显示，该公司在2020年5月至6月期间，违规擅自动用省级临时储备粮2507吨。对此严重违法行为，2020年11月，当地市场监管综合行政执法部门根据《粮食流通管理条例》相关规定，对该公司处以10万元罚款的行政处罚，并对涉案的5名相关责任人员进行了依规依纪问责处理
		案例2：河南省某粮油贸易有限公司盗卖最低收购价小麦案。2020年9月，群众向12325监管热线举报，反映河南省某粮油贸易有限公司盗卖最低收购价小麦问题。经指定河南省有关部门核查，该公司于2015年7月盗卖2014年产最低收购价小麦8114.94吨。2020年10月，当地粮食和储备部门依据《粮食流通管理条例》有关规定，给予该公司19万元罚款的行政处罚

---

❶ 李慧. 国家粮食和物资储备局：严肃查处粮食流通领域违法案件［N］. 光明日报，2021-04-15（16）.

❷ 李慧. 国家粮食和物资储备局：严肃查处粮食流通领域违法案件［N］. 光明日报，2021-04-15（16）.

续表

序号	典型违法行为	典型案例
2	个别企业通过"以陈顶新"方式，套取财政轮换补贴	案例3：四川省某粮食管理有限公司县级储备粮"以陈顶新"案。2019年5月，四川省有关部门对某粮食管理公司进行检查，发现该公司在2016年9月至2019年5月间，回购私人粮商粮食顶替县级储备粮，并擅自改变市级储备粮储存地点，虚构购销业务套取轮换补贴31万元。2020年12月，当地发展改革局依据《粮食流通管理条例》，给予该公司罚款处罚，2人被追究刑事责任，5名责任人员被问责
3	个别企业未及时向售粮者支付售粮款，损害农民利益	案例4：河南省某粮油购销有限公司拖欠售粮款案。2020年5月，群众向12325监管热线举报，反映河南省某粮油购销有限公司拖欠其售粮款。经河南省有关部门核查，2018年6月，该公司收购举报人2018年产小麦250吨，拖欠举报人售粮款及利息约65万元。2020年6月，当地粮食局依据《粮食流通管理条例》有关规定，取消该公司粮食收购资格，给予20万元顶格罚款的行政处罚
4	个别企业未执行国家质量标准，未按规定进行粮食销售出库质量安全检验	案例5：吉林省某粮库国家临储玉米虫粮除治不及时、违规租仓牟利案。2020年8月，媒体反映吉林省某粮库国家临储玉米"虫粮"问题。经吉林省有关部门单位核查，该粮库在国家临储玉米保管过程中，违反安全储粮有关规定，虫情除治不及时，违规租库收储国家临储玉米牟利。2020年12月，当地市场监管综合行政执法部门根据《粮油仓储管理办法》有关规定，给予该粮库罚款的行政处罚，并将依据审计结果收缴违规租仓获利，22名相关责任人员被依规依纪问责处理
		案例6：吉林省某粮食加工有限公司国家临储玉米质量不达标案。2020年9月，吉林省有关部门对国家有关部门移交的某粮食加工有限公司国家政策性粮食存在严重质量问题线索进行了核查。发现该公司储存的国家临储玉米，存在生虫、不完善粒超标、生霉严重等问题。2020年10月，当地粮食和储备局依据《粮食流通管理条例》有关规定，给予该公司20万元顶格罚款的行政处罚，3名相关责任人员被依规依纪问责处理

续表

序号	典型违法行为	典型案例
5	个别企业在国家政策性粮食销售出库时不执行出库指令或阻挠出库	案例7：中储粮某直属库租仓库点因违规收取出库费用被查处。2020年7月，国家粮食和储备局联合中储粮对某直属库租仓库点进行核查，发现该点在政策性粮食销售出库时违规收取装车费，导致"出库难"。当地粮食局根据《粮食流通管理条例》拟罚款20万元。涉事企业已退还违规费用，16名责任人被问责
		案例8：中储粮某直属库违反国家政策性粮食销售出库规定多扣水杂案。2020年11月，国家粮食和储备局在涉粮问题整改"回头看"专项行动抽查中发现，2019—2020年，中储粮某直属库在国家临储玉米销售出库时，多扣水杂，将溢余粮食擅自处置，涉及直属库本库及其所属5家租仓库点储存的临储玉米11.9万吨，同时还存在未严格执行陈粮销售出库检验制度等问题。2021年1月，当地经济和发展改革局依据《粮食流通管理条例》有关规定，对该直属库进行了行政处罚，5名相关责任人员被依规依纪问责处理
		案例9：黑龙江省某粮食收储有限公司违反国家政策性粮食销售出库规定多扣水杂、违规回购本库政策性粮食案。2020年12月，根据国家粮食和储备局在涉粮问题整改"回头看"专项行动抽查中发现的线索，黑龙江省有关部门核查发现，2019—2020年，该公司在国家临储玉米销售出库时，多扣水杂，未严格执行陈粮销售出库检验制度、回购本库储存的国家临储玉米。2021年2月，当地粮食局依据《粮食流通管理条例》有关规定，对该公司进行了行政处罚，7名相关责任人被依规依纪问责处理

资料来源：高文. 震慑违法违规行为 保障国家粮食安全 国家粮食和物资储备局公布一批粮食流通领域行政执法典型案例［EB/OL］.（2021-04-14）［2021-05-22］. https://www.farmer.com.cn/2021/04/14/99868594.html.

基于此，可以逐步探索将检察机关提起公益诉讼制度引入国家物资储备领域，维护国家利益和社会公共利益。国家物资储备关乎国家利益和社会公共利益，可尝试对保密性不强的非战略性储备物资领域发生的危害国家利益或社会公共利益案件适用公益诉讼制度。检察机关提起公益诉讼制度的设立，扩展了检察机关法律监督职能的范畴，是一种新型法律监督路径的探索，在我国法治建设体系中具有里程碑意义。[1] 检察机关要抓住机遇，积极在国家物资储备领域展开探索，高效履行法律监督职能，维护国家利益和社会公共利益。

第四节　理论规制：基于信息公开与储备保密的视角

国家物资储备政府信息公开是保障公民在物资储备领域知情权的重要方式，但作为维护国家安全、公共安全、经济安全，影响公民生命安全的重要领域，处理好信息公开与保守国家秘密的关系至关重要。正如前文所述，国家物资储备领域具有一定的保密性，涉及国家安全。同时，国家物资储备又事关公共利益，公民理所应当享有一定的知情权。协调处理好国家物资储备领域信息公开与国家秘密保护的辩证关系，是依法构建国家物资储备体系的重要内容。

一、政府信息公开

理论界和实务界对政府信息公开关注颇多。要明晰政府信息公开的内涵与外延，就需要理解何为"政府信息"。从规范角度来看，根据我国2019年修订的《政府信息公开条例》第2条，法律上所称政府信息，是指行政机关在履行行政管理职能过程中制作或者获取的，以一定形式记录、保存的信息。该定义沿袭了2008年版《政府信息公开条例》第2条关于政府信息概念的界定。从理论研究角度来看，有学者认为，政府信息通常是政府机构为履行职责而产生、获取、利用、传播、保存和处理的信息。[2] 另一些学者则认为，政府信息指的是政府机关在依法执行行政管理职能或在提供公共服务的过程

---

[1] 曾珍，张晓媛. 新时代检察机关法律监督职能的发展路径研究 [J]. 湖北师范大学学报（哲学社会科学版），2020，40（4）：60-63.
[2] 应松年. 预防腐败，制度建设是关键 [J]. 行政法学研究，2008（1）：1-4，23.

中，制作、获取和掌握的各类资料，这些资料可以通过纸质、胶卷、磁带等电子存储材料等形式进行记录或呈现。❶ 也有学者认为，政府信息是国家机关为履行职责而生产、获取、利用、传播、保存和负责处置的信息。❷ 在我国，国家机关包含国家元首、权力机关、行政机关、监察机关、审判机关、检察机关和军事机关等。从规范和实践来看，政府信息的掌控主体通常是行政机关，而不是广泛意义上的国家机关。❸

就政府信息公开的概念界定而言，理论界和实务界存在不同认识。有学者认为，政府信息公开制度指的是国家行政机关、被授权组织及委托组织在履行国家行政管理职能时，通过法定途径和程序，主动或根据申请向特定个人或组织披露相关信息的一种机制。❹ 也有学者将政府信息公开理解为行政公开，他们认为，从宏观的角度来看，政府信息公开也是行政机关在行政管理活动中的一项法律制度，而微观意义上的政府信息公开则是行政机关的一项法律行为。❺ 有人认为，政府信息公开是政府机关依照法定程序以法定形式公开与社会成员利益相关的政府所有的信息，允许公众通过各种方式利用政府所掌握信息的制度。❻ 有人认为，政府信息公开是政府机关依法通过各种方式公开其政务活动，公开其在履职过程中的信息资源的过程。❼ 综上，虽然学界关于政府信息公开内涵的表述存在一定差异，但是总体来说，关于其概念不存在较大分歧。从信息来源来看，政府信息的来源比较广泛，行政机关在履职过程中的生产、制作、获取、利用等行为都可能产生政府信息。依据产生信息的客体性质划分，可将信息分为人类社会信息、自然信息、生

---

❶ 关保英. 法治政府概论 [M]. 北京：中国法制出版社，2018：35.
❷ 吕璐. 政府信息公开与公民隐私权的利益平衡 [J]. 情报探索，2014（12）：22-25.
❸ 当然，随着2013年为贯彻落实中央关于进一步深化司法体制改革的总体部署，推进阳光司法，最高人民法院建立完善审判流程公开、裁判文书公开、执行信息公开三大司法公开平台。这也标志着司法领域的部分信息的公开。虽然司法审判机关属于国家机关范畴，但是说政府信息公开主体包含司法审判机关缺乏法律依据，同时也容易造成混淆。因此，目前学界一般都把政府信息掌控的主体限缩在行政机关。
❹ 刘恒，等. 政府信息公开制度 [M]. 北京：中国社会科学出版社，2004：2.
❺ 卢琳. 走出我国政府信息公开的困境 [J]. 行政论坛，2003（4）：38-39.
❻ 颜海. 政务信息管理 [M]. 湖北：武汉大学出版社，2009：175.
❼ 鲁敏. 当代中国政府概论 [M]. 天津：天津人民出版社，2019：353.

物信息三类。❶ 本书所探讨的政府信息公开所包含的信息是人类社会信息。

因此，在笔者看来，所谓政府信息公开，是指行政主体遵循法定程序，通过法定形式，依职权或者根据申请而公开其掌握的与社会公众利益密切相关的信息，并且为了公众能够充分了解和利用这些信息，赋予了公众以查询、阅览、复制、摘录、收听、观看、下载等方式利用这些信息的权利。

我国古代封建社会也有政府信息公开的图景，但是封建社会的政府信息公开是一种典型的自上而下式的，政府掌控着绝对的信息公开决定权，政府信息公开的方式、范围等都非常有限。例如，我国古代封建社会政府信息公开制度的重要载体——邸报，就由最初向当地传知朝政的"报告"或"情报"，逐渐发展成为封建王朝的机关公报，以此建立了官方文书发布制度。可以说，政府信息公开思想在我国古代就已经初露端倪。古代统治者基于对官吏政绩监察的需要，认为收集的决策信息越多越好，而民众对政治的批评也有利于稳定社会。古代欧洲封建社会经历了教会、封建领主以及贵族等掌权者的此消彼长，政府信息也是自上而下流动，且多集中在统治集团内部，信息内容远离平民，平民难以接触公共事务和政府信息。❷ 我国古代封建社会与欧洲封建社会的信息公开都是自上而下的单向流动，带有不可磨灭的封建专制制度的影子，这同当前现代社会的政府信息公开有很大的不同。

在现代社会，政府信息公开不仅是建设阳光政府的要求，也是保障公民知情权的重要依据。政府信息公开中知情权主要包括知政权、社会信息知情权、个人信息知情权、法定知情权四个方面。❸ 2008年制定实施的《政府信息公开条例》是我国政府信息公开制度法治化建设的标志性成就，也是保障公民知情权的一项重要举措。知情权包括信息接收权和要求政府信息公开的权利，只有当知情权被法定化，政府信息公开制度才能得到更完善的建设。❹ 虽然截至目前，《宪法》并未将公民的"知情权"作为一项基本权利写入条款，但是《政府信息公开条例》为公民知情权提供了保障依据。

---

❶ 邹志仁. 信息学概论［M］. 江苏：南京大学出版社，2007：6.
❷ 陆阳，等. 公共信息空间的历史变迁研究［M］. 上海：上海大学出版社，2019：115-121.
❸ 吕璐. 政府信息公开与公民隐私权的利益平衡［J］. 情报探索，2014（12）：22-25.
❹ 孙泽湘. 论政府信息公开与国家机密保护的冲突与平衡［D］. 桂林：广西师范大学，2012.

纵观国内外，公民对政府信息享有知情权是当前的共识，保障公民的知情权是法治国家建设所需。信息公开成了政府的义务和责任，公民要求政府公开信息是行使合法权利的表现，是实现依法治国的需要。❶ 2019 年修订的《政府信息公开条例》进一步强化了对公民知情权的保护，其中第 27 条规定：除行政机关主动公开的政府信息外，公民、法人或者其他组织可以向地方各级人民政府、对外以自己名义履行行政管理职能的县级以上人民政府部门（含本条例第 10 条第 2 款规定的派出机构、内设机构）申请获取相关政府信息。较之于 2008 年《政府信息公开条例》第 13 条❷对政府信息依申请公开的规定，现行《政府信息公开条例》删除了原先对公民、法人或其他组织申请政府信息公开必须"根据自身生产、生活、科研等特殊需要"的规定，这在一定程度上扩大了依申请公开的范围。知情权，作为当代公民的一项新型权利，正经历着不断地演变与发展。其已不再是传统意义上单纯的政治权利，如民主参政权与监督权，而逐渐发展为一种综合性的信息权利，并在现代政府治理中占据了举足轻重的地位。这种权利涵盖了民主参与、社会秩序维护的要素，其不仅使公民能够获取政府信息，更在某种程度上为公民的权利保障提供了坚实的支撑。❸

在国家物资储备领域，也需要一定程度的公开。国家物资储备领域的公开，分为政府主动公开和依申请公开两种方式。对于政府主动公开情形，在依照法律规定，对其中涉密部分进行过滤处理后，对其进行主动公开。在国家物资储备领域，政府应当主动公开的内容主要包括生活必需品的储量、存储位置等信息。对于依申请公开情形，公民、法人或者其他组织可以向相关储备部门申请获取相关政府储备信息，依法保障公民的知情权。

在国家物资储备领域中，应当坚持以依申请公开为原则，政府主动公开为例外的公开机制。多数情况下应当让公民、法人、其他组织通过法定形式

---

❶ 潘燕. 公民行政知情权视角下政府信息公开制度的完善 [J]. 劳动保障世界, 2017 (8): 79, 81.
❷ 《政府信息公开条例》(2008 年版) 第 13 条规定：除本条例第 9~12 条规定的行政机关主动公开的政府信息外，公民、法人或者其他组织还可以根据自身生产、生活、科研等特殊需要，向国务院部门、地方各级人民政府及县级以上地方人民政府部门申请获取相关政府信息。
❸ 周佑勇，朱峥. 风险治理现代化中的公民知情权保障 [J]. 比较法研究, 2020 (3): 101-111.

向政府申请公开相关信息,而在特定情况下,政府才需要对国家物资储备情况进行公开,或者因时因势适当地进行公开。

二、保守国家储备秘密

将公民知情权纳入法治轨道,构建科学的政府信息公开法律制度是当前世界各国的通行做法,如美国《情报自由法》、英国《信息自由法》、澳大利亚《情报自由法》、芬兰《政府文件公开法》等均规定了公民知情权,但是基于对国家秘密的保护,各国几乎都将涉及国家秘密或者国家安全的事项不予公开。

美国政府在信息公开方面的一个有益举措便是减少对申请者的身份、申请目的以及利害关系等方面的限制。在公众申请信息公开时,无须满足特定的前置条件,只需提交书面申请,并对所需信息进行相关描述即可(以便行政机关进行查验),这最大限度地拓宽了公众获取政府信息的渠道,让民众能够更容易地获取到更多的政府信息。[1] 当然,美国也有严格的保密制度,例如,在药品领域,美国有严密的法律支撑体系,明确了主动公开、申请公开和不得公开的情形。[2] 英国,在早期的时候,对政府信息以保密为主;到了现在,则采取无差别对待,即申请政府信息公开采取形式审查方式,确立了申请政府信息公开的"无国籍主义"(本土人士、在英国居住的非英国国籍人士或者无国籍人士)原则。[3] 澳大利亚于1982年制定了《情报自由法》,明确公众申请联邦政府信息不受理由限制。具体而言,除豁免公开文件外,政府文件一律公开。公开不受申请理由限制,须无理由公开。[4] 1997年的波兰《宪法》首次规定公民知情权,并规定该权利原则上不受限制,除非基于保障其他个人和各经济主体的自由与权利、维护公共秩序与安全、保障国家

---

[1] 杨大越. 我国政府信息公开申请法律保障之探究:以《中华人民共和国政府信息公开条例》第13条修改为视角 [J]. 行政与法, 2020 (2): 92 – 98.

[2] 陈嘉音,杨悦. 美国 FDA 信息公开与保密的研究 [J]. 中国药学杂志, 2019, 54 (1): 66 – 71.

[3] 杨大越. 我国政府信息公开申请法律保障之探究:以《中华人民共和国政府信息公开条例》第13条修改为视角 [J]. 行政与法, 2020 (2): 92 – 98.

[4] 杨大越. 我国政府信息公开申请法律保障之探究:以《中华人民共和国政府信息公开条例》第13条修改为视角 [J]. 行政与法, 2020 (2): 92 – 98.

重大经济利益等原因。2001年的波兰《获取公共信息法》又对《宪法》所规定的公民知情权作了进一步细化和完善。至此，波兰公民知情权的内容包含立法知情权、行政知情权以及司法知情权。以司法知情权中的审判公开来说，除涉及国家秘密、个人隐私、未成年人案件外，其他所有案件都是公开审理。[1] 除上述国家外，世界上的很多国家也都确定了信息公开的原则，例如，墨西哥采用的是最大限度的公开原则；巴西采用的是以公开为原则，保密为例外；俄罗斯采用的是全面公开原则；南非采用的是合理限制公开原则。[2]

从世界范围来看，政府信息公开以公开为原则似乎成为共识，但是对国家秘密的保护是政府信息公开的绝对例外。现代国家普遍建立了一套政府信息公开制度，以保障公民的知情权，但是国家秘密的保护始终是政府信息公开的例外。我国也是如此，根据我国现有规范，我国政府信息公开采用的也是"以公开为原则，不公开为例外"的原则。

在国家物资储备领域，要秉持"依申请公开为原则，政府主动公开为例外"的信息公开原则。如前所述，国家物资储备具有重要的战略意义，其在我国的政治、经济、文化、社会等各个面向上都发挥着重要的作用，所以对国家物资储备的公开更要严格恪守保守国家秘密的原则，坚决维护我国的国家安全，不能因为公开，而给国家、人民造成无可挽回的损失。如何把握国家物资储备公开的"度"，实际就是怎么保守国家物资储备秘密的问题，这是同一个问题的两个侧面。国家物资储备领域的公开，要建立一套完备的公开制度，对要公开的信息实行严格的审查、批准、备案等制度，存在疑问的事项原则上应当不公开。

三、政府信息公开和保守国家秘密的关系

政府信息公开是对公民知情权的保障，是建设阳光政府的基本要求。但同时，政府信息浩如烟海，其中有不少涉及国家秘密的信息，这类信息事关

---

[1] 杨凤宁，陈钢.波兰公民知情权探讨及借鉴[J].时代法学，2015，13（5）：116-121.
[2] 李勤印.汉官风范[M].北京：首都师范大学出版社，2019：129-130.

国家的安全与稳定，若不慎泄露，不仅可能会给国家带来无法估量的损失、对社会稳定造成极大冲击，还可能会严重侵害人民的合法权益。这在我国历史上有着惨痛深刻的前车之鉴。1895年4月17日，清朝大臣李鸿章面对侵略者的野蛮行径和无理勒索，无奈地代表清政府与日本签订丧权辱国的《马关条约》，自此甲午中日战争告一段落。我国在甲午战争中战败的重要原因之一便是大清政府隐蔽战线不设防，日本的间谍特务以及"大陆浪人"便长驱直入，大肆获取我国各方面的军政情报。但可惜的是，当时的清朝统治者还处在妄自尊大，昏迷度日的自我陶醉状态。❶

改革开放以来，我国陆续制定了一系列保密法律规范，如《中华人民共和国保守国家秘密法》《中华人民共和国保守国家秘密法实施条例》《保密事项范围制定、修订和使用办法》《科学技术保密规定》《国家秘密定密管理暂行规定》《铁路计算机信息网络国际联网保密管理暂行规定》《国家统计信息网安全保密管理暂行规定》《水利电力部保密工作暂行规定》《电信通信保密暂行规定》《新闻出版保密规定》等，对平衡国家信息保护和公开的关系起到重要推动作用，尤其是2008年《政府信息公开条例》的制定实施。截至2021年1月9日，笔者在北大法宝以"发文字号+标题：保密""时效性：现行有效"为检索条件进行检索，共获得相关法律规定以及规范性文件116篇。总体来看，当前我国关于政府信息公开的相关规定并没有保密规定多。

以上足可以见，不管政府信息公开的深度和广度发展到何种程度，保守国家秘密，维护国家安全始终是政府信息公开例外原则中不可逾越的红线。政府信息公开与保守国家秘密之间的关系是理论界关注的焦点。有学者就认为，这些不予公开的例外构成了对公民知情权的限制，现实中会造成公民知情权（利）与国家保密权（力）之间的冲突。❷考虑到一些涉及国家秘密的信息一旦公开会产生巨大危害，因此《政府信息公开条例》第5条在规定政府信息"以公开为常态、不公开为例外"的基础上，第14条进一步规定了

---

❶ 王振坤. 隐蔽战线不设防的惨痛教训：纪念中日甲午战争一百周年 [J]. 史学月刊，1994 (5)：47-50.

❷ 李波洋. 限制工作秘密范围 保障公民知情权 [J]. 北京电子科技学院学报，2016，24 (3)：27-33.

基于国家秘密保护为缘由的公开绝对豁免内容，即依法确定为国家秘密的政府信息，法律、行政法规禁止公开的政府信息，以及公开后可能危及国家安全、公共安全、经济安全、社会稳定的政府信息，不予公开。同时，《保守国家秘密法》第 13 条对属于"国家秘密"的事项进行了明确规定，该条款涵盖政治、经济、国防、外交等领域的国家秘密，立法技术上采取概括性规定，并附有兜底条款。同时，该条第 2 款也将符合条件的政党秘密纳入国家秘密。

从形式上的整体法律体系架构来看，我国国家秘密的保护和政府信息的公开有明确的法律依据；但是从实质内容来看，《保守国家秘密法》规定的国家秘密条款涵盖范围广、可解释空间大。当然，国家秘密本身所具有的复杂性也就决定了在立法技术上采用当前这种模式是最优解，而脱离法条本身之外的法律适用场域才是公开与保密原则容易产生冲突的地方。一方面，存在个别行政机关借助"国家秘密"之由不公开政府信息的情况。政府信息公开工作人员在推动《政府信息公开条例》的有效实施中扮演着重要角色。行政机关在公开信息前，会依法严格审查拟公开内容，对不确定的信息，行政机关会按规定向上级或保密部门请示，确保信息公开的合法与准确。然而，实践中，信息公开工作会受到人为因素的影响，国家秘密常常成为个别公务人员信息公开不作为的理由。❶ 另一方面，部分公民借助"知情权保障"之由滥用知情权，浪费行政资源。实践中，当事人反复多次提起琐碎的、轻率的、相同的或者类似的申请，或者明知无正当理由而反复提起申请。存在公民提起政府信息公开申请违背《政府信息公开条例》的立法本意且不具有善意、滥用知情权的情形，给政府信息公开与保密工作造成困扰，例如，"陆某霞诉南通市发展和改革委员会政府信息公开答复案"就是一起典型的滥用知情权案件。❷

四、国家物资储备中政府信息公开和保守国家秘密的平衡

对如何平衡政府信息公开与保守国家秘密的关系，学界讨论较多。有学

---

❶ 孙泽湘. 论政府信息公开与国家机密保护的冲突与平衡 [D]. 桂林：广西师范大学，2011.
❷ 最高人民法院. 最高人民法院公报 [R]. 2015 (11).

者认为，政府信息公开与保守国家秘密之间想要实现动态发展的平衡，要通过立法予以平衡，也要通过执法加以平衡，要建立行政判例制度。❶ 有人认为，正确处理两者的关系，要树立"保放结合"的理念、精准定密、严格审查、加强监管。❷ 有学者认为，要通过权力平衡原则、公共利益优先原则以及正当程序的保证来平衡政府信息公开中公开与保密的冲突。❸ 有学者研究指出，我国在处理公开与保密的关系时，在坚持公开为原则，保密为例外的同时，也要遵循权衡利弊、适时、适度、合理等原则。❹ 还有学者建议，完善法律制度，整合《保守国家秘密法》与《政府信息公开条例》，制定政府信息公开法，以立法手段调和两者矛盾，化解公开与保密的冲突，从全局和细节上实现法律层面的协调。❺

已有研究为平衡政府信息公开与保守国家秘密的关系提供了大量的知识支撑。政府信息公开与保守国家秘密既对立又统一。在国家物资储备工作中也要注意平衡好两者的关系：一方面，政府信息公开既要保证公民法人和其他组织对物资储备有关信息的知情权，又要保证国家秘密不能被泄露，这两者之间的平衡关系需要准确把握。另一方面，保守国家秘密与政府信息公开之间相互依赖。没有政府信息公开，社会信息将出现闭塞，信息不对称，信息资源的运转会受到较大影响。若只偏重政府信息公开，可能危及国家安全与法律体系。信息公开与保密均是对政府信息的合理管控，两者既对立又统一，共同维护国家与人民利益。隐瞒应公开信息或泄露保密信息，均损害国家与人民权益。因此，公开信息时须审慎处理两者关系，依法公开与保密，确保平衡与协调。

在信息公开与保密工作中，应坚持"两者并重，宽严有理，收放有力，

---

❶ 郭艳. 公开与保密：政府信息制度战略平衡研究［J］. 情报杂志，2018，37（5）：141-145，194.
❷ 桑洪敏. 论公开与保密的关系［J］. 宁波通讯，2014（21）：71-72.
❸ 袁仁能. 政府信息公开与保密中的利益平衡［J］. 行政论坛，2007（6）：52-54.
❹ 宋超. 公开与保密：政府信息公开立法的焦点［J］. 安徽大学学报（哲学社会科学版），2005（1）：64-69.
❺ 刘安. 新形势下新疆地方政府信息公开与保密制度研究［D］. 乌鲁木齐：新疆大学，2019.

互动有方"的原则。❶ 这意味着，在思想上应同等重视信息公开与保密，确保在实际操作中既充分公开信息，又严格保守机密。在此过程中，应把握宽严相济的尺度，明确公开不等于泄密，保密也不应成为信息公开的障碍。通过制度约束和技术监管，确保保密信息不被泄露，公开信息则按规范及时发布。此外，公开与保密的需求并非一成不变，应随时代进步而动态调整，促进两者之间的合理转化，既能保障公民对政府信息的知情权，又能维护国家安全与利益。对特定时间范围内要求保密的信息，在另外的时间则可能成为公开信息，要实现公开和保密的合理转化。

---

❶ 魏力，洪帆. 电子政务建设要处理好信息公开与保密的关系 [J]. 信息安全与通信保密，2003 (6)：50-53.

参考文献

1. 张国廷. 新时代国家安全体系和能力现代化建设的历史演绎［J］. 现代交际, 2023（10）：49－50.

2. 马振清. 总体国家安全观视域下的国家安全体系和能力现代化［J］. 贵州省党校学报, 2023（2）：5－12.

3. 周庆安, 李慧韬, 刘勇亮, 等. 从"安全化"到"去风险"：国际政治中的风险话语研究［J］. 对外传播, 2023（9）：58－62.

4. 陈继勇. 中美贸易战的背景、原因、本质及中国对策［J］. 武汉大学学报（哲学社会科学版）, 2018, 71（5）：72－81.

5. 晏然. 健全国家物资储备体系［J］. 红旗文稿, 2020（9）：27－29.

6. 王健, 周竹君. 面向重构秩序推进国家物资储备立法的建议［J］. 中国发展, 2023, 23（1）：76－81.

7. 周佑勇. 推进国家安全治理现代化的法治逻辑［J］. 江汉论坛, 2023（10）：5.

8. 舒刚. 基于政治安全的网络舆情治理创新研究［M］. 武汉：武汉大学出版社, 2018.

9. 王建平. 公民安全、社会安全与国家安全［M］. 成都：四川大学出版社, 2018.

10. 邹碧海, 刘春, 刘晋, 等. 安全学原理［M］. 成都：西南交通大学出版社, 2019.

11. 阿诺德·沃尔弗斯. 纷争与协作：国际政治论集［M］. 于铁军, 译. 北京：世界知识出版社, 2006：11.

12. 李晶. 商务谈判［M］. 苏州：苏州大学出版社，2019.

13. 王胜国. "两弹一星"的研制与改革开放［J］. 当代中国史研究，2021，28（1）：154.

14. 刘跃进. 论国家安全的基本含义及其产生和发展［J］. 华北电力大学学报（社会科学版），2001（4）：62.

15. 张星. 政治安全的制度之维［D］. 武汉：武汉大学，2013.

16. 张浩. 开放兴邦：新时代中国特色社会主义对外开放思想［M］. 北京：人民出版社，研究出版社，2018：11.

17. 颜烨. 公共安全治理的理论范式评述与实践整合［J］. 北京社会科学，2020（1）：108-118.

18. 李雪峰. 中国特色公共安全之路［M］. 北京：国家行政学院出版社，2018：11.

19. 弓顺芳. 公共安全与应急管理理论与实践研究［M］. 北京：团结出版社，2017：8.

20. 丁翔，张海波. 大数据与公共安全：概念、维度与关系［J］. 中国行政管理，2017，(8)：36-41.

21. 王宏伟. 中国应急管理改革：从历史走向未来［M］. 北京：应急管理出版社，2019：4.

22. 马强，赵磊. 以人民为中心：总体国家安全观的实践逻辑［J］. 辽宁行政学院学报，2023（5）：24-28.

23. 王妍妍，孙佰清. 中国国家安全体系的演变历程、内在逻辑与战略选择［J］. 社会主义研究，2021（4）：156-163.

24. 刘江永. 从国际战略视角解读可持续安全真谛［J］. 国际观察，2014（6）：1-17.

25. 严华，朱建钢. 坚持总体国家安全观［M］. 长沙：湖南教育出版社，2018.

26. 卢风，陈杨. 全球生态危机［J］. 绿色中国，2018（3）：52-55.

27. 程同顺. 新时代大国治理［M］. 武汉：湖北教育出版社，2018：190-197.

28. 李玉泽. 国家物资储备功能研究 [D]. 天津：天津大学，2008.

29. 张永林，赵英，石玉昆. 国家储备物资的属性功能及其作用价值 [J]. 中国人口·资源与环境，2010（1）：37-43.

30. 冉岚. 从汶川地震看国家物资储备建设 [J]. 宏观经济管理，2008（9）：60-62.

31. 宋龙飞. 国家战略物资储备立法研究 [J]. 北京交通大学学报（社会科学版），2020（1）：123-130.

32. 于梦曦. 国家战略物资储备体系研究 [D]. 长春：吉林大学，2015.

33. 秦静，何英. 我国能源储备法律制度体系研究 [J]. 时代经贸（中旬刊），2007（S9）：1-2，4.

34. 杨子健，李威. 国家物资储备履行应急职能的思考 [J]. 宏观经济管理，2015（8）：51-52，56.

35. 杨子健. 储备多元化问题研究 [M]. 北京：经济管理出版社，2018.

36. 夏世进，王辉. 外汇储备、国家物资储备与国家经济安全 [J]. 沿海企业与科技，2007（4）：5-7.

37. 刘凌. 对完善我国储备粮监督管理机制的立法建议 [J]. 河南工业大学学报（社会科学版），2015（2）：49-52.

38. 巴殿君，吴昊，廉晓梅，等. "俄乌冲突与东北亚地区政治经济形势新变化"笔谈 [J]. 东北亚论坛，2022（4）：5.

39. 中共国家粮食和物资储备局党组. 完善国家储备体系 保障初级产品供给 [N]. 粮油市场报，2022-05-17（A01）.

40. 孙翊，吴静，刘昌新，等. 加快推进我国应急物资储备治理体系现代化建设 [J]. 中国科学院院刊，2020，35（6）：724-731.

41. 亢霞. 新中国70年我国政府粮食储备体系的演变 [J]. 中国粮食经济，2019（10）：32-35.

42. 张青. 国家商品储备：安全与稳定 [M]. 北京：经济科学出版社，2007.

43. 郑洁. 中央储备肉制度的发展及其重要作用 [J]. 全国商情（理论研究），2010（12）：35.

44. 崔溪．完善我国国家医药储备制度研究［J］．经济研究参考，2014（61）：36-41．

45. 周爱国．美国战略物资储备及其对我们的启示［J］．中国物资，1993（4）：30-33．

46. 肖京．国家安全视角下的战略物资储备立法完善［J］．中州学刊，2016（11）：51-55．

47. 陈芳怡，唐珏岚．新中国国家物资储备体系的发展历程、作用与经验［J］．上海市经济管理干部学院学报，2021（4）：10-16．

48. 杨子健，达世亮．论国家储备管理法律规范系统的构建［J］．中共青岛市委党校（青岛行政学院）学报，2017（1）：66-71．

49. 刘秋实．论我国矿产资源储备专门性立法：以美国为切入点［J］．公民与法，2012（7）：55-58．

50. 张晶，杜婷婷．借鉴军民融合思想 完善国家物资储备体系［J］．中国经贸导刊（理论版），2017（29）：59-60．

51. 王妍，何晓伟．国家战略储备应积极开展大数据应用［J］．宏观经济管理，2015（10）：28-29．

52. 宋红旭．国家粮食和物资储备法律法规体系综述［J］．中国粮食经济，2023（3）：63-67．

53. 马忠，安着吉．本土化视野下构建中国特色国家治理理论的深层思考［J］．西安交通大学学报（社会科学版），2020，40（2）：17-24．

54. 宋世明．坚持在法治轨道上推进国家治理体系和治理能力现代化［J］．中国政法大学学报，2021（3）：19-31．

55. 卢艺．加快健全我国国家物资储备体系［J］．宏观经济管理，2020（11）：51-56．

56. 陈金钊．关联维度的法治中国及其话语意义［J］．法商研究，2021，38（3）：26-40．

57. 徐显明．论坚持建设中国特色社会主义法治体系［J］．中国法律评论，2021（2）：1-13．

58. 伍爱群，邹贵亮，韩佳．论中国式现代化安全城市建设［J］．科学发展, 2023 (1): 61-65.

59. 徐东, 吴量, 迟长啸, 等. 健全体系提升国家物资储备效能 [J]. 中国应急管理, 2021 (4): 52-54.

60. 邹东升, 孙彦博. 完善智慧应急体系建设 提升应急管理整体效能 [J]. 重庆行政, 2021 (1): 38-41.

61. 杨知文. 风险社会治理中的法治及其制度建设 [J]. 法学, 2021 (4): 16-30.

62. 张庆熊. 反思现代风险社会中的危与机 [J]. 社会科学文摘, 2021 (6): 21-23.

63. 张庭婷, 王德华. "一带一路" 与中国石油储备: 中国与海湾六国能源合作研究 [M]. 上海: 上海交通大学出版社, 2018.

64. 刘颖, 等. 新时期我国粮食储备政策与调控体系研究 [M]. 北京: 人民出版社, 2016: 184, 186, 189.

65. 兰平和. 法律规范为主 经济调节为辅: 国外优势矿产资源保护策略对我国的启示 [J]. 资源导刊, 2012 (1): 42-43.

66. 杨子健. 做好新时代国家储备工作 更好防范化解风险挑战 [J]. 中国经贸导刊 (中), 2019 (6): 124-127.

67. 刘作翔. 当代中国的规范体系: 理论与制度结构 [J]. 中国社会科学, 2019 (7): 88.

68. 王丰, 李守耕, 赵吉敏, 等. 新时期战备物资储备研究 [M]. 北京: 中国财富出版社, 2019.

69. 蒋宁, 汪贻生, 王锐淇, 等. 战备物资储备信息化概论 [M]. 北京: 中国财富出版社, 2017: 10.

70. 陈倬. 新时代我国战略物资储备应急保障能力提升研究 [J]. 中国粮食经济, 2020 (4): 48-49.

71. 谢鹏程. 新时代检察机关的功能定位 [N]. 检察日报, 2020-08-05 (3).

72. 曾珍, 张晓媛. 新时代检察机关法律监督职能的发展路径研究 [J]. 湖北师范大学学报 (哲学社会科学版), 2020, 40 (4): 60-63.

73. 秦前红. 两种"法律监督"的概念分野与行政检察监督之归位［J］. 东方法学，2018（1）：170－189.

74. 应松年. 预防腐败，制度建设是关键［J］. 行政法学研究，2008（1）：1－4，23.

75. 关保英. 法治政府概论［M］. 北京：中国法制出版社，2018：35.

76. 鲁敏. 当代中国政府概论［M］. 天津：天津人民出版社，2019：353.

77. 邹志仁. 信息学概论［M］. 江苏：南京大学出版社，2007：6.

78. 周佑勇，朱峥. 风险治理现代化中的公民知情权保障［J］. 比较法研究，2020（3）：101－111.

后 记

国家物资储备作为维护国家安全的重要支柱，长期受到高度重视。自新中国成立以来，我国逐步建立了完善的物资储备制度，经过多年发展，在国家稳定与发展中发挥了关键作用。然而，目前国家物资储备仍面临治理体系不完善、规范体系不健全、储备体系不科学、储备保障不到位及外部监管不成熟等问题，导致储备效能低下和储备能力不足。为提升物资储备效能，必须借助法治手段构建保障体系，即构建全面、系统的国家物资储备法律体系，以充分发挥其在风险防范中的作用，但仅靠行政手段难以达到理想的法律和社会效果，必须在法治轨道上全面推进物资储备工作。本书以构建国家物资储备法律体系为主要研究内容，借鉴国外经验，提出法制规制建议。构建国家物资储备法律体系是一项复杂的工程，只有强化法治保障、构建符合新时代要求的法律体系，才能转化为国家治理效能，推进国家治理体系和治理能力现代化。

本书由周敏副教授主笔，负责全书总体架构和各章主要内容的撰写与修改工作。薛蓉研究员负责国家安全与国家物资储备这一部分的初稿撰写工作，赵瑾、王菲、杨荣华、宋雨森、白霖、王昌海、宋语河、郑旭铎、周音蝶、杨博源分别就物资储备法律体系的发展脉络、构建价值、域外制度体系、多维规制等不同方面做了梳理及撰写工作。

由于笔者水平所限，本书可能存在不足之处，诚挚希望专家学者及广大读者不吝赐教，提出宝贵的意见与建议，共同推动国家物资储备法律体系的研究与发展。

周敏

于西安